dipa

D1666304

Annekatrein Mendel

Zwangsarbeit im Kinderzimmer

»Ostarbeiterinnen«
in deutschen Familien
von 1939 bis 1945
*Gespräche mit Polinnen
und Deutschen*

dipa

Die Veröffentlichung des Buches wurde durch die finanzielle Unterstützung der Max-Traeger-Stiftung ermöglicht.

Die Deutsche Bibliothek – CIP-Einheitsaufnahme

Mendel, Annekatrein:
Zwangsarbeit im Kinderzimmer: "Ostarbeiterinnen" in
deutschen Familien von 1939 – 1945 / Annekatrein Mendel. –
Frankfurt am Main : dipa, 1994
    ISBN 3-7638-0337-8

© dipa-Verlag GmbH, Nassauer Straße 1-3, D-60439 Frankfurt am Main
Alle Rechte vorbehalten
Lektorat: Anja Uhling
Umschlag unter Verwendung einer Stickerei von Gertraude Seidel
Druck und Bindung: DAN, Ljubljana
Printed in Slovenia

ISBN 3-7638-0337-8

Inhalt

Vorwort

Eigentlich 'wußte' ich seit beinahe 47 Jahren, daß Ljubica bei uns in Berlin gearbeitet hatte. Ich wußte es, und ich wußte es nicht. Die Erinnerung an sie befand sich in einer Art Niemandsland, in einem Zwischenfeld zwischen Bewußtsein und Unbewußtem. Erinnerte ich sie irgendwann, kamen schemenhafte Bilder, Wohligkeitsempfindungen und Rhythmen, aber auch entsetzliche Angst in mir hoch. Schmerzliche Widersprüchlichkeiten, die das Weitererinnern blokkierten, die besonders das Sprechen hinderten, obgleich ich ihr in meiner Lehranalyse schon ein paarmal nahe war.

Ich erinnerte mich nur vage an Ljubica, die, wohl 1942 nach Deutschland gelangt, Haushalts- und Kinderbetreuungsdienste bei uns geleistet hatte. Über ihren Verbleib nach dem Verlassen unserer Familie besitze ich keinerlei Information. Ich kenne ihren Nachnamen nicht. Sie hieß Ljubica. Sie wusch mir mit sanften Händen die Haare, wickelte sie auf kleine lederbespannte Lockenwickler, nachdem sie das dünne Haar mit Zuckerwasser benetzt hatte. Das Haarewaschen war seinerzeit für mich qualvoll, da ich unter einer doppelseitigen Mittelohrvereiterung litt, die starke Schmerzen verursachte. Ljubica tat mir nicht weh, im Gegenteil, sie hatte vorsichtige, zarte Bewegungen. Sie sang mir mit sanfter Stimme ihre Kinderlieder – die Rhythmen sind mir heute noch präsent. In welcher Sprache wir uns verständigten, weiß ich nicht mehr. Es wird eine Herzenssprache, eine primäre Sprache, eine spezielle Tonart gewesen sein.

Ich fand über auto-psychoanalytische Bewegungen ein in der deutschen Gesellschaft wie auch in der deutschen Wissenschaft tief verdrängtes und verleugnetes Faktum: die Zwangsarbeit junger Frauen und Mädchen in deutschen Familien im Dritten Reich.

Ljubica hatte mir ihre Hand-Zeichen in den Körper gestreichelt, ihre Stimme in mein Ohr gesenkt, sie hatte sich in mich eingezeichnet. Jetzt, als ich diese Körperzeichen rückübersetzen konnte, endlich nach so langen Jahren!, fand ich zu einer tiefen traurigen Dankbarkeit. Und meine Zunge löste sich: Ich erzählte deutschen, altersgleichen Damen und Herren, KollegInnen, FreundInnen von Ljubica. Im Erzählen fragte ich sie, ob sie davon wüßten, daß »Ostarbeiterinnen« vielleicht auch in anderen deutschen Familien während der letzten Kriegsjahre zu arbeiten hatten. Zu meiner Verblüffung fanden sich spontan vier Gesprächspartner, die in ihren Elternhäusern in der Mitte des Zweiten Weltkrieges ebenfalls Zwangsarbeiterinnen (im Jargon der damaligen Zeit »Ostarbeiterinnen«) erlebt hatten. Mit diesen – mit einer Dame und drei Herren – führte ich Gespräche, deren erste Auswertungen ich 1988 in einer Arbeitsgruppe des Salzburger Symposions *Psychoanalyse zwischen Mythologisierung und Re-Mythologisierung 1908 – 1938 – 1988* vorstellen konnte.

Die Aufmerksamkeit meiner älteren wie jungen Hörer ermutigte mich ebenso wie die Tatsache, daß zwei meiner Zuhörerinnen sich ebenfalls an »Ostarbeiterinnen« erinnern konnten, nach weiteren Informanten zu suchen. Eine kleine Annonce in einer westdeutschen Wochenzeitschrift brachte mich mit 23 gesprächsbereiten Menschen, deren Lebensalter zwischen 46 und 85 Jahren schwankte, in Kontakt. Sie gestatteten mir, tonbandgestützte Gespräche mit ihnen zu führen oder schrieben ihre Erinnerungen an »Ostarbeiterinnen« für mich auf und führten für mich Recherchen über diese Thematik durch.

Die Damen und Herren waren zaghaft dankbar dafür, daß ich mich als Privatperson aufgemacht habe, einen Teil der jüngeren Geschichte in Mitteleuropa, die zwangsweise Verpflichtung osteuropäischer Mädchen und Frauen zur unfreiwilligen Arbeitsaufnahme für Deutsche, aufzuhellen. Es hatte sie noch nie ein fremder Mensch nach diesem Alltagsproblem der Kriegszeit befragt – ebensowenig wie die ehemaligen Zwangsarbeiterinnen selbst, die ich auf abenteuerlichen Wegen in Polen kennenlernte.

Dieser Teil unserer Geschichte hat bislang deutsche Wissenschaftler nicht beschäftigt. Die kenntnisreiche Studie von Ulrich Herbert: *»Fremdarbeiter«. Politik und Praxis des »Ausländer-Einsatzes« in der Kriegswirtschaft des Dritten Reiches*, die 1986 erschien, führt zwar an, daß nach 1942 ca. 500 000 osteuropäische Frauen zur Arbeit für deutsche Familien zwangsverpflichtet worden waren. Aber über Detailstudien aus deutscher Feder verfügen wir bislang nicht. Ich vermute, daß vielerlei Gründe für dieses Faktum verantwortlich sind:

– Die Ungewißheit vieler Deutscher über die Form der Repatriierung ihrer ehemaligen »Ostarbeiterinnen« in deren Heimatländern. Die Angst, daß viele dieser Mädchen und Frauen auf dem Heimweg umgekommen sind.

– Die bestätigten Vermutungen, daß die Sowjets ehemalige Zwangsarbeiterinnen und Zwangsarbeiter sofort in Straflager verbannten und / oder zu 5 bis 25 Jahren Lagerhaft verurteilten in der »Über-

8

zeugung«, diese Menschen hätten mit dem deutschen Feind seinerzeit fraternisiert, kooperiert.

– Die sofort nach dem Krieg einsetzenden Verleugnungen der Greuel des Nazi-Regimes, an denen eben nicht nur Soldaten, nicht nur SA- und SS-Männer, nicht nur Funktionsträger, sondern auch Bürger und Bürgerinnen beteiligt waren.

– Nicht zuletzt wohl verstopften Scham- und Schuldgefühle darüber, daß junge Mädchen und Frauen verschleppt, entrechtet, ihrer Würde und Identität beraubt, ohne Recht auf Bildung, Urlaub und Freizeit in deutschen Familien zu arbeiten hatten, den Wissenschaftlern und Publizisten jahrzehntelang die Augen, die Ohren und die Feder. So, daß auch keine mehrsprachigen Zeitgeschichtler beispielsweise in einschlägigen Archiven auf Erinnerungen polnischer Kinder- und Hausmädchen stießen. Sie »übersahen« sie anscheinend.

Auch meine Arbeit kann deshalb nur ein Beginn sein, sich der jungen Mädchen wieder zu erinnern und sie, heute als ältere Frauen, erstmals zu Wort kommen zu lassen. Ich beabsichtigte dabei keine repräsentative Studie über das Leben von zwangsarbeitenden Kindermädchen, sondern konnte »nur« Einzelschicksale ans Licht bringen. Die meisten meiner deutschen Gesprächspartner waren im Dritten Reich Kinder und schildern ihre Erinnerungen aus ihrer damaligen Kinderperspektive. Das birgt vielleicht die Gefahr, den Eindruck zu erwecken, die Deutschen seien alle Kinder gewesen – leider habe ich nicht mehr deutsche GesprächspartnerInnen finden können, die zum Zeitpunkt des Geschehens schon älter waren.

Die zwei zwangsläufig völlig unterschiedlichen Perspektiven, aus denen berichtet wird – einerseits die ehemaligen Zwangsarbeiterinnen selbst, andererseits die Deutschen – stehen für zwei notwendige Partner eines Gesprächs, das in den letzten 50 Jahren zu führen gewesen wäre.

Historischer Hintergrund

Im folgenden skizziere ich die damalige Situation der ZwangsarbeiterInnen, um den Hintergrund der in den Gesprächen beschriebenen Erlebnisse deutlicher zu machen.

Wie bereits seit Jahrtausenden üblich, versuchten auch die deutschen

Besatzer in den ersten Jahren des Zweiten Weltkrieges, die eroberten Gebiete zu kolonisieren, deren Führungsschicht zu entmachten und das vorhandene Arbeitskräftepotential so weit wie möglich in den Dienst der neuen Nazi-Herrschaft zu zwingen, vor allem in Polen. »Der Sinn der [deutschen, A. M.] Anordnungen war nicht nur, alle potentiellen politischen Führer zu liquidieren, sondern auch alle jene, die den Polen mehr als eine Grundbildung in den Schulen vermitteln konnten. Die Polen sollten als Nation die Möglichkeit verlieren, ihre Führungsschicht zu regenerieren. Das geistige und kulturelle Leben des Landes sollte durch Schließung der Hochschulen und Oberschulen, Beschlagnahme von Bibliotheken und Archiven, Unterdrückung der Presse und andere Maßnahmen vernichtet werden. Die polnische Sprache verschwand ganz aus dem öffentlichen Leben. [...] Die gründlich arbeitenden deutschen Ämter und ein amtlich geduldeter und geförderter Sadismus als Massenerscheinung bei Angehörigen von SS, Polizei und Wehrmacht schufen ein Land des Terrors, wie es die Welt noch nicht gesehen hatte: permanente Demütigung, Erniedrigung und Beleidigung von Juden und Polen, Totschlag, Raub, Ausbeutung und Versklavung, Willkür und Aushungerung. Von den bis heute bekannten 9716 nationalsozialistischen Lagern befanden sich in Polen 5874. [...] Hunderttausende von Polen wurden durch Arbeit in Konzentrationslagern vernichtet. Weit über eine Million polnischer Menschen wurden als 'Fremdarbeiter' zwangsweise ins Reich zur Sklavenarbeit in deutsche Fabriken geschickt.«[1]

2,3 Millionen polnische Kinder wurden getötet[2], es begannen Zwangsaussiedlungen von Polen, um deutsche Umsiedler aus den mit den Sowjets »getauschten« Gebieten, aus dem Baltikum ins »Generalgouvernement« und in den Warthegau ansiedeln zu können.

Die Nationalsozialisten setzten gezielt alle von den europäischen Nationen in Jahrhunderten erkämpften Rechtsgüter außer Kraft. Somit auch die Errungenschaft der Abschaffung und Ächtung von Sklaverei.

Wie der Akt der Versklavung vonstatten ging, können die ehemaligen »Ostarbeiterinnen« detailgerecht erzählen:

[1] Fuhrmann, Rainer W., Polen: Handbuch. Geschichte, Politik, Wirtschaft. Hannover 1990.
[2] Roman Hrabar, Zofia Torkarz und Jacek E. Wilczur belegen diese erschütternden Tatsachen in ihrem leider schon vergriffenen Buch: Kinder im Krieg – Krieg gegen Kinder. Die Geschichte der polnischen Kinder 1939 – 1945. Reinbek 1985.

Diejenigen Polinnen, die für deutsche Familien als Haushaltshilfen und Kindermädchen zu arbeiten hatten, wurden schon in jungen Jahren versklavt.

Für Polen und Polinnen galt zunächst ab dem Alter von 14 Jahren die allgemeine Arbeitspflicht. So griffen sich SS-Männer kleine Mädchen von den Straßen, wie es Katja F. erleben mußte. Auch vor Elfjährigen wurde nicht haltgemacht. Felicitas M. wurde vom Spielplatz hinter dem Elternhaus in die Zwangsarbeit gezwungen. Ein anderes Mädchen, Helene B. aus Poznań, wurde als Zwölfjährige direkt aus der Schulklasse in den Sklaventransportzug nach Deutschland verfrachtet. Hinter Berlin hielt dieser Zug in jedem kleinen Dorf, die Bauern griffen sich Mädchen heraus, zahlten auch Kopfgeld. An wen, weiß Frau Helene B. heute nicht mehr.

Ein wenig offizieller ging es bei anderen polnischen Mädchen zu: Sie mußten sich bei den deutschen Arbeitsämtern in ihren Heimatorten melden, wurden säuberlich mit Paßbild und Fingerabdrücken in den Karteikarten registriert und mußten den Einsatzbefehl abwarten. Wissend, daß »Arbeitsverweigerung« härteste Strafen – von Geldstrafen über Gefängnis, »Arbeitserziehungslager« und KZ bis zur Todesstrafe – nach sich ziehen konnte.

In der Ukraine dürfte die deutsche Anwerbe-Propaganda, die die Arbeitsämter verkündeten, zunächst wirksam gewesen sein: Zu Kriegsbeginn gingen zahlreiche junge ukrainische Frauen freiwillig ins »Altreich«, in der Hoffnung, den Kriegsereignissen im eigenen Land zu entfliehen. Sie hofften auf feste Arbeitsplätze, guten Lohn, Sparmöglichkeiten und regelmäßige Ferien. Sie sehnten sich nach Lebensmöglichkeiten, die ihnen von der Propaganda vorgegaukelt worden waren. (Einige offizielle Anwerbe-Fotos sind in der Buchmitte neben privaten Fotos und Dokumenten abgebildet.)

Es erwies sich, daß sich neben den eben beschriebenen Methoden der Rekrutierung von Arbeitssklaven auch ein offizieller und inoffizieller Menschenhandel entwickelt hatte. So schickten deutsche Militärangehörige junge Mädchen aus den besetzten Ländern zu ihren Familien nach Deutschland, um sie dort als Haus- und Zimmermädchen beschäftigen zu lassen. Mir ist ein Fall bekannt geworden, in dem ein in einem Konzentrationslager tätiger Mann eine Achtzehnjährige von dort nach Hause brachte, um ihr seine beiden Kinder in den Arm legen zu lassen.

Auf derlei Weisen gerieten junge, oft noch nicht einmal pubertierende Mädchen ohne Ausbildung, ohne Möglichkeit der Arbeitsverweigerung, ohne Stellenauswahl und ohne Arbeitsvertrag in deutsche

Familien, in Fabriken und auf Bauernhöfe. Sie kamen zu Familien, deren Sprache sie meistens nicht verstanden, zu Familien, die selbst unter den Kriegseinwirkungen schwer zu leiden hatten, die gar als »Umsiedlerfamilien« in die von der Soldateska besetzten Gebiete gebracht worden waren, ohne die dortigen Gegebenheiten zu kennen.[3]

Die totalitären Arbeitsbeschaffungsmaßnahmen stellten eine schwere Beeinträchtigung der Lebensführung der jungen ausländischen Mädchen dar; diese wirkte traumatisch. Besonders griff das Trauma Zwangsarbeit in das Leben derjenigen Mädchen und Frauen ein, die aus ihren Heimatstädten fortgerissen, zunächst in Zwischenlagern auf ihre »Eindeutschungsfähigkeit«, auf die Möglichkeit ihrer »Umvolkung« kontrolliert und dann in Sammeltransporten nach Deutschland, ins »Reich« verschleppt und dort über Arbeitsämter an Familien verhökert wurden. Dabei stellte ihre physische und psychische Stabilität ihren Verkaufswert dar. Den kleinen, schwachen Mädchen, die von keinem Arbeitgeber angefordert wurden, drohte der weitere Transport in Lager; sie wurden durch die Auswahlkriterien derer, die sich Hilfe bei der Bewältigung der Lebensplagen während der Kriegszeit erhofften, in Todesangst getrieben.

Einigen Mädchen, aufgewachsen im Posener Gebiet, erging es etwas besser: Sie wurden nicht ins »Altreich« gebracht, sondern an deutsche Umsiedlerfamilien vermittelt, die den Warthegau »aufnorden« sollten. Diesen Familien hatte man Häuser und Wohnungen zugewiesen, aus denen die bisherigen polnischen Bewohner herausgetrieben worden waren. Die deutschen Familien, nun zu »Herrenmenschen« avanciert, verfügten kaum über Kenntnisse, um sich in der Umgebung zurechtfinden zu können. Auch hatten sie ihre persönliche Habe nicht in den Warthegau mitnehmen können, so daß sie mit den Hinterbliebenschaften der verjagten polnischen Haus- und Wohnungsbesitzer auskommen mußten.

Und obgleich mit präziser Logistik die Straßennahmen und Ortsbezeichnungen eingedeutscht waren, obgleich es im gesamten besetz-

---

[3] Über die allgemeinen Modalitäten der Aushebung von FremdarbeiterInnen geben die vorzüglichen Recherchen von Ulrich Herbert Auskunft. Ich beziehe mich bei meinen Darlegungen allein auf Informationen, die ich von meinen ausländischen und deutschen GesprächspartnerInnen erhielt.

Ihren Berichten entsprechen die im Anhang zusammengestellten Dokumente aus dem Dritten Reich, die ich zwei Sammlungen des Westarchivs Poznañ entnehmen konnte.

ten Gebiet verboten wurde, Polnisch zu sprechen, lebten die neueingemeindeten Familien in einer absurden Welt. Hatten sie sich zum Beispiel in Posen verlaufen, suchten sie eine umbenannte Straße, so konnte ihnen kein polnischer Straßenpassant Auskunft geben, da er nur die polnischen Straßennamen kannte. Der kleine Jörg B., der sich als Junge in Posen verlaufen hatte, mußte sich, wie er mir erzählte, von einem deutschen Soldaten zu seinen Eltern zurückbringen lassen.

So stellten junge polnische Mädchen, die zur Arbeit rekrutiert wurden, für die deutschen Familien nicht nur eine Arbeitshilfe, sondern oft auch einen wertvollen Übersetzungs- und Eingewöhnungsgewinn dar: Sie lernten sehr schnell Deutsch, kannten die Stadt und ihre Umgebung und wußten mit den häuslichen Alltäglichkeiten umzugehen (Wasser holen, Öfen anfeuern, nähen und waschen). Notfalls konnten sie bei ihren knapp bemessenen Besuchen in der eigenen Familie gewisse Dinge nachfragen.

Der höchste Wert dieser Mädchen bestand für die Deutschen allerdings darin, daß sie dem Arbeitsplatz kaum entrinnen konnten. Sie besaßen keinen Arbeitsschutz, waren ihren »Herrschaften« auf Gedeih und Verderb ausgeliefert. Denn auf Arbeitsverweigerung und Arbeitsflucht standen lebensbedrohliche Strafen. Man konnte sich also ihrer bedienen, wie man sich auch von ihnen bedienen lassen konnte. Hiervon wußten alle »Ostarbeiterinnen«, ob sie nun aus Weißrußland, aus der Ukraine oder aus Polen kamen. Hiervon wußte auch ihre »Herrschaft«: die Frauen, Männer und die Kinder, denn entsprechende Verordnungen wurden in Kinos und Zeitungen, an Litfaßsäulen und Anschlagbrettern veröffentlicht.

Auszüge einiger Gesetzestexte im Anhang dieses Buches ermöglichen einen eindrucksvollen Blick auf die »Rechtslage« in den besetzten Gebieten. Die anschließende Literaturliste umfaßt historische, psychoanalytische und literarische Titel und soll zur weiteren Information dienen.

Mein Buch ist aus vierjähriger einsamer Forschung hervorgegangen, ohne jegliche institutionelle oder finanzielle Unterstützung meines Forschungsprozesses. Erst 1992 erhielt ich von der Walter-Jacobsen-Stiftung Hamburg einen kleinen Beitrag als Zuschuß für die letzte Recherchenarbeit; dank der Frankfurter Georg und Franziska Speyer'schen Hochschulstiftung konnten die Kosten der Manuskript-

Herstellung aufgefangen werden. Die Max-Traeger-Stiftung gab einen großzügigen Zuschuß zu den Druckkosten. All diesen Förderern gilt mein herzlicher Dank.

Hätte ich nicht die Hoffnung vieler Gesprächspartnerinnen und Gesprächspartner deutlich spüren können, daß endlich unserer Vera, Franziska, Anja, Katja, Nastasja öffentlich gedacht werden, daß sie, stellvertretend für die Hunderttausende vergessener zwangsverschleppter junger Frauen, aus der Dunkelheit des Verschweigens herausgeführt und ihre Schicksale nun endlich öffentlich gemacht werden können – mich hätte wohl meine Kraft verlassen. So aber verfüge ich heute über ein Archiv verschiedenster Geschichten: Erzählungen und schriftliche Berichte deutscher Damen und Herren, die sich an ihr Leben mit einer »Ostarbeiterin« erinnern, ebenso wie seit 1992 auch Erinnerungen polnischer Damen, die von 1939 bis 1945 als zwangsverpflichtete Kinder- und Hausmädchen tätig sein mußten.

Während der von mir mitorganisierten Veranstaltung: *Zwangsarbeit 1939 – 1945, Begegnungen – Erinnerungen – Konsequenzen* (Frankfurt am Main, September 1992), erzählten uns auch weißrussische Teilnehmerinnen von der Zeit der Zwangsverpflichtung ihrer Mütter, die sie als Kinder begleitet hatten. Deren Geschichten gehen in dieses Buch ideell ebenso ein wie die Erzählungen deutscher Hörerinnen und Hörer, die ich über fünf Rundfunksendungen 1991 und 1992 erreichte.

Aus den meisten hier publizierten Texten wird deutlich, daß meine eigene Betroffenheit, meine eigenen Suchbewegungen das gemeinsame Erinnern aktiv unterstützten. Ich kam nicht als Wissenschaftlerin mit Forschungsauftrag zu den Gesprächen, sondern als Frau, die ihre eigene Anteilnahme am Gesprächsgegenstand nicht verleugnete. Diese Sammelstrategie begründet auch die Art meiner Überlegungen, die ich hier im Buch hinter die Geschichten meiner ausländischen und meiner deutschen Informantinnen und Informanten stelle: Ich hatte aktiven Anteil am Rekonstruktions- und Deuteprozeß.

Ich verstand direkt, auch körperlich, welche Aufgaben unsere Vorgeneration, die Mit-Täter-Generation, nicht übernehmen will und nicht hat übernehmen wollen: die direkte Begegnung mit Angehörigen der Opfer-Generation. Dieses Angeschaut-Werden, diese sehr intensive, lautlose Frage nach der Beziehungsfähigkeit, nach der Einfühlungsbereitschaft in unermeßliches Leid, nach der Zukunftsfähigkeit des neu entstehenden menschlichen Kontaktes haben Millionen deutscher Menschen bislang gefürchtet. Daß ihnen damit aber auch die Fähigkeit des Frieden-Herstellens mit sich selbst, mit ihren Nachkommen und mit den früher so unsäglich geschundenen Opfern und die Aussöhnung mit ihnen – die uns nur die Opfer anbieten können! – verstellt ist, spürte ich körperlich.

Viele Menschen begleiteten meine Arbeit. Meinem väterlichen Freund Michal Mordechai Jachimowicz danke ich lange Gespräche. Er gab mir für meine erste Polenreise Adressen von Freunden und Verwandten mit, damit ich nicht heimatlos werde. Leider erlebte er, ebenso wie meine Freundin Natascha Kungurzew, die Drucklegung meines Buches nicht mehr. Ihnen und Ljubica widme ich meine Arbeit.

Mein Buch vereinigt Erinnerungen und Geschichten verschiedener Art: Ich nehme einige Gespräche ungekürzt in den Text auf; es finden sich aber auch schriftlich formulierte Erinnerungen, die ich hier ungekürzt veröffentlichen darf. Für die schriftlichen Berichte gab ich den Damen und Herren einen Interviewleitfaden an die Hand. Er ist im Anhang abgedruckt. Bei der Transkription der mit dem Tonband aufgezeichneten Gespräche orientierten wir uns möglichst eng am Gesprochenen – was sprachliche Unbeholfenheiten, unvollständige Sätze und Wiederholungen einschließt: Auch hierin wird der jeweils eigene Weg des Erinnerns deutlich.

Alle in diesem Buch abgedruckten privaten Dokumente, Fotografien und Texte wurden mir zu treuen Händen für diese Veröffentlichung zur Verfügung gestellt. Prof. Dr. Stanislaus Nawrocki überließ mir aus seinem Poznañer Archiv die hier abgebildeten Propaganda- und Pressefotos aus dem Dritten Reich.

Sofern nicht anders dargestellt, anonymisiere ich meine Informantinnen und Informanten, indem ich die Namen ändere. Wenn es die Verständlichkeit nicht beeinträchtigt, anonymisiere ich auch die Orte, in denen meine Gesprächspartner gelebt haben. Ich belasse allerdings deren Altersangaben – soweit sie mir zugänglich sind –, um den Lesern die Möglichkeit der Einschätzung von Lebenssituationen, in denen Zwangsarbeit stattfand, zu vermitteln.

Begriffe wie »Ostarbeiter«, »Fremdvölkische« und andere, die von den Nationalsozialisten geprägt wurden, werden in Anführungszeichen gesetzt, um die Distanz zu ihnen zu betonen. Ich verwende sie aber trotzdem, weil sich in ihnen als sprachlichen Handlungen ebenso wie in den historischen Ereignissen die Menschenverachtung des Regimes zeigt.

Ohne die kompetente Hilfe von Frau Nina Stoiber wäre das Typoskript dieses Buches nicht zustande gekommen; ihr danke ich die Bereitschaft, sehr unterschiedliche Manuskripte, für deren Erstellung ich auch Andrea Vath und Miriam Yegane Arani danke, für den Druck zusammengefügt zu haben. Daß ich das Leben und Leiden einiger ehemaliger Zwangsarbeiterinnen dem Vergessen, dem Verleugnen und der Verdrängung exemplarisch entringen konnte, dazu bedurfte es verschiedener Weisen des Übersetzens. Hierbei halfen mir Frau Theresa Zak und Frau Felicja Nowicka aus Poznañ, Herr Magister Jozef Nowak aus Warszawa und die Damen Irina Alta Jachimowicz, Kristina Dodin und Iwona Koper-Fengler. Ihnen bin ich mit herzlichem Dank verbunden.

Frankfurt am Main, im Juni 1994
Annekatrein Mendel

Frau Annekatrein Mendel ist kurz vor der Fertigstellung des Buches im August 1994 gestorben.
Der Verlag

Irena G. (1923 geb.):
Erinnerungen an die Zwangsarbeit im besetzten Polen

»Im April 1943 wurde ich nach Skomlin ausgesiedelt. Von dort aus wurde ich während einer Razzia nachmittags zusammen mit einigen anderen Mädchen auf die Gendarmerie-Wache geführt und von Polizeihunden bewacht. Dann wurden wir, auch einige Mädchen in meinem Alter, zum Arbeitsamt nach Wielun gebracht. Dort erhielt ich eine 'Überweisung' zur Zwangsarbeit nach Opole zu einer deutschen Familie namens S.

Frau Rita S. führte diesen deutschen Haushalt und einen Kurzwaren-Laden in der Nicolaistraße 7 mit ihren Schwestern Maria und Helene. Ihre Männer waren im Krieg. Sie hatten ein siebenjähriges, stummes Kind, es war krank und behindert, es ging auf den Zehen. Es war ein Mädchen, man nannte sie verniedlicht Niunia. Zu meinen Pflichten gehörte die totale Pflege dieses Krüppels, d. h. anziehen, waschen, Zubereitung der Speisen, spazieren gehen, Wäsche waschen und spielen.

Die Niunia hatte mich gern, und wir hingen sehr aneinander. Am Anfang hatten wir uns mit Mimik verständigt, dann lernte ich Deutsch, und dadurch wurde unsere Verständigung besser. Die Familie hatte ein gutes Verhältnis zu mir, war verständnisvoll und hat mich gut behandelt, denn ich führte den ganzen Haushalt und erledigte alle Dinge. Wir sprachen Deutsch. Ich wohnte mit ihnen im selben Gebäude und hatte mein eigenes Zimmer. Weil die Familie vielköpfig war, aß ich in der Küche, nachdem ich zu Tisch serviert hatte. Das Essen wurde mir nicht zugeteilt. Ich konnte mich satt essen. Zu den Feiertagen kauften sie mir Kleidung. Ich konnte in die Kirche gehen und Kontakte mit anderen Polen unterhalten.

Nach einem Aufenthalt von eineinhalb Jahren bei der Familie S. wurde ich mit anderen Kolleginnen von deutschen Polizisten aufgegriffen und mit dem Auto zur Arbeit in einer Eisenhütte in Königshütte abtransportiert. Beim Verlassen des Hauses konnte ich nur meine persönlichen Sachen mitnehmen.

Die Herrschaften S. konnten die Polizisten nicht beeinflussen, daß ich bei ihnen blieb. Der deutsche Polizist behauptete, daß ich zur Arbeit in die Fabrik muß. Mit den Herrschaften S. hatte ich seitdem keinen Kontakt mehr.

In der Eisenhütte waren sehr schlechte Verhältnisse; die Behandlung war übel, die Arbeit war schwer, wir mußten in drei Schichten arbeiten. Dort schweißte ich Schaufeln für Soldaten bis zum Kriegsende im März 1945. Wir wohnten in unbeheizten Baracken, wir schliefen auf Etagen-Pritschen unter schmutzigen Decken, ohne jegliche hygienische und sanitäre Einrichtungen im Lager.

In dieser Zeit dachte ich oft an die Familie S. und an ihr verkrüppeltes Kind.

So waren meine Erlebnisse während der Kriegszeit. Wie alle Polen mußte ich damals das Abzeichen P, in einem Karo, tragen.

Nach dem Kriegsende kehrte ich in mein Geburtshaus in C. zurück. Als Folge der schweren Arbeit, die für ein junges Mädchen schädlich war, und wegen der Unterernährung habe ich ein Augenleiden, Magenbeschwerden, Wirbelsäulenschäden und andere Leiden.«

(Übersetzung: Kristina Dodin)

Franziska E. (1924 geb.):
Erinnerungen an die Zwangsarbeit in Poznañ, im besetzten Polen

F. E.: »Ab dem zwölften Lebensjahr gab es die Arbeitspflicht für Polen. Ich bin fünfzehn Jahre alt gewesen. Also mußte ich mich am Arbeitsamt melden, und da wurde meine Karteikarte gemacht. Von dort aus mußten die polnischen Mädchen in meinem Alter einen Arbeitsplatz erwarten. Aber das war sehr verschieden. Manche sind sofort 'weggegangen', das heißt: in einem Transport wurden sie nach Deutschland verschleppt, andere haben einfach gewartet. Bei mir war das so: Weil ich ein bißchen Deutsch gesprochen habe, hat man mich vorgesehen als Kindermädchen. Naja, in meinem Lebenslauf stand, daß ich jüngere Geschwister habe, zu dieser Zeit waren es fünf zu Hause, ich war die älteste. 1940, so ungefähr zwischen Februar und März, da ging ich zum Arbeitsamt, weil ich sehr unruhig gewesen bin, ich hatte noch keine Arbeitsstelle, ich konnte jeden, jeden Moment abgeholt werden, und ich hatte schon Angst, keine Ruhe mehr. Und da kam ein Mann zu mir im Arbeitsamt und sagte, 'Möchtest du als Kindermädchen arbeiten?' Da sagte ich, 'Ja.' 'Na, dann komm ins Büro mit.' Ich ging mit dem Mann hin, er war ein deutscher Zivilist und er sagte zu mir, 'Jetzt gehst du nach Hause und kommst mit deinen Eltern zu mir.' Er nannte den Straßennamen, wo ich arbeiten sollte, ich kann mich nicht mehr erinnern, wie auf deutsch die Straße hieß, alle Straßennamen waren umgenannt.

Und er sagte mir, wo die Straße liegt. Ich sollte mit meinen Eltern kommen, weil ich bei den Deutschen wohnen sollte.«

Die erste Dienststelle

F. E.: »Nu ja. Ich kam am nächsten Tag, mein Vati hat mich hingebracht, in einer Mappe waren zwei Kleider, ein bißchen Wäsche und das, was ich anhatte. Herr M. begrüßte uns. Mein Vater sagte mir, ich solle recht brav sein und gehorsam, solle alles artig machen, was mir befohlen wird. Dann verabschiedete er sich von mir. Mir wurde die Frau vorgestellt, es war eine wunderschöne Frau gewesen, eine blonde Diva, die hatte eine große Vorliebe für Musik. Und es gab zwei Kinder. Ingrid, die war so ungefähr dreieinhalb, vielleicht vier Jahre, und der Schorsch war zweieinhalb.

Die M.s lebten in einer typisch polnischen Wohnung. Mit allen polnischen Möbeln. Mit allen Drin und Dran, mit jedem Topf, mit Geschirr, mit allem. Wie es mir vorkam, war die Familie M. erst unlängst in Poznañ angekommen aus Riga. Frau Elisabeth M. war tatsächlich die Frau, die Sängerin, die Pianistin, aber sie war keine Mutter. Wie aus dem ersten Gespräch hervorging, hatten sie einmal in Riga eine Kinderpflegerin gehabt, und die Kinder haben sich wahrscheinlich nach der Pflegerin gesehnt. Wenn die Mutter oder der Vater die Kinder getröstet hat, sagten sie zu ihnen manchmal: 'Ach, eure Ajachen wird noch kommen, warte, die Ajachen kommt noch.' Aja oder Ajachen, so haben sie mich dann auch genannt. Die Kinder waren schrecklich traurig. Ingrid war ein kleines dickes Mädchen mit kurzen Beinen und kurzen Händchen. Sie lächelte kaum, sie hatte kein Interesse für Spielen, für Kinder; sie war immer wie abwesend. Und Schorsch war noch trauriger; Schorsch schlug Tag und Nacht mit seinem Köpfchen an sein Kissen oder an die Wand. Ich hatte die Pflicht, die Kinder zu pflegen.«

A. M.: »Die Kinder waren wohl beide psychisch krank.«

F. E.: »Ich denke ja. Ich habe das geahnt, aber ich konnte das nicht verstehen, ich war doch ein junges Mädchen ... In der Erinnerung sehe ich ja die Ingrid so traurig-tragisch vor dem Fenster stehen und den Schorsch mit den goldenen Locken immer mit dem Köpfchen auf dem Kissen – wupp, wupp, wupp, wupp. Wenn ich ihn im Arme hielt, da war er still. Und dann, als er nach einer Zeit ein bißchen mehr Vertrauen hatte, so ist er zu mir in meine Kammer gekommen. Ja, das war das Kindermädchen-Zimmer, es war so breit wie eine Liege, dort stand ein eisernes Bett mit einem Strohsack, einem Kissen und einer Decke, so wie in einem Lazarett. Ich habe keinen Schrank gehabt, nichts, und die Regale an der Wand gegenüber dem Bett waren noch voller polnischem Zeug. Weihnachtsschmuck lag dort, Säcke, alte Kinderschuhe, alte Kleidung, Sommerkleidung, weil es noch Winterzeit war. Alle Polen waren doch aus den Häusern verschleppt, der größte Teil war Ende November / Dezember und Januar 1939 / 40 verschleppt worden, das war diese Zeit gerade. Und die Sommerkleidung ist von ihnen dort geblieben. Es waren auch Bücher, alte Zeitungen geblieben. Und ich lag dazwischen.

Und gerade an dieser Wand. Von der anderen Seite schlug der arme Schorsch mit dem Köpfchen aufs Kissen. Und auf einmal höre ich in der Nacht 'Aja, Aja, Aja, Aja', da ging ich zu ihm. 'Ich will zu dir schlafen.' Und so ist es geblieben. In der Kammer schlief der Junge mit mir zusammen auf dem Strohsack. Er machte öfter das Bettchen naß, natürlich meines auch, dann waren wir beide naß. Pampers gab es damals noch nicht. Aber das war noch nicht so schlimm.

Kurz nachdem, wo ich dort angekommen bin, da sagte Frau Elisabeth, 'Naja, woher soll ich das Bettzeug nehmen für das Kind? Suchen Sie was, dort irgendwo im Schrank müssen die Polen doch irgendein Bettzeug haben, da müssen Sie was aussuchen!' Nun mußte ich rumkramen, in der polnischen Wäsche für die deutschen Kinder suchen. Das hat mir sehr wehgetan. Aber nichts, man hat das getan, was seine Pflicht war. Das Schlimmste waren meine Aufgaben, die viel größer waren als meine Möglichkeiten. Das heißt Wäschewaschen für die Kinder, Kochen, Einkaufen, das Spazierengehen von der zweiten Etage nach unten und das Raufbringen der Kinder. Das wäre nicht so schlimm, aber die kleine Ingrid, die wollte nicht allein nach oben, weil sie schwer war und sehr unsicher. Ihre Füßlein waren wie Klötze, und sie wollte nicht allein nach oben, ich mußte sie führen. Und den Schorsch hatte ich auf dem Arm. Wäschewaschen war schlimm, weil doch Kohlenmangel war, hatte ich nicht genug warmes Wasser, so mußte ich im kalten Wasser Wäsche waschen. Auch die Bettwäsche für die Kinder. Die Frau Elisabeth hat sehr oft gesungen, aber ich mußte sie manchmal stören und sagte, 'Frau M., die Bettwäsche ist schon kaputt. Frau M., die Kinder müssen Schlüpfer haben, die müssen Söckchen haben, es kommt Sommerzeit.' 'Ja, woher soll ich das nehmen? Ich muß mal Omachen fragen.' Die Eltern von Herrn M. wohnten in der heutigen N.-Straße, und wahrscheinlich haben die sehr viel für die Kinder einst in Riga getan. Omachen war eine Autorität in der Familie. Tatsächlich, wenn die Oma kam, waren die Kinder etwas lebendiger gewesen. Sie wohnte einige Straßen weiter. Dagegen die Mutter von Frau M. wohnte in Lodz. Dort hatten deren Eltern eine Apotheke. Das heißt, sie haben eine Apotheke von Hitler bekommen! Der hat ihnen die 'geschenkt'. Die Eltern aus Lodz sind manchmal hierhergekommen, aber die waren nur Gäste gewesen.

Die Atmosphäre des Hauses war keine Hausatmosphäre. Es war immer kühl gewesen. Ab und zu hat Frau M. gekocht, aber am liebsten sagte sie 'Ich gehe heute mit meinem Mann aus, ich gehe heute zum Essen.' Manchmal hat er auch aus der Kantine Essen gebracht. Ich staunte, eines Tages steht vor mir Herr M., und er hat einen SA-Anzug, eine Uniform an und hohe Stiefel, glänzende Stiefel und sagt, 'Ich werde bald an die Front gehen in die besetzten Städte'. Oh Gott, bis jetzt hat er ein bißchen Essen aus der Kantine gebracht, sie sind ausgegangen, wie soll die Sache weitergehen? Eines Tages bekommt er einen Befehl, verabschiedet sich von uns allen und ist weg.

Unten im Erdgeschoß wohnte sein Bruder. Der Bruder hatte eine sehr kleine schüchterne Frau mit einer Gretchenfrisur, eine Lettin. In der Wohnung war eine ländliche Atmosphäre, und die Möbel, die polnischen Möbel, waren immer mit etwas bedeckt. Das machte mich so unsicher, es war keine Wohnung. Die Sessel waren bedeckt, die Stühle waren bedeckt, und dort gab es einen Jungen, Horst, rothaarig wie der Fuchs, immer mit schmutziger Nase. Und Edgar M., also der Bruder von Heinz, der fragte mich, 'Ach, Ajachen, hast du vielleicht eine Freundin, die auch ein Kindermädchen werden wollte?' 'Na sicher, ich kenne eine.' 'Naja, dann soll sie mal kommen, dann soll die zu uns kommen'. Tatsächlich, meine Freundin Kazia, die vor drei Jahren gestorben ist, ist dorthin gekommen.«

A. M.: »Irgendwann hat man dich dann nicht Franziska oder mit der Kurzform Franza genannt, sondern Aja. Weil der kleine Junge so Sehnsucht hatte nach seinem lettischen Kindermädchen Aja? So daß du quasi in die Rolle von dem lettischen Kindermädchen reingeschlüpft bist und dann Ajachen wurdest.«

F. E.: »Ja, ja, genau, und ich blieb die Ajachen bis zu Ende.«

(An dieser Stelle unterbrechen wir unser Gespräch, verstört über die Identitäts-Mutationen, die dem Mädchen von den Deutschen angetan wurden. Wir trinken ein wenig Kaffee, schauen aus dem Fenster in den sommerlichen Garten.)

F. E.: »Das dicke Ende kommt noch, warte mal, warte mal. Das ist noch nicht alles, das ist, du wirst staunen, was ein Mensch erleben kann: Das ist unmöglich.

Ich will noch zurück in die Wohnung von Edgar. Dort war das alles so schön bedeckt, und in der Küche an der Wand hing über der Wasserleitung ein Spruch in lettischer Sprache. Wenn die beiden Frauen von den beiden Brüdern M. sich getroffen haben, da haben sie nicht Deutsch gesprochen, obwohl Frau Elisabeth wunderschön Deutsch gesprochen hat. Bei Omachen habe ich gemerkt den preußischen Akzent. Das war immer Krümelken und Butterken, Brotken und Kinderken. Ja, das ist Ostpreußisch, ja. Also, sie mußte aus Ostpreußen sein, und deswegen wohl haben auch die Jungens gut Deutsch gesprochen. Sie sind wahrscheinlich irgendwann dort ausgewandert, ich habe aber niemals nachgefragt. Als fünfzehnjähriges Mädel hat mich das überhaupt nicht interessiert.

Ja, Kazia ist dort hingekommen, mußte auch dort wohnen. Und noch etwas Merkwürdiges: Familie M. wünschte sich keinen Kontakt mit meiner Familie. Also, ihre Kinder könnten sich anstecken, vielleicht Läuse kriegen, oder sonst irgendeine Krankheit könnte ich mitbringen. Also bekam ich einmal im Monat einen Sonntagnachmittag frei, wo ich meine Familie besuchen durfte, und da bekam ich 20 Pfennige Fahrgeld für die Straßenbahn. Aber ich mußte um 10 Uhr abends wieder da sein. Im Sommer war die Sperrstunde zehn Uhr, und im Winter war sie um acht Uhr. Die Deutschen hatten eine furchtbare Angst vor den Polen. Wenn sie schon jemanden ins Haus bekommen haben, so ließen sie ihn nicht raus. Meine Situation wurde von Woche zu Woche schwieriger. Meine Pflichten wurden auch größer. Frau M. hatte, nachdem ihr Mann weggefahren war, niemanden zu Gesellschaft, zum Ausgehen, da kam eben ab und wieder mal zum Trost der Bruder von unten zu ihr. Der Edgar ist immer öfter gekommen und immer länger geblieben. Ja, und das wurde fatal. Ja, da ist nicht mehr zu lachen. Frau M. wurde rund. Früher hatte ich immer gefragt, warum trägt Frau M. den Nachttopf mit dem Luftballon weg? Und dann hatte sie mir es jetzt erklärt, was das für ein Luftballon ist. Ja, wahrscheinlich war er jetzt nicht mehr nötig. Und eines Tages, da sagt sie, 'Wie du siehst, Ajachen, wir werden noch ein Babychen bekommen, du mußt was vorbereiten für das Babychen.' 'Ich?' 'Ja, siehst du, hier sind zu viel alte Sachen von den Polen dageblieben, du kannst Windeln nähen und ein paar Hemdchen.' Und ich habe das getan. Nähen verstand ich ganz gut. Ich fing mit sieben Jahren an, das Nähen zu lernen, meine Oma hat mir das beigebracht und meine Mutter. Ich verstand wirklich zu nähen...«

A. M.: »Du warst ein optimales Kinder- und Hausmädchen.«

F. E.: »Ja, alles, alles mit der Zeit. Trotzdem, daß ab und zu eine Schneiderin kam und die Wäsche ausbesserte, auch die Bettwäsche ein bißchen flickte, doch mußte ich für die Kinder alles selbst besorgen.

Dann kam aus Lodz die Omachen und sah den Kinderwagen, der mit Spitzen benäht war und das Deckchen und das Kissen, alles mit Spitzen und Blümchen, und da sagte sie zu mir, 'Ach, Ajachen, das sieht ja aus wie ein Osterei, das hast du ja wunderschön gemacht.' Naja. 'Und wenn das Baby kommt, dann wirst du das auch so gut pflegen wie Schorschi und Ingrid, ja.' 'Ja, bestimmt, bestimmt.' Gott weiß, wie ich mich auf das Kind gefreut habe. In derselben Zeit habe ich ein Schwesterchen bekommen zu Hause, aber die habe ich nicht gesehen; ich habe nur das neugeborene fremde Kind gesehen, den kleinen Dieter. Es war kein Zweifel, wer der Vater ist: Er war rothaarig.

Dieterchen. Das Kind wurde nicht gestillt, es bekam gleich eine Flasche. Sie sagte, 'Ich muß doch meine Figur behalten, ich muß singen. Wenn die Kinder mal weg von zu Hause sind, werde ich meine Auftritte haben, ich muß meine Figur behalten.' Nun ja, ich habe das verstanden, ich bin doch schon fast sechzehn, ich wußte, was die Schönheit für eine Frau bedeutet, und sie war wirklich sehr schön. Der Dieter wuchs, war sehr schön, aber meine Pflichten waren schon unerträglich geworden. Ich hatte jetzt drei Kinder zu schleppen, nach oben und nach unten. Erst den Wagen mit dem Dieter, dann ein Kind, dann das zweite Kind. Schorschi war doch ein Jahr älter, auch Ingrid war ein Jahr älter geworden. Ich dachte, mir platzt das Kreuz. Alle meine Glieder tun weh. Auch näherte sich die Kriegszeit vom Osten immer, immer mehr. Es war mit dem Essen viel schlimmer, mit Waschseife, mit allem. Eines Tages sagt Frau M., 'Ja, Ajachen, und wer hat denn deine Ernährungskarten?' Ich sage, 'Sie haben mich doch sicher gemeldet?' 'Ach nein, ich habe dich nicht gemeldet, deine Ernährungskarten hat wohl deine Mutter bekommen.' 'Nein, wieso denn, ich bin doch nicht zu Hause. Sie haben mich doch hierher genommen.' 'Ja, aber ich habe dich nicht angemeldet.' 'Ja, also ich habe keine Karte, und ich hänge in der Luft!' 'Ja, das mußt du jetzt in Ordnung bringen.' 'Ich, warum?' 'Ja, mein Mann ist an der Front, und du mußt das schaffen.' Ich habe mich bemüht, die Lebensmittel- karten zu bekommen, natürlich mit der Aufschrift 'Pole', da gab es weniger Ernährung, also weniger Butter, weniger Brot. Das hat sich Frau M. sehr gut gemerkt und sagte, 'Weißt du was, Ajachen, ich werde das in ein Schränkchen legen, und das wird alles für Sie sein, und ich werde die Zuteilung für mich und für die Kinder in ein anderes Schränkchen nehmen.' 'Ja, bitte sehr.' Natürlich war das Brot oder Brotaufstrich und so weiter. Sie guckte immer, ob ich den Kindern das gebe, was für sie bestimmt ist, ob ich ihnen nicht das Essen wegnehme. Und sie guckte sehr oft in den Schrank, wo ich mein Essen gehabt habe. Ob ich mir von dem ihren nicht was nehme und dazulege. Aber ich machte das nicht.

Herr Edgar hat sie immer weiter besucht, und sie wurde wieder rund. Es war ungefähr August.«

A. M.: »*Der Mann kam in der Zwischenzeit nicht von der Front nach Hause?*«

F. E.: »Nein, nein. Ich kann auch nicht genau erinnern, ob er an der Front gewesen ist oder nur irgendwo versetzt war, weil er in der braunen Uniform gewesen ist. SA, SA, SA? NSDAP hieß das, ja. – Die Schwangerschaft äußerte sich ziemlich unangenehm. Frau M. wurde so ungeduldig, sie erbrach oft, sie wollte nicht essen, sie war sehr launisch gewesen. Und ich konnte nicht mehr. Einfach konnte

24

ich nicht mehr. Sie verlangte immer mehr von mir, auch noch Fensterputzen und das Aufräumen, das Abwaschen, alles dazu. 'Wenn du das für die Kinder machst, kannst du das auch für mich machen.' Ich habe mich entschlossen, wenn ich das nächste Mal nach Hause gehe, komme ich nicht mehr wieder. Und so habe ich es getan. Ich bin einfach ausgerückt.«

Die erste Flucht

F. E.: »Ich wollte nicht nach Hause gehen, meine Eltern haben auf mich gewartet. Stell' dir vor: ein ganz dummes Mädel, das in einem Sommerkleid dasteht, Ende August oder Anfang September, und die ging einfach auf die Warschauer Chaussee, über die Straße; man konnte doch keine Bahnfahrkarte bekommen. Die Polen durften nicht reisen. Die haben auch keine Bezugscheine, nichts bekommen. Meine Lebensmittelmarken sind dort geblieben. Ich kann mir heute gar nicht vorstellen, wie verrückt diese Idee gewesen ist, daß ich auf einmal auf der Straße gewesen bin, auf der Landstraße, und ich lief immer schneller. Ich hatte ja keine Schuhe, ich hatte nur Holzsandalen an. Die klackten, und von weitem hört man: Dort geht eine Polin. So wie die Holländer mit ihren Schuhen, so haben wir auch die Klappersandalen gehabt. Und da haben auch die Nägel gestochen ins Fleisch, das tat so schrecklich weh. Aber ich bin immer weitergegangen, immer weitergegangen, und ich wollte unbedingt von dem Warthegau fort. Dorthin, wo die Polen sind, nicht mehr bei den Deutschen sein. Weg, weg, weg, und noch einmal weg. Ich habe keine Landkarte bei mir gehabt. Die Wegweiser, Gott weiß nicht, ich habe sie wohl kaum gesehen. Auf einmal befand ich mich auf dem Weg nach Bromberg. Ich dachte mir, ja, das ist gut, das ist der Finger des Gottes, du machst das gut, dort ist die Schwester von meiner Mutti, ich gehe dort hin. Ich klopfte vor der Nacht an irgendeine Tür in der Nähe von breiten Bahngleisen; wohin sie gingen, weiß ich heute nicht mehr. Aber die Leute haben mir eine Schlafstelle angeboten, die haben mir noch Abendbrot gegeben, und ich bin am frühen Morgen weitergelaufen. Ich wartete nicht mehr, bis jemand in dem Haus aufsteht, ich bin wieder weitergelaufen, bevor die SS-Männer aufstehen. Na ja, ich bin angelangt in Bromberg. Die Adresse meiner Tante wußte ich. Ich kam rein, die wurde blaß, 'Wie bist du hierher gekommen?' 'Ich bin ausgerückt.' 'Wissen deine Eltern davon?' 'Nein.' 'Na, dann muß ich schreiben.' 'Nein, schreibe nicht, sonst werden mich die M.s hier holen oder wird mich die SS nehmen.' Es war doch unter Todesstrafe verboten, den Arbeitsplatz zu verlassen!

(Frau E. klopft dazu rhythmisch mit der Hand auf den Tisch. Ich höre aus diesem Klopfen den unerbittlichen Befehl, die Zwangs-Arbeitsstelle nicht zu verlassen.)

Meine Tante behielt mich ungefähr fünf Tage, aber sie hatte Angst, daß die Nachbarn verraten werden, daß das Mädchen mit den Klapperschuhen, in dem einzigen Sommerkleid dort rumläuft und nicht arbeitet. Und sie sagte, 'Du fährst nach Hause.' – 'Aber womit? Wie soll ich hier von Bromberg weg?' Da sagte ich, 'Ich gehe auf demselben Weg wie vorher.' 'Na, weißt du was', sagt sie zu mir, 'du gehst noch Zeitung holen.' Ich ging zum Kiosk, und auf einmal waren alle Straßen von den SS-Männern abgesperrt, ein großer Lastwagen stand da, und alle los! rein! los! Wieder ein Transport von Gefangenen ins KZ-Lager oder nach Deutschland. Und ich stand hinter dem Kiosk und sah das. Hinter mir waren Kleingärten gewesen, direkt am Fluß. Dort sind viele Flüsse, Flußarme. Und ich bin dort irgendwie hinter dem Zaun in die Büsche hineingelangt und habe bis zum Abend dort gesessen. Mit der Zeitung in der Hand. Hungrig wie der Teufel. Es war doch morgens früh, als die Tante mich geschickt hat. Sie dachte bestimmt, ich bin ausgerückt. Aber ich komme nach Hause zu der Tante: 'Dich haben sie nicht verschleppt, die SS?' 'Nein, ich habe mich versteckt.' 'Ach, hast du ein Glück! Aber mach mir nicht so viel Angst, mach, daß du nach Hause kommst.' Na ja, dann sagte ich auf Wiedersehen und bin abgehauen. Ja, aber wie sollte ich aus der Stadt rauskommen ohne Plan? Ich ging einfach vor mich hin. So in den Nachmittagsstunden kam ich in eine ganz große Waldgegend, und dann wurde es dunkel. Ich habe eine schreckliche Angst gehabt. Da kam ein großes Lastauto vorbei, und ich sage, im Namen des Gottes, ich halte das Auto jetzt an. Sonst falle ich um vor Hunger, vor Angst, aber wenn das die SS-Männer sind im Lastwagen, dann nur aufhängen. Dann bin ich morgen im Konzentrationslager.

Den Lastwagen fuhr ein Pole. Er guckte mich so kritisch an, redete mich per Du an und sagte, 'Wohin?' Ich sage, 'Nach Hause.' 'Wo wohnst du?' 'In Poznañ.' 'Da hattest du Glück. Ich wohne dort auch. Ich fahre unmittelbar nach Poznañ.' Ich fragte nur, 'Werden wir vor acht zu Hause sein? Wegen der Sperrstunde.' 'Wir werden gucken, daß wir vor acht da sind.' Da habe ich gedacht, ich habe den lieben Gott an den Füßen gehalten. Ich bin glücklich nach Poznañ gelangt, aber wie ich mich den Eltern zeigen soll, davor hatte ich schreckliche Angst. Ob die Gestapo schon zu Hause war, ob mein Vater in der

Zwischenzeit nicht weg ist oder jemand von der Familie, das wußte ich überhaupt nicht. Aber ich habe trotzdem an die Tür geklopft. Mein Vater hat die Tür geöffnet, sagte nur 'Guten Abend'. 'Guten Abend.' 'Hattest Du eigentlich keinen anderen freien Tag gehabt?' 'Nein.' Ich frage: 'Die Polizei war nicht hier?' 'Um Gottes Willen, was ist geschehen, warum sollte hier die Polizei sein?' 'Nu, ich bin schon seit zwei Wochen nicht mehr bei den M.s.' 'Was?' 'Ja haben die mich nicht hier gesucht?' 'Aber wo bist du gewesen?' Na, ich habe in Kürze erzählt, er erlaubte mir, meine Mutter zu begrüßen und meine Geschwister, und dann nahm er mich in das große sogenannte Eßzimmer und setzte mich auf das Sofa und setzte sich neben mich, hat meine Hand fest in der seinen gehalten und anderthalb Stunden geschwiegen.

Er wollte mich wohl ausfragen. Ob ich vielleicht nicht in der Widerstandsbewegung war. Aber ich wußte nicht, daß mein Vater selbst dort gearbeitet hat. Daß er einen sehr verantwortlichen Posten gehabt hat. Er hat anderthalb Stunden geschwiegen. Das werde ich bis zum Tode niemals vergessen.

Hand in Hand saßen wir. Wir haben beide wohl dasselbe gedacht. 'Ich kann dir nichts mehr sagen', 'Und ich auch nicht'. Und er wollte mich nicht schimpfen, wollte nicht klagen, er fragte nicht mal, 'Warum hast du das gemacht?' Und dann sagte er nur ruhig, 'Geh in die Küche, Abendbrot essen. Geh schlafen.' Ich konnte nicht einschlafen. Er auch nicht.

Ich schämte mich, vor dem Vater zu sagen, daß ich das Leben bei den M.s nicht mehr aushalten konnte. Und er sah vor sich ein junges Mädchen, das vor sich auch nichts mehr sah. Und er wußte, daß ich mit so einem Benehmen ihm Schaden bringe und daß er jede Stunde von zu Hause weggeschleppt werden kann. Mit meiner Mutter war das Gespräch viel kürzer gewesen. Sie sagte nur, 'Naja, da bist du mit deinem Latein zu Ende? Ja?' 'Ja.' 'Was machst du morgen?' 'Ich suche mir eine andere Arbeit.' Da fragte sie mich mit großen Augen, 'Wieder als Kindermädchen?' Ich sage, 'In meinem Arbeitsbuch steht doch Kindermädchen.'

Das Arbeitsbuch ist im Arbeitsamt geblieben. Und dort war eine Nummer, das waren alles gedruckte Sachen, dort ist eine Nummer drin, und ich war unter dieser Nummer gewesen. Ich weiß nicht, was für eine Nummer das war, das war mir auch nicht nötig, das zu wissen. Ja. Und dann habe ich eine andere Arbeit gefunden.«

Die zweite Dienststelle

F. E.: »Ich kam in das Arbeitsamt und fragte, 'Kann ich eine Arbeit bekommen als Kindermädchen?' 'Deine Nummer. Hast du schon einmal gearbeitet als Kindermädchen?' Und ich gucke in die Kartothek, da stehen die M.s gar nicht drin! Ist ja gut. 'Na, dann gehst du zu Familie K., dort sind zwei Mädchen, dort wirst du es gut haben. Denn er ist ein Soldat oder Wehrmachtsangehöriger oder so was, dort wirst du's gut haben.' Na, ich habe mich selbst vorgestellt, die haben nicht mehr verlangt, daß mich der Vater zu ihnen bringt. Nun habe ich wieder ein Zimmer bekommen, es war ungefähr so groß wie ein Bad gewesen. Und die Familienverhältnisse waren ziemlich normal, die Frau hat nicht gearbeitet, schien eine ganz schlichte Frau gewesen zu sein, aber die haben sich benommen in der großen Vier-Zimmer-Wohnung wie eine Laus auf dem Samt. Der Vergleich dazu, sie fühlten sich minderwertig, aber sie wollten sich anpassen. Meine Pflichten waren zum Anfang die eines Kindermädchens, die Kinder waschen, füttern. Die Anneliese war so fünf Jahre alt, war ein hübsches lockiges Mädchen, sehr lustig, und ein kleines Evchen, vielleicht zwei Jahre alt, sie saß meistens im Wagen oder auf den Knien. Sehr fröhliche, liebe Kinder.

Aber in dieser Zeit fing für uns Polen eine böse Zeit an, weil es so viele Beschränkungen gab und Einschränkungen: in der Straßenbahn der erste Waggon – NUR FÜR DEUTSCHE; Kinos – NUR FÜR DEUTSCHE; Bänke in den Parks – NUR FÜR DEUTSCHE; Zoologischer Garten – NUR FÜR DEUTSCHE; Museen – NUR FÜR DEUTSCHE; Konzerte – NUR FÜR DEUTSCHE; die Oper – NUR FÜR DEUTSCHE. Also das Leben wurde zu einer Qual. Wenn im zweiten Waggon keine Plätze mehr waren, dann mußte man auf der Straße bleiben. Man konnte sich mit den deutschen Kindern nirgends hinsetzen. Man durfte nirgends hingehen. Ich habe aber einen schönen Platz gefunden: im Sandkasten. Der war nicht nur für Deutsche. Ja, der war für alle. Und da ist etwas ganz Wunderbares geschehen, nämlich für eine ganze Saison kam ein Puppenspieltheater, und der Kasperle war da. Und das Singen 'Tralala, der Kasperle ist da', das machte alle die Kinder so fröhlich, da saßen und lachten die deutschen Kinder, die polnischen Kinder, ich saß und buddelte mit den Kindern zusammen im Sand, und auf dem Rand saß ich und keiner hat mich weggeschmissen, und keiner fragte danach, ob das deutsche Kinder oder polnische sind. Die haben einfach zusammen gespielt, sich mit den Schippen auf den Kopf geschlagen, den Eimer auf den Kopf geschmissen, alles war in Ordnung. Ja, aber dann kam bald der Winter. Übrigens bei der Familie K., da war ich 'Rena' gewesen. Mein Name wurde wieder umgeändert. 'Franziska, und wie ist dein zweiter Name?' 'Theresa.' 'Therena. Therena kannst du doch hier sein, das ist leicht für die Kinder zu sprechen.' 'Ja, ist gut, ich kann Rena auch sein.' Da bin ich jetzt Rena geworden.

Zurück zu dieser Winterzeit. Da sagte die Frau K., 'Ja, Renachen, jetzt wird es von Tag zu Tag kälter. Jetzt mußt du immer früh aufstehen um sechs, und dann machst du Feuer in dem Dauerbrandofen.' 'Ja, ist gut.' 'Wenn die Kinder aufstehen, können sie nicht im kalten Zimmer sein, sonst werden sie sich erkälten.' 'Ist gut.' 'Dort in dem letzten Zimmer sind alte Bücher, du kannst sie immer zum Anheizen nehmen.' Ich habe mich nicht getraut, in der Wohnung rumzugehen, ich war nur im Kinderzimmer oder im Eßzimmer. Und ich komme in das vierte Zimmer rein, und dort – hoch bis an die Decke, so breit, wie das Zimmer war – liegen Bücher. Aber ich erschreckte. Da waren wertvolle Ausgaben von den Schriftstellern der ganzen Welt. Es war vor allem Weltliteratur gewesen, die klassische Literatur. In polnischer Sprache, in deutscher Sprache, in der französischen und in englischer Sprache. Shakespeare war in Original zu lesen. Ja. Mir tat das weh. Warum soll ich Bücher verbrennen? Soll ich das machen, was der Hitler machte? Bücher brennen? Nein, ich bin doch nicht verrückt. Weil ich den Zutritt hatte zu dem Park Wilsona, wo wir in dem Sand buddelten mit der Annelies und dem Evchen und den Kasperle dort bewunderten, da habe ich immer einen Austausch gemacht. Ich habe alte Zeitungen zum Anbrennen gebracht und zwei, drei Bücher, natürlich in polnischer Sprache, in den Kinderwagen unter die Matratze gelegt, wo Evchen saß. Aber mit Klauen habe ich doch keine Praxis gehabt. Das ist der gnädigen Frau aufgefallen, und Frau K. sagt, 'So viele Bücher hast du verbrannt?' 'Ja.' 'Hast du täglich Feuer gemacht?' 'Ja.' Nun ist Ruhe gewesen. Und auf einmal ruft sie aus dem Zimmer, 'Rena, wo ist das weiße Nähgarn?' 'Weißes Nähgarn, ich weiß nicht.' 'Du hast es gestohlen. Du stiehlst die Bücher, du stiehlst auch das.' 'Ich habe gestohlen? Nein, das stimmt nicht.' Und nach einer Zeit sagt sie, 'Wo sind meine roten Schuhe?' 'Ihre roten Schuhe? Ich weiß nicht.' 'Ich hatte rote Schuhe.' 'Ich weiß davon nichts.' 'Du hast sie gestohlen.' 'Nein.' 'Du gehst sofort von meinem Hause weg. Die Polizei wird dich holen. Du nimmst deine Klamotten und raus von hier.'«

Der Rauswurf und seine Folgen: Haft

F. E.: »Ich bin weggegangen. Ich komme nach Hause, fast zusammen mit meinem Vater, sagt er, 'Was ist denn, es ist doch die Mittagszeit, warum bist du denn hier?' 'Mich haben sie rausgeschmissen.' 'Warum?' 'Weil ich in Verdacht geraten bin, daß ich Schuhe geklaut habe und Fäden.' Und er sagt dazu 'Und die Bücher, ja?!' 'Ja.' 'So', sagte er... Wir hatten eine große Kommode, solch eine schwarze Kommode, dort waren drei Schubladen. Und die untere Schublade, die war die tiefste gewesen. Und dort habe ich die Bücher hingelegt. Ich war kein typischer Dieb. Ich war ungeübt, ja. Der Vater sagte zu mir, 'So, du nimmst den Koffer, nimmst die Bücher, und gehst sofort zu Frau K. zurück und trägst die Bücher zurück, sie soll sie verbrennen, wenn sie will, aber sie soll das selbst machen. Und du bittest um Verzeihung, und sie kann dich entlassen. Aber du gibst ihr die Bücher ab.' Oh Schande. Ich habe die Bücher nach dem Willen meines Vaters in den Koffer reingepackt, das war schon schwer, vielleicht waren das zwölf, vielleicht vierzehn Bücher. Ich weiß nur, das war eine ganze Ausgabe von Stowacki, und ich ging bis zu dem Park, und auf der Treppe wurde ich so zornig, so wütend, und irgend etwas brach in mir zusammen. Nein, nie mehr würde ich in dieses Haus eintreten. So bin ich in die tiefsten Büsche im Park gegangen und habe je ein Buch zwischen die Büsche geschmissen. Und bin mit dem leeren Koffer nach Hause gekommen. Der Vater sagt, 'Hast du das abgegeben?' 'Ja.' 'Du sagst die Wahrheit?' 'Ja.' 'Was haben sie dir gesagt?' 'Nichts.' Da sagt mein Vater, 'Also setz dich an den Tisch und iß dein Mittagessen auf', da gab es Spinat mit Kartoffeln. Und auf einmal klopft es, und da stehen zwei SS-Männer hinter der Tür. Mein Vater fragte, was sie sich wünschen. Ich merkte, warum sie kommen. Ich fühlte die Wut auf Frau K., daß sie mich angezeigt hat. Der SS-Mann sagte ganz frech, 'Na, du kommst mit!' Ich nehme meinen Teller und sage zu der Mutter, 'Mutter, kann ich noch Spinat und Kartoffeln bekommen?' Ja, und sie hat mir noch Spinat und Kartoffeln gegeben, und ich sitze und löffle an dem Spinat, aber ganz langsam. Und die stehen, zwei Männer und ich armes Mädel an dem Spinatteller, und die Tränen fallen in den Spinat rein, und ich weiß nicht, ob ich mich verabschieden soll, für jetzt oder für immer. Das wußte ich nicht. 'Wann kommst du endlich?' 'Ja, ich komme schon.' Gab jedem einen Kuß, ging die Treppe runter, und die nehmen mich zum Verhör aufs Kommissariat. Da, ich weiß nicht, da saßen noch mehr solcher jungen Leute wie ich, die haben gelacht, mich angelacht. Ein Mann sagt, 'Nu, sag doch laut, was du geklaut hast! Ja, die roten Schuhe?' 'Nein, ich habe keine roten Schuhe geklaut.' 'Ja, und eine Rolle weißes Nähgarn?' Nein, ich habe nichts genommen. 'Lüge nicht, lüge nicht, sage die Wahrheit! Und die teuren Bücher!' 'Ja, die habe ich genommen, aber die habe ich weggeschmissen und teilweise verbrannt.' 'Du wirst schon der Gestapo alles ganz genau sagen.' Und dann rief er zwei junge Leute, und ich ging zu Fuß über die halbe Stadt, hinter mir zwei Schupo-Männer, und ich armes Mädel in den Klapperschuhen vor ihnen. Nun bin ich dort an der Gestapo angelangt, da ließen sie mich im Korridor stehen und die zwei Schupos neben mir mit dem Protokoll natürlich. Hat der SS-Mann am Tisch das Protokoll gelesen, sagt er, 'Naja, und was sollen wir mit dir machen?' 'Nach Hause lassen.' 'Oh, du freche Göre. Du bist aber ein Stich.' 'Warum?' Und ich fing an zu lachen, das war für mich so lächerlich gewesen; wie kann man mich dafür anklagen, was ich nicht getan habe? 'Ja, geh mal nach unten, morgen früh wirst du alles sagen, wirst du uns die Wahrheit sagen, ja.' Da kam ich in den Keller, wurde ich eingeschlossen hinter den eisernen Türen, und dort waren – ha! – eine Menge Leute. Die lagen auf dem Betonfußboden, saßen auf allerhand Bänken, an der Wand standen sie, aber alle waren fröhlich. Die haben gescherzt und gelacht, haben die SS-Männer ausgelacht. 'Was wollen die von uns jungen Leuten eigentlich haben?' Aber ich war sehr traurig gewesen. Und es ist so gegen Abend gewesen, da gab es Abendbrot. Da haben sie ein paar Metallschüsseln hingestellt, es war ein Fenster in den eisernen Türen, und jeder hat eine Schüssel bekommen und sie so rausgestreckt, und da wurde eine Suppe reingegossen und ein Brot gegeben. Ich habe das artig aufgegessen, und die Tür geht auf, da kommt einer von den SA-Männern und nimmt mich hier am Hals und zieht mich auf den Korridor. 'Du wäschst das Geschirr ab!' 'Bitte sehr.' Da war eine emaillierte Wanne, die stand zwischen zwei Stühlen, und von allen Arrestanten mußte ich das Geschirr abwaschen. Und da öffnet sich die Eingangstür. Vom Korridor, der vielleicht zwölf, vierzehn Meter lang war, kam ein Lastauto, und man trug Tomaten raus. Tomaten in Kästen. Für die Kantine oder ich weiß nicht. Der eine SA-Mann sieht, daß ich dastehe und so hingucke. Da nahm er eine große Tomate, wahrscheinlich mußte sie ganz weich sein, und schlug sie in mein Gesicht. Das Gefühl habe ich bis jetzt. Über den halben Mund und über das Auge. Ach, andere haben mehr gelitten. Ich habe mich abgewischt, und er lachte so süß, weil ich das Kleid voll Tomatensaft hatte. Ach, er war so überglücklich. Und dann haben sie mich wieder in die Zelle hingebracht, eingeschlossen. Ja, und ich saß, ich konnte natürlich nicht einschlafen, die ganze Nacht auf dem Betonboden. Und eine alte Frau saß neben mir, eine ältere Frau, und sagte, 'Setz dich auf meine Füße, du bist jung, du darfst nicht auf dem Boden sitzen, du wirst krank.' Ich hörte zu und habe es so gemacht. Nach dem Frühstück, schwarzer Kaffee und ein Stück trockenes Brot dazu, aber man verlangt auch nicht mehr, wenn man im Gefängnis ist. Am Morgen wurde ich gerufen. Wieder hat mich ein Schupo-Mann gebracht und ein SS-Mann, und da haben sie mir vorgelesen mein Protokoll vom Verhör. Ich habe zugehört, und er sagt, ich soll das unterschreiben. 'Warum soll ich das unterschreiben? Ich habe das doch nicht gemacht!' 'Ja, aber Frau K. hat uns das gesagt.' 'Das soll ich unterschreiben, was sie gesagt hat?' 'Oh, du Frechdachs!' Wieder haben sie mich geschimpft. Und daneben stand ein junger Mann. Er stand im Arztkittel. Er sah aus wie ein Arzt und sagte zu mir, 'Du warst doch Kindermädchen?' 'Ja, Kindermädchen.' 'Willst du ins Gefängnis oder weiter als Kindermädchen arbeiten?' 'Natürlich ich kann als Kindermädchen arbeiten.' So, dann sprach er einen Moment mit dem, der das Protokoll vor sich hatte, und er sagte, 'Ich nehme auf eigene Verantwortung das Mädchen zu meinen Bekannten mit.' Wie immer, von Hand zu Hand.«

Die dritte Dienststelle

F. E.: »Er hat mich in sein Auto genommen und ist mit mir gefahren zu einer Familie, ich habe den Namen leider ganz und gar vergessen. Aber ich hab wirklich ganz schwere Erinnerungen von dort. Das war eine Familie mit drei Kindern. Die Jungens waren im Schulalter, sie waren beide in der HJ, und das Mädel war so ungefähr acht, neun Jahre. Die brauchten kein Kindermädchen, die brauchten einfach ein Hausmädchen. Ja, und die Frau hat mich empfangen, das war eine Villa gewesen, in der A.-Straße, es war ein Zwei-Etagen-Haus. Und sie sagt, 'Mein Mann ist schwerbehindert, er braucht ständige Pflege, er ist von der Front gekommen, ich muß mich ganz meinem Mann hingeben, und Sie werden meine Kinder verpflegen und betreuen und den Garten und den Haushalt auch.' Ich sagte, 'Ich kann im Garten nicht arbeiten. Ich bin in der Stadt erzogen worden, ich verstehe nicht mal, eine Schippe in die Hand zu nehmen, ich unterscheide die Pflanzen nicht von dem Unkraut, es geht nicht.' Naja, tatsächlich, so war es! Und sie lacht mich aus, 'Das wirst du schon lernen, das wirst du schon lernen.'

Dort konnte ich meinen Namen behalten. Die Kinder waren ganz schrecklich. Die haben mich gehauen, die haben mit Steinen hinter mir geworfen, die haben mich angespuckt am Tisch. Der schwerbehinderte Mann, das war so ein gemeiner Mann, den man nirgends mehr findet. Er hatte wohl, ich weiß nicht, durch Schüsse, vielleicht durch Granat-Splitter, gestörte Bewegungen. Aber der Unterleib war gelähmt. Also gab er alles unter sich. Er hatte immer eine nasse und volle Hose. Und er fühlte das nicht, er hat das nur gesehen und hat dann schrecklich geschrien nach Hilfe. Er rief seine Kinder, aber die Kinder haben das nicht gehört. Sie sagten, 'Du Polin, geh dem Vater helfen! Du, dort liegt Scheiße auf der Treppe, gehe sie aufessen.'

Ich dachte, ich bin in der Hölle. Ich durfte doch nicht nach Hause, ich mußte dort wohnen in so einer kleinen Stube oben am Dach. Und jedesmal, wenn ich irgend etwas wollte, etwas sagen wollte, wenn ich den Kindern ein Hemd wechseln wollte oder eine saubere Hose hingelegt habe oder irgend etwas, so habe ich das mit Angst gemacht. Ich kannte ihre Reaktion gar nicht. Ich konnte nicht ahnen, was denen immer einfällt. Und die Frau war so schrecklich bedrückt von dem Unglück des Mannes, sie hat vor Schmerz, glaube ich, die Welt vergessen. Daß sie so einen unglücklichen Krüppel jetzt hat, und das ist der Vater ihrer drei Kinder, und sie sitzt im fremden Land, und das ist nicht ihr Haus, ihre Möbel, ihre Sachen, und sie hat hier keine Familie, keine Hilfe, nur eine verhaßte Polin im Haus.

So habe ich von dem kranken Mann allerhand Tabletten genommen und sie in eine Arzneiflasche reingelegt. Das waren rote Tabletten, grüne, weiße, allerhand. Ich habe sie alle genommen, mit der Absicht, ich werde mir jetzt das Leben nehmen, ich kann nicht weiter. Ich kann absolut nicht weiter. Und an einem Sonntag, als sie mich freiließen am Nachmittag – ach, ich wollte noch was dazu sagen. Die Ernährung bei der Familie war so etwas Unverträgliches, daß es kein Mensch aushalten könnte. Die Frau hat mir täglich das Brot, meine polnischen 200 Gramm Brot, auf der Waage abgewogen und in ein Stück Papier auf dem Fensterbrett hingelegt und sagte, 'Das ist dein Brot. Du mußt damit ausreichen, ich werde dir das Brot meiner Kinder nicht geben.' Da hat sie sogar ein Stückchen abgeschnitten, wenn es auch so groß wie drei Fingerspitzen war, hat sie das abgeschnitten, 'Das darfst du nicht bekommen, du bekommst nur 200 Gramm, und nicht 210 Gramm Brot. Ich werde das meinen Kindern und meinem kranken Mann vom Mund nicht für dich abnehmen. Das kannst du von mir nicht verlangen.' Ich wußte nicht, wohin ich die Augen stecken soll und die Hände, ich wußte mir keinen Platz in der Wohnung. Ich hatte keinen Kontakt, nicht mit den Kindern, nicht mit dem kranken Mann, nicht mit der Frau.

Auch mit dem kranken Mann nicht. Er haßte mich schrecklich. Er ließ sich, als er einmal auf der Treppe lag, nicht helfen. Ich wollte ihm den Stock reichen, da sagte er durch die Zähne 'Laß sein!'

An einem Sonntag, da hab ich die Flasche mit den Medikamenten mitgenommen und sie zu Hause artig aufgegessen und mich hingelegt. Ich schlief drei Tage und drei Nächte, ich wachte auf mit steifen Lippen, steifen Wangen, und meine Mutti sagte zu mir, 'Warum hast du das gemacht?' Da habe ich ihr die Wahrheit gesagt. Sagte, 'Ja, der Notarzt war hier, sie haben dir den Magen ausgepumpt, sie haben dir Spritzen gegeben.' Ich schaute meine Arme an, überall waren die Einstiche zu sehen. Und da ist meine Mutti hingegangen zur Familie und hat den Zettel von dem Notarzt gezeigt und gesagt, 'So war die Geschichte. Sie wollte sich das Leben nehmen. Sie konnte nicht mehr aushalten. Lassen Sie das Mädel frei.' 'Och, sie kann gehen, ich kann jeden Tag eine andere Polin bekommen, das macht nichts. Ja, ist gut, nehmen Sie ihre Sachen, die sind dort oben.' Hat meine Mutti mein Nachthemd genommen, meine Wäsche, hat das nach Hause gebracht.

Nach ein paar Tagen bin ich wieder zu mir gekommen, aber wieder die Frage: Was nun? Du mußt arbeiten. Du mußt arbeiten, sonst wirst du zum Tode verurteilt! Oder du wirst nach Deutschland verschleppt. Entweder – oder. Aber da habe ich geschworen, niemals mehr ein Kindermädchen bei den Deutschen, niemals mehr ein deutsches Kind in den Armen halten, nichts mehr! Kein Sand, keine Puppenspiele, keine Wäsche, nichts mehr!«

Die vierte Dienststelle

F. E.: »Und dann, ich war wohl Brot kaufen gegangen in ein Lebensmittelgeschäft, da war ein älteres Ehepaar, Familie G., die waren Treuhänder in dem ehemaligen polnischen Geschäft, und er fragte mich, 'Wo arbeitest du denn jetzt?' 'Nun, im Augenblick nichts, ich suche Arbeit.' 'Und willst du nicht hier ins Geschäft kommen?' 'Ins Geschäft? Ich habe doch nie im Geschäft gearbeitet.' 'Ja, hier wirst du es nicht schlimm haben, vor allen Dingen du wirst die Lebensmittelmarken aufkleben, dann gehst du zum Ernährungsamt, wirst uns die Bezugscheine für Lebensmittel holen, wirst mal den Buchhalter holen oder so was nötig ist.' 'Ist gut, und würden Sie das im Arbeitsamt erledigen, daß ich Erlaubnis bekomme, als Kindermädchen zu

Ihnen zu kommen? Hier sind doch keine Kinder?' 'Ach, Scheiße, stell einfach einen halben Liter auf den Tisch, und es wird alles gemacht.' Ich wußte nicht, daß er so ein schrecklicher Säufer ist. Seine Frau war Berlinerin. Und er war ein Ostdeutscher, aber aus weitem Ostland, ich weiß nicht, aus Grusin oder irgendwo. Seine Tochter arbeitete in der SS mit den Truppen, die nach Rußland gegangen sind. Die hat ihm Bilder geschickt mit hängenden Leute an den Laternen. Und hat darauf geschrieben, 'Diese und jene Verräter, die an den Laternen hängen, die haben wir verhört in den Tagen von – bis'. Und auf der anderen Seite standen Leute unter der Mauer, und da stand wieder, 'Diese Leute wurden zum Tode verurteilt, das sind Partisanen.' Oder 'Das sind russische Verbrecher' und so weiter. Massenweise hat sie diese Bilder dem Vater geschickt.

Aber mein Los bei G. war auch eine Hölle. Weil ich nicht nur die Brotmarken kleben mußte und ähnliches machen. Ich mußte ganze Fässer mit Brotaufstrich auf einem kleinen Wagen mit vier Rädern über die ganze Stadt ziehen, Gemüse bringen, Zuckersäcke, alles mit meinen eigenen Händen hinbringen, hinschleppen und noch Ordnung im Geschäft machen und noch verkaufen. Also das war eine schreckliche Sache. Die Frau G., die sagte zu meiner Mutti, 'Ach, bin ich hier jetzt in Poznañ glücklich. Sie können sich nicht vorstellen, wir wohnten früher im Keller. Ich war so arm in Berlin, ich ging in die Markthalle betteln. Ging leer rein von einer Seite und kam mit vollen Säcken auf der anderen Seite raus.' Also sie war direkt eine Bettlerin, sie als Krämerhändlerin wollte sich hier reich machen. Sie hatte doch hier alles: ein Geschäft, Wohnung, Möbel, alles war da. Die Berlinerin war eine sehr einfache Frau. Sie hatte keine Ahnung von Handel. Sie, sie war auch ziemlich unästhetisch für Kultur, fürs gute Benehmen, sie war fast ordinär. Ihr Wortschatz, ihr Benehmen war manchmal sehr schlimm. Sie verstand nicht, mit den Leuten gut umzugehen. Sie lachte sie wohl an, aber das war ein totes Lächeln im Gesicht. Die Deutschen hat sie sofort bedient. Die Polen mußten stehenbleiben, so lange, bis sie Lust hatte, sie zu bedienen. Wenn der Rest der Kartoffeln war, dann sagte sie, 'Ja, das muß ich für die Deutschen behalten. Vielleicht kommen Sie so gegen sechs Uhr, wenn was bleibt, dann können Sie sich das kaufen.' Also gemein war sie auch. Und er war immer betrunken. Er machte sich Bier von Hefe und gebranntem Malz. Er machte sich Malzbier, in 20-Liter-Flaschen, er trank das literweise. Und er war dann sehr ordinär. Er konnte über eine Frau fluchen, er war hemmungslos. Er benahm sich wie ein Schwein, ehrlich gesagt.

Also die haben sich wohl gesucht als Ehepaar, ich weiß nicht wo.«

A. M.: »*Und dazu dann die SS-Tochter, die mit Genuß die Menschen aufhängen läßt...*«

F. E.: »Ja, ja, die hat sie fotografiert! Der G. sagte, 'Ach, meine Tochter, die Marie, die fotografiert so gern.' Und die hat solche glückvolle Briefe geschrieben dem Vater, über das Siegen der deutschen Armee, die endlich diese Stadt und jene Stadt erobert hat! Und daß die Helden wieder ein Kreuz mit Schwertern bekamen und mit Brillanten! Die Eltern waren so glücklich gewesen, daß die Tochter daran teilnimmt: an diesem Siegeszug in Rußland.«

A. M.: »*Hatten Sie keine Angst vor dem Herrn G.?*«

F. E.: »Ich hatte große Angst! Ich hatte große Angst. Aber eins war wunderschön: Das Geschäft war in derselben Straße, wo ich und meine Familie wohnte, und so konnte ich am Abend nach Hause gehen. Aber ein Unglück, das Kino war unterwegs. Und ich schaute die Fotos an in solcher Verehrung und solcher Sehnsucht. Und ein Kiosk war nebenan, dort waren solche schöne Schmökers gewesen. Ja, und da habe ich die ersten Romane gelesen, bis in die tiefe Nacht.«

A. M.: »*Um in der Phantasie etwas anderes zu erleben als in der schrecklichen Realität?*«

F. E.: »Ich wollte ins Kino zu gehen, aber im Kino an der Kasse standen solche Plakate NUR FÜR DEUTSCHE. Und einmal bin ich frech geworden und sagte zu meiner Schwester, 'Du, wir gehen heute ins Kino.' 'Nein, das dürfen wir nicht.' 'Nein, wir gehen heute ins Kino, ich kaufe zwei Eintrittskarten.' 'Mach das nicht.' 'Du, das ist ein Film mit Zarah Leander.' 'Nein?!' Ich habe das doch getan. Ich nahm 40 Pfennig und bin an einen Soldaten beigetreten und sagte, 'Können Sie mir zwei Eintrittskarten kaufen?' 'Ja, natürlich.' Er kaufte. Und als die Tür schon geschlossen werden sollte, sind wir so ganz schnell reingeschlichen. Wenn ich aus dem Hintereingang des Kinos rausgehen wollte, so wäre ich zu Hause gewesen und brauchte nicht über die Straße zu gehen. Ich habe gedacht, es wird mir gelingen. Aber es ist mir nicht gelungen. Diesen Hinterausgang haben sie nicht geöffnet, nur den, der zu der Straße rausgeht. Und ich mußte zwischen den Hunderten Deutschen rausgehen, mein Gott.

Wir gucken nach oben, der Papa steht auf dem Balkon. Schlecht. Wir gingen wie die Mäuse nach oben. Vati öffnet die Tür und sagt ganz kurz, 'Wo bist du gewesen?' 'Im Kino.' 'In welchem Film?' '*Die große Liebe* mit Zarah Leander.' 'Ja, nun wirst du jetzt die große Vaterliebe erkennen.' Er nahm den Gürtel von der Hose raus und hat die Siebzehnjährige aufs Knie gelegt und den Po so richtig geschlagen, daß ich zwei Tage nicht sitzen konnte. Das war der letzte Akt der Vaterliebe.

Am nächsten Tag hat er mit mir gesprochen. Er sagte, 'Wenn du so dumm bist, wenn du selbst das machst, nach der Sperrstunde, wo das Kino verboten ist, die Straße verboten ist und du mit deinen Klapperschuhen noch klapperst, da bist du doch von weitem zu hören, du dummes Ding. Und du nimmst deine drei Jahre jüngere Schwester mit! Willst du uns alle ins Unglück bringen?' Naja – dann ist der Herr G. krank geworden, so wie gelähmt, und Frau G. ist nach Deutschland gereist, und den Laden hat ein anderer deutscher Mensch genommen.«

Die fünfte Dienststelle

F. E.: »Also so bin ich wieder frei gewesen. Na, ich gehe zum Arbeitsamt, und da fragten sie mich, 'Willst du als Kindermädchen arbeiten?' 'Oh nein! Niemals mehr wieder!' 'Siehst du, ich habe einen Bekannten, er ist Architekt, da ist das Baby noch nicht da. Aber die Frau ist schwanger. Da werden Sie bestimmt glücklich sein, das ist eine hochkulturelle Familie. Sie gehen in die Botanische Straße Nr. 4, dort lebt Heinz B. und seine Frau Anne.' 'Ja, ist gut.' Ich bekam die Überweisung, und die Dame im Arbeitsamt ruft gleich an, 'Ich schicke Ihnen ein Kindermädchen.' 'Ja, bitte sehr.' Na, ich höre, da miautscht was, die ist wohl schon auf den letzten Beinen.

Es konnte eine so vielleicht 36, 37 Jahre alte Frau sein, ganz schlank, nichts zu sehen, daß sie schwanger ist. Eine hübsche, eine sehr gepflegte Frau mit so einem griechischen Knoten hier im goldenen Haar. Schneeweißes Blüschen, das Haus wunderbar gepflegt und die Dame sehr hochnäsig. So wie in einem Theaterstück. 'Bitte, nimm Platz – nicht dort, das ist meines Mannes Stuhl, auf diesen Stuhl. – Also, ich bin schwanger, ich möchte, daß du mir hilfst, die Ausstattung fürs Baby zu machen. Ich warte schon seit zwölf Jahren unserer Ehe auf das Baby. Oh, ich glaube, es rührt sich schon.' Es war aber eine eingeredete Schwangerschaft. Ich mußte nur immerzu die Binden waschen!«

(Von Erzählung zu Erzählung, die wir durch Kaffee-Trinken und Pausen unterbrechen, uns schütteln, aus dem Fenster herausatmen, um kühle Luft zu uns hereinzulassen, werde ich immer bedrückter. Ich erfahre durch Frau E. einen Teil der Psychopathologie des Nationalsozialismus. Psychopathologie an der »Heimatfront«, in den Famili-

en, die den sogenannten »Ehrengau«, den »Warthegau«, »aufnorden«, »eindeutschen« sollten. Frau E. wurde als junges Mädchen
dazu verurteilt, bei psychisch schwer gestörten Menschen Zwangsarbeit zu leisten. Ohne theoretische Hilfe. Sie war deutschen Verworre-
nen, Verrückten auf Gedeih und Verderb ausgeliefert.)

F. E.: »Wissen Sie, wer der Mann war? Er war ein Ingenieur, ein
Architekt, der die 'Wolfsschanze' für den Hitler baute in Allenstein!
Und wenn der auf Urlaub kam jede zwei, drei Wochen, da hatte er
immer sehr viel im Bett zu tun mit der Frau. Und die haben immer
aufs Baby gewartet. Und sie hat immer den Frauenarzt angerufen, und
immerzu war alles voll Blut, und ich, mit der Zeit habe ich als Frau
mit ihr mitgefühlt. Immerzu hat sie die Babyhemdchen, Babyschuhe
wieder aufgetrennt und sagte, 'Nein, Blau mit Gelb paßt nicht, ich
werde das mit weißer Wolle beenden.' Wieder hat sie das aufgetrennt,
wieder von neuem die Schuhchen gemacht fürs Baby. Und eines
Tages sagt sie, sie muß in die Frauenklinik. Sie sei jetzt bestimmt
schon schwanger.
    Wenn eine Frau in die Klinik geht, dann weiß ich, ist das keine gute
Schwangerschaft; das wird eine Fehlgeburt geben. Ich durfte nicht
nach Hause zum Schlafen gehen, aber sie hat mich beim Direktor des
Botanischen Gartens angemeldet, und ich mußte umsonst jeden Tag
acht Stunden Gartenarbeit machen. Das hat sie vereinbart mit dem
Botanischen Garten-Direktor. Damit ich nicht ohne Arbeit bin. Sie hat
mir meine Lebensmittelmarken mitgegeben und immerzu den Direktor angerufen, ob ich da bin. Und dann hat sie über den Direktor
gesagt, ich soll diesen und diesen Tag wiederkommen, wenn sie von
der Frauenklinik zurückkommt. Ja, und dann lief sie in dem Nachthemd herum, und ich mußte sie unter dem Arm ins Badezimmer
führen und zurück, weil sie eine Fehlgeburt hatte, und dann wieder
haben wir das alles fürs Baby eingepackt, und: 'Wir warten noch
einen Monat ab, ich werde wieder schwanger, dann wird es wieder
bestimmt sein.' Was war dort, was mich auch wieder verrückt machte?
Wenn wir allein waren, kochten wir für uns, war es relativ normal,
aber von dem Moment an, wo der Mann kam, ist das Haus ein
Irrenhaus geworden. Sie wollte sich immer sehr vornehm fühlen, ich
mußte schwarze Kleider mit weißen Schürzchen anhaben, und sie
erzählte mir ungefähr so: 'Auf unserem Gut in Flensburg, oh, da habe
ich aber Mädchen gehabt, du müßtest sie sehen, das waren nicht
solche wie in Polen, ach, wie Püppchen sahen sie aus, oh! Was das
für Mädchen waren! Solche, ach, die haben mich gepflegt, die haben

mich gekämmt, die haben mir alles gemacht, die haben mich so geliebt.' Ich mußte sie als 'Gnädige Frau' ansprechen. Wenn sie mich mit irgendeiner Handarbeit zu ihrer Freundin geschickt hat, dann sagte sie, 'Sage bitte an der Tür, die gnädige Frau B. läßt Ihnen dies oder jenes überreichen.' Ich mußte für sie allein den Tisch decken. Und ich aß in der Küche. Sie hatte solche schönen runden Frühstücksbrettchen. Nach der Speisung saß sie eine Zeitlang, und dann klopfte sie mit dem Messer an die Wand und sagte: 'Franziska – den Rest kannst du aufessen.' Bei ihr hieß ich Franziska.

Wenn jetzt jemand mit irgend etwas gegen die Wand klopft, sogar nur einen Nagel in die Wand reinschlagen möchte, so höre ich sofort, 'Franziska, den Rest darfst du aufessen.'

Die B.s haben die Villa in Besitz genommen von Herrn Stanislaw K. Er hat sie mit seinen Söhnen aufgebaut. Jetzt mußte Herr K. mit seinen erwachsenen Söhnen im Keller leben; Frau B. wohnte in der ersten Etage. Sie hat die ganze erste Etage gehabt, das war eine Sechs-Zimmer-Wohnung mit einer sehr großen Diele, zwei Balkons und der ganzen Ausrüstung. Sie sprach zum Beispiel, 'Bringe das in das Biedermeierzimmer. Die Gardinen im Biedermeierzimmer, die müssen gewaschen werden.' Oder 'Im Eßzimmer, die Veilchen im Eßzimmer sind heute nicht gegossen worden.' 'Im Arbeitszimmer meines Mannes' stand der Clou von allem: es war das Portrait von dem Führer. Sie sprach von dem Bild 'unser lieber Führer'. Da war ein kleines Regal, und dort wurden wie vor einem Heiligenbild täglich frische Blumen hingestellt. Täglich, Tag für Tag, im Winter und im Sommer. Alles, was der Hitler sagte, hatte sie vom Radio abgehört und auf den Schreibtisch ihres Mannes aufgeschrieben, daß er auch weiß, was der liebe Führer sagte. Und wenn sie mir Vorwürfe machte, 'Wie konntest du nur vergessen, dem lieben Führer hast du die Blumen nicht gewechselt? Hast du nicht gesehen, daß sie welk sind?'

Frau B. kam aus Flensburg. Ja, die haben ein Gut dort gehabt. Also ich glaube, die Bücher, auch das Biedermeierzimmer, die waren bestimmt von dort mitgebracht. Aber alles andere hatte Herrn K. gehört. Nach vielen, vielen Jahren bin ich einmal hingegangen und fragte Herrn K., wie es gewesen ist, als die B.s weg mußten. Da sagte er, daß der Herr, 'der gnädige Herr' gekommen ist, um Anna abzuholen. Sie brachte ihm seine Hausschlüssel wieder und sagte, 'Sie sind verantwortlich für die Wohnung, daß dort nichts verschwindet. Und wenn das Haus ausgebombt wird, wenn alles verbrennt, wenn irgend etwas passiert! Die Front ist doch hinter der Tür. Sie sind verantwortlich dafür.' Und da sagte Herr K., 'Sie irren sich, das ist mein Haus!'

Anna: 'Ich habe das von dem Führer bekommen.' Herr K.: 'Es gehört Ihnen nicht!'«

A. M.: »Sie sagten vorhin, wenn der Herr B. nach Hause kam, dann war es ein Irrenhaus. Was geschah dann?«

F. E.: »Er war gewöhnt, immer Befehle auszugeben, und mir gegenüber machte er dasselbe. Also ich durfte niemals ins Zimmer eintreten, bevor ich mich auf eine Art gemeldet habe. 'Entschuldigung, darf ich eine Frage stellen?' 'Entschuldigung, kann ich fragen?' Oder: 'Können Sie mir sagen?' Das Schlimmste war an diesem Tag, wo wir den letzten Flugalarm hatten und tatsächlich die Engländer Poznañ bombardierten, und ich sah von meiner Mädchenkammer aus: dort hinten brennt es. Ich habe gefragt, 'Herr B., darf ich mal zu meinen Eltern hin? Ich glaube, dort brennt es.' 'Bist wohl verrückt geworden? Zu deinen Eltern und was, meine Frau läßt du allein? Ich muß nach Allenstein fahren. Bist Du verrückt geworden!' 'Ich weiß nicht, ob die Eltern noch leben. Vielleicht ist das Haus auch verbrannt, vielleicht ist es ausgebombt, ich weiß es nicht.' Ich habe mich gewehrt, ich wollte ihm erklären. Da hat er mir so einen Arschtritt gegeben, daß ich mit dem ganzen Gesicht vor die Tür gefallen bin. Und ich konnte ein paar Tage überhaupt nicht sitzen. Da kam die B. zu mir, ich habe schrecklich geweint, weil das sehr weh tat, ich konnte mich nicht hinsetzen, und da hat sie einen Sack voll Herrensocken rausgeschmissen auf den Küchentisch, 'Wenn das alles heil ist, dann kannst du mal nach Hause gehen.'«

A. M.: »Wie im bösen Märchen.«

F. E.: »Ja, wirklich. Ich suchte schnell die Stopfnadel und das Garn, und eines nach dem anderen habe ich durchgesucht, es war fast dunkel, und da sage ich, 'Aber ich komme heute nicht zurück.' 'Du kommst zurück. Wenn du nach Hause willst, dann kommst du auch zurück.' In zwei Stunden mußte ich nach dem Bombenangriff nur hin- und herlaufen, es fuhren doch keine Straßenbahnen. Ich bin zu Hause angekommen, da sehe ich meine Schwester, die Jola, die hatte eine Schürze an, und die war ganz voll Blut. 'So, was ist denn passiert?' 'Ich habe den Verletzten geholfen, gerade war ich in dem Marktviertel, und da waren so viele, und ich habe ihnen geholfen, ich werde das sehr schnell auswaschen.' Ich bin tatsächlich in zwei Stunden zurück zu den B.s gegangen, es ist ein Glück, daß niemandem was passiert ist. Aber mein Vater war nicht da.

Später kam eines Tages mein Bruder und sagt, 'Weißt du was? Vater ist abgeholt.' Nun haben wir erfahren, daß er erst im Fort VII gewesen und nachher in das Konzentrationslager Zabikovo gekom-

men ist. Da war die ganze Untergrund-Armee reingefallen, es war
Verrat gewesen, und zweieinhalbtausend Menschen wurden getötet.
Die B. wußte davon, daß mein Vater eingesperrt ist. Und wenn ich
etwas nicht gemacht habe, sagte sie: 'Ein Griff ans Telefon und du
gehst dorthin, wo dein Vater ist.'

Also der Haß gegen Polen wuchs mit den Monaten, mit der Propaganda, es wurde von Tag zu Tag schlimmer. An den Mauern und
Wänden waren Hunderte Parolen. Die Räder müssen drehen für den
Sieg – Pst! Feind hört mit – Licht sparen. Und das waren Parolen, die
irgendwie auf die Bevölkerung einwirkten, die ihre Wirkung hatten.
Und gegenüber des Hauses, so weit entfernt wie hier der Nußbaum,
war eine Gaslaterne gewesen. Nun lief die Anne B. überall herum und
löschte in der Wohnung das Licht, immer, immer. Und sie konnte auch
an die Wand schlagen mit dem Messergriff und rief, 'Franziska, Licht
ausmachen.' Und die Romane waren doch so schön! Schade. Ich
mußte Tee kochen. Hier war die Flamme, und ich stelle einen Kessel
Wasser auf, so. Und hier war der kleine Teekessel. Und ich nehme
den Topflappen, aber ich faßte nicht genau mit der Hand, das war
schrecklich heiß, und hier halte ich das Töpfchen, in dem ich Tee
brühen sollte, und ich kippte das Wasser auf die eigene Hand. So sieht
die Hand heute aus, das sind die Narben, die tief zu sehen sind. Ich
fing an zu weinen und ging in mein Zimmer. Es hat mir keiner
geholfen dort; sie spielte doch schwanger. Und in meinem Zimmer
war so ein Blech am Fenster, dahin habe ich die Hand gehalten die
ganze Nacht, zum Kühlen. In der Nacht ist der B. angekommen und
klopfte an meine Tür. Wie sagte er, 'Was hast du wieder angestellt?'
'Ich habe mir die Hand verbrüht.' 'Welche Hand?' 'Die Rechte.'
'Gerade die Rechte!' 'Ja, die Rechte.' 'Wie ist das passiert?' 'Ich
sollte kein Licht machen in der Küche, ich mußte Tee machen.' 'So.
Geh morgen früh zum Arzt.' Wenn ich das gewußt hätte, wenn ich die
Hand unter kaltes Wasser gehalten hätte, ich hätte keine Blasen
bekommen! Das wußte ich aber doch nicht. Am Morgen sagte er zu
mir, 'Wir fahren mit der Straßenbahn.' Er ist in den ersten Waggon
gegangen und ich in den zweiten Waggon. An einer Haltestelle sagte
er, ich soll aussteigen. Ich gucke, wo wir hingehen, NSDAP. In der
ersten Etage war so eine Art von Poliklinik für die NSDAP-Leute.
Und er ließ mich warten, ich mußte so ungefähr ein paar Minuten
abwarten, und da kam ein junger Mann, so vielleicht sechzehn,
siebzehn Jahre, und sagt, 'Du sollst kommen. Zeig die Pfote.' Und er
nimmt eine ganz gemeine einfache Schere, so eine Manikür-Schere,
und schneidet mir die Haut, die ganze Haut ab. Ich ärgere mich noch

jetzt nach so viel Jahren. Das hat er mir so schön runtergenommen, und der B. kommt gleich, 'Du bekommst einen Verband und gehst nach Hause.' Ein Glück, daß ich nicht zurück zu der schwangeren Frau sollte. Ich bekam einen Verband, aber es schmerzte noch mehr. Ich konnte es nicht mehr aushalten. Ich bin in der Straßenbahn, und ein Mann sagt, 'Mädchen, was ist dir? Setz dich hin, du bist ja blau im Gesicht. Guck mal, du hast die Finger schwarz, was ist mit dir?' Sagte ich, 'Die Hand tut mir so schrecklich weh, das brennt so sehr, das brennt!' 'Was hast du gemacht?' 'Ich habe mich verbrüht.' 'Wohin gehst du jetzt?' 'Ich gehe nach Hause.' 'Und wer hat den Verband angelegt?' 'Jemand in der NSDAP.' 'Na, na, na!' Ich kam nach Hause, meine Mutti hat sich die Hand angeguckt, nahm den Verband von der Hand, sagt, 'Was ist das für eine Salbe? Die ist so grau. Ich gehe mal zu unserem polnischen Apotheker.' Der war an der Ecke gewesen, er schaut das an, 'Das ist Krätzesalbe.' Meine Mutti hat bei ihm gleich Arznei bestellt, das war so ein Leinöl mit Eigelb. Und er sagte, 'Legen Sie das schnell dem Mädchen auf die Hand und gehen Sie nach Hause, und sie soll sich gleich hinlegen', und dann hat er mir, glaube ich, Kalktabletten oder irgend etwas gegeben und Prontosil gegen Entzündung. Das hat die Mami mitgebracht.

Und da bin ich glücklich zu Hause gelandet, aber ich gucke auf meine Beine, was ist denn mit meinen Beinen? Ich habe nach einigen Tagen solche roten Flecken, die roten Flecke wurden immer tiefer, dann haben die sich geöffnet und geeitert. Die Beine konnte ich überhaupt nicht gesund bekommen und die Hand auch nicht. Das sind die da, diese Pocken, die niemals heilen wollten. Was ist das gewesen? Wenn ich das wüßte. Das wußte keiner, es wurde mit Zinksalbe geschmiert, mit allerhand Tees gewaschen, was haben wir alles getan! Es dauerte Monate lang, und das haben viele Kinder gehabt.«

A. M.: »War das nicht Impetigo? Wir hatten das auch als Kinder: rote Flecken, die ganz scheußlich gejuckt haben. Impetigo hieß diese Mangelkrankheit, die hatten wir von 1944 bis 1947: rote Flecken, auch im Gesicht, an den Armen, an den Beinen, die wurden dann geschmiert mit einer Prontosil-Lösung, so einer rotbraunen Lösung.«

F. E.: »Dann weißt Du also selbst, wie das wehtut, wie das juckt. Da war immer Eiter. Und die schmerzende Hand noch dazu.«

A. M.: »Du bist so gequält worden, Du Arme. Bist Du später zu den B.s zurückgegangen?«

F. E.: »Nein. Als der B. gesagt hat, 'Du kannst nach Hause gehen', kam ich niemals wieder. Niemals.«

Ende der fünften Dienstzeit: Der 'Einsatz'

F. E.: »Das war Juli 1944, die Hand war noch nicht geheilt, ging ich eines Tages über den Marktplatz zur Kirche. Nach der Messe gab es Straßensperrung und alle Jugendlichen wurden eingefangen zum 'Einsatz'. Wir sollten Panzersperren ausheben. Und da kam ich in einem einzigen, geblümten Röckchen, im Organdine-Blüschen mit dem Verband auf der Hand ins Durchgangslager hier in Poznañ. Da mußte ich erst am Abend mit der ganzen Gruppe entlaust sein. Das war auch ein Eindruck, den ich niemals mehr vergessen werde. Stell dir vor, alte Frauen, reife Frauen, Mädchen und Backfische, die gehen unter solchen Duschen, die unter der Decke angebracht waren, ringsherum, ringsherum, wie die Irren, und das Wasser, in kleinen Mengen, manchmal kalt, manchmal lauwarm, gießt von oben, und dann geht man unter einer Rinne, wo eine SS-Männin oder wie sagt man?, SS-Mann-Frau, die Köpfe begießt mit Petroleum. Und man hat das Petroleum in den Augen und im Mund und überall und geht weiter wieder mit dem Petroleum auf dem Gesicht unter die Dusche, und den Frauen, die längeres Haar hatten, wurde das Haar abgeschnitten. Daß sie nicht Läuse bekommen oder vielleicht haben. Und wir gehen weiter und wollen uns anziehen, und da geht eine Männergruppe, und wir sehen die nackten Männer. So etwas Ekelhaftes als junges Mädchen zu sehen, das läßt sich gar nicht wiedergeben. Man kann es zum Tode nicht vergessen.

Und nach dem Bad, nach der Entlausung, mußten wir rausgehen aus der Baracke, und dort lagen Baumstämme, auf die sollten wir uns setzen. Und wir haben die ganze Nacht gewartet auf einen Waggon. Gegen fünf, sechs Uhr früh ist ein Viehwaggon gekommen und wir wurden rausgefahren, so ungefähr 80 oder 100 Kilometer von hier, in der Gegend von Bojanowo, dort wurden wir in eine Scheune getrieben. Natürlich ohne Decken, wir haben uns im Stroh bis an den Hals verkrochen, damit es uns ein bißchen warm ist, das war schon kühl in der Nacht. Am 27. oder 28. August mußte es gewesen sein.

Oh, da fängt wieder eine neue Zeit an. Auch etwas Lustiges. Ich sehe das jetzt so, aber das war nicht lustig. Zwischen 60 und 100 Mädchen und Frauen waren da. Alle kamen aus Poznañ. Das Schlimmste war, daß wir in dieser Scheune zusammenkamen mit den Männern. Die Frauen hatten keinen Extra-Stall oder irgendeinen Schlafplatz. Die Beaufsichtigung kam von der Organisation Todt oder NSDAP, also die Braunen, und die haben alle Schippen, alle Hacken am Morgen ausgeteilt, sie maßen die Strecken ab, die liefen immer rum mit den Karten, das war wohl von dem Führer alles vorbereitet. In der Feldküche gab es eine Suppe zum Frühstück und Brot. Und da sieht mich einer von den SA-Männern und sagte, 'Was ist mit deiner Hand los?' 'Ist krank, verbrüht.' 'Ist sie bald heil? So kannst du nicht arbeiten.' 'Nicht sehr, vielleicht kann ich was anderes machen.' 'Ja, dann gehst du die Kartoffeln schälen.'

Ich versuche es in der Küche. Ich war glücklich, daß ich nicht mit der Schippe die Erde hochschmeißen muß. Ich saß dort zwei Tage, und da habe ich mir in den Finger geschnitten und bekam Blutvergiftung. Und der rote Streifen lief hier, also ich war ganz schwach gewesen, hatte keine Abwehrkräfte mehr. Nun kam ein SS-Mann: 'Was soll ich mit dir machen, du Affe, du dummer!' und so weiter, und wieder Prontosil bekommen, ja. Und noch eine Hand war eingebunden. Mit den zwei verbundenen Händen sah ich aus wie ein Krüppel. Da sagte er, 'Ich habe für dich eine gute Beschäftigung. Die Gulaschkanone wirst du jetzt zu den Leuten aufs Feld ausfahren. Wir werden dir ein Pferd...', wie sagt man?«

A. M.: »Anspannen.«

F. E.: »Anspannen, ja, 'Und du wirst es führen und du fährst!' Es gab grade dicke Erbsensuppe. Ja, und die Franziska sitzt oben drauf, wir fahren los. Fühlte ich mich glücklich, das kann kein Mensch verstehen, der nicht im Freien gewandert ist nach so einer langen Zeit, wo er kein Feld, keinen Wald gesehen hat. Mir kam es vor, das duftet alles. Und hinter mir war der große Kessel der Erbsensuppe für die armen polnischen Arbeiter. Ja, aber das Pferd mußte auf mich hören. Ich verstand es nicht zu führen. Ich habe den Abstand von den Wegen nicht gesehen, und auf einmal fällt alles in den Graben rein. Das Pferd steht artig. Aber die Suppe ist im Graben und ich mit der Suppe und mit dem Wagen auch. Und kein Mensch weit und breit. Ich weiß nicht mehr, wie ich mit dem Pferd geredet habe. Ob es mir gesagt hat, wo ich abspannen soll? Ich wußte nur, ich muß zurück. Ich habe alle Klammern aufgemacht und das Pferd am Maul näher geführt, bin aufs Rad gekrochen und raufgeklettert auf das Pferd und hab mich oben festgehalten, ein bißchen an den Haaren, ein bißchen an den Ohren, halb im Genick vor Angst. Das Pferd war so schrecklich groß. Und ich in dem Sommerkleid mit dem Orgadine-Blüschen an, und die Erbsensuppe im Graben. Und die hungrigen Leute und der große Topf mit den Brotstücken auch im Sand im Graben. So viel Brot vernichtet. Ich reite auf dem Pferd zurück auf den Hof, und da kommt der Braune auf mich zu. 'Donnerwetter, was hast du da gemacht, du verrücktes Biest? Ha, was ich da alles gehört habe!' Ooh! Ich sagte, 'Nehmen

Sie mich nur runter. Ich weiß nicht, wie ich runterkriechen soll.' Wie sollte ich runter, ich lag! Das tat alles weh. Die Füße hier oben, der Po, die kranken Hände, ich wußte nicht mehr weiter. 'Wo hast du das Essen?' 'Dort.' 'Wo ist das Brot?' 'Dort.' Nun hat er eine Kolonne von den Polen geschickt, die haben wieder das Pferd mitgenommen. Ich weiß nicht, was sie gerettet haben, aber sie sagten, 'Mit dem ersten Transport gehst du zu den schwersten Arbeiten!' Ich habe es mir verdient. Aber es war nicht so schlimm. Das war die erste Wut; ich kam wieder zu meiner Gruppe zurück. Und alle haben mich natürlich schrecklich ausgelacht. Manche Männer haben geschimpft, aber der Rest hat so herzlich gelacht. 'So doof, wie du bist, gibt es gar keinen Menschen mehr!' Aber ich lachte nachher auch. Und ich habe immer solche kleinen gelben Blümchen gesammelt auf dem Feld und in dem Graben, sahen so aus wie Entenschnäbel, so machten sie den Schnabel auf, ich habe sie immer mit der Haarspange so reingezwickt. Da sagten immer die Männer: 'Das Mädchen mit den gelben Blumen, die hat das Essen umgefahren. Die hat das rausgeschmissen, die, die, die ist es, die! Ja, wie war es auf dem Pferd, schön?' Oder der andere, 'Du kannst aber schön reiten, bravo, bravo.' Alle haben immer sich Witze darausgemacht. Nun, eines Tages war es nicht mehr witzig, die hörten, daß in Warschau Aufstand war. Der 1. September 1944. Da wurden wir fortgebracht.

Mein Vater ist im Lager, meine Schwester ist auch in einem KZ-Lager für Jugendliche. Und ich sitze im Zug, der irgendwo hinfährt. Er ist zwei Tage und zwei Nächte unterwegs. Aber an den Städten-Namen sehen wir, daß wir nicht verschleppt werden nach Deutschland. Daß wir immer näher nach Osten fahren. Wir sind über Konin gefahren, Richtung Ostpreußen. Da wurden wir hinter der Weichsel ausgeladen. Und über die Nacht saßen wir in so einer Kohle- und Brennholzverkaufsstelle. Und dort saßen wir die ganze Nacht. Und da kamen wir auf Lastautos, einer neben dem anderen, wie die Heringe. Und wir fahren über die Weichsel, und da fangen wir alle an zu singen, 'Jeszcze Polska', noch ist Polen nicht verloren, die Hymnus, die polnische Hymnus, ganz laut. Und sagten: 'Weichsel, grüße von uns alle, die jetzt kämpfen gegen die Macht, gegen den Faschismus'. Und die anderen schreien und weinen, 'Da fließt das Blut, polnisches Blut'. Das tat schrecklich weh.«

Die sechste, die letzte Dienststelle

F. E.: »Wir sind dort ausgeladen worden und kamen zu polnischen Bauern. Also es war noch nicht Preußen. Es war, glaube ich, gleich neben der ehemaligen preußischen Grenze, aber noch auf der polnischen Seite. Es waren sehr anständige Leute. Die haben Brot und Gemüse, Kartoffeln und eigenes Essen mit den Leuten geteilt, die dort arbeiten mußten. Man hat den polnischen Familien von der deutschen Seite nichts gegeben, nichts gezahlt. Und es gab immer einen Appell, jeden Morgen und jeden Abend, jeder mußte sich mit Namen melden, und der SA-Mann hat immer einen Strich gemacht, 'Ja, ist da – befindet sich auf der Liste – ist anwesend – arbeitet.' Nun mußte auch ich schon die Arbeit antreten. Die Hand war schon ziemlich gut geheilt, nur zwei Finger, die waren noch nicht zugeheilt, die waren schrecklich lange krank. Aber das ging schon. Und die Leute haben sich auch immer geholfen, jeder dem anderen. Und mit der Zeit wurde es immer kälter. Ich habe an meine Mutter geschrieben, sie möchte mir doch was zum Essen schicken und irgendwelche Kleidung. Ich war doch in dem Orgadine-Blüschen dort! Besaß einen einzigen Schlüpfer ohne Watte oder Zellstoff. Ohne Möglichkeit, Wäsche zu wechseln, nichts. Meine Mutti hat mir geschickt ein paar neue Gummischuhe und Söckchen, und ein Trikothemd mit Ärmeln. Gott, sah ich aus. Wie ein Waisenkind. Es war genau der 20. September. In einem Glas hatte ich Brotaufstrich. Da sitzen wir bei dem Bauern in der Scheune oben, dort haben wir geschlafen auf dem Heu, und da kam eine Frau und bat mich um ein bißchen Brotaufstrich. Weißt du, was Brotaufstrich ist?«

A. M.: »Ja, das weiß ich. Den gab es bei uns von etwa 1944 bis 1950, bis weit nach dem Krieg. In der ehemaligen DDR.«

F. E.: »Ja? Ja. Aus roten Rüben und etwas Sirup und so weiter, so ein süßes Zeug. Und ich wollte ihr ein bißchen davon geben, da platzte der Deckel auf einmal in zwei Hälften und fiel auseinander. Ich sage, das ist ein böses Zeichen. Ich habe doch nichts damit gemacht, ich habe den Deckel doch nicht angefaßt. Ich bekam eine schreckliche Unruhe. Und da ist es passiert: ich fliehe wieder. Ich fliehe von dem 'Einsatz'. Ich halte nicht mehr aus. Der erste Schnee kam, es war der 8., vielleicht der 9. Oktober.«

Die dritte Flucht

F. E.: »Ich floh ganz allein, hab' keinem was gesagt. Ich konnte es vor Sehnsucht nach den Eltern nicht mehr aushalten. In der Nacht kalt, am Tage kalt, die Beine wund; ich hatte keine Kraft mehr zu leben. Es war halb dunkel, ich bin aus dem Stroh herausgekrochen und habe mich auf den Weg gemacht. Es waren vierzehn Kilometer. Dort habe ich einen Zug abgepaßt, der nach Poznañ geht. Auf jeder Station standen SA-Männer, SS-Männer mit Hunden. Und ich bin von einem Waggon in den anderen gekrochen, von einem Klosett ins andere, von einem Coupé in das andere. Ich hatte doch keine Reisegenehmigung, keinen Paß, keinen Fingerabdruck, kein Arbeitsbuch, kein Ausweis bei mir, nichts. Ich war zum Gefängnis oder ins KZ-Lager fertig. Aber ich fühlte, ich kann nicht weiter. Bei einem Stop-Signal blieb der Zug stehen, ich bin herausgesprungen und wartete nicht, bis der Zug noch zum Hauptbahnhof kam. Und ich war glücklich auf der Straße. Es war so vielleicht am frühen Morgen. Ich bin dann runtergegangen und zu Fuß schnell die ganze Straße nach Hause gelaufen. Ich komme nach Hause, meine Mutti fragt, 'Woher kommst du denn?' 'Aus dem Einsatz.' 'Um Gottes Willen.' Ich gehe in die Küche und sehe, auf der Leine hängen schwarz gefärbte Sachen.

'Der Vati ist tot.' 'Mutti, das ist nicht wahr.' Ich wollte es nicht glauben. 'Aber sechs Wochen ging ich Tag für Tag', sagt sie, 'in das Konzentrationslager, und die wollten von mir das Paket nicht nehmen. Die sagten nur, ist nicht da, ist nicht da, ist nicht da.' Und sie ging zur Gestapo, dorthin, wo ich damals eingesperrt war, und dort hat ein Mann in einem Buch geblättert, 'Leonard S.? Ja, ja, ja, am 20. August zum Tode verurteilt. Ja, ja, stimmt, der ist nicht mehr da!'

Sie blieb allein mit sieben Kindern, und ich bin der Vater der Familie geworden. Da bin ich wieder mal Kindermädchen geworden. Ich fragte Mutti, ob sie schon in der Fabrik beim Arbeitsplatz von Vati gewesen ist. Sie sagte, 'Nein, ich habe seinen Tod noch nicht gemeldet in der Personalabteilung. Das kannst du machen.' Ich ging dorthin, und dort waren zwei Herren, die meinen Vater sehr gut kannten. Es war etwas ganz Besonderes passiert: Mein Vati war in der Untergrundbewegung, hatte einen sehr verantwortlichen Posten, aber er war sehr stolz, ein sehr intelligenter Mensch gewesen. Und er machte mit einer großen Gruppe große Sabotage. Jetzt weiß ich schon, was das gewesen ist. Alle Metalle haben ein Herd-Zeichen. Und in der Waffen- und Munitionsfabrik, der früheren Cegielski-Fabrik, haben die Widerständler die Zeichen gefälscht. Sie prägten andere Zeichen in die Metalle ein. Sie haben sie gefälscht, damit die Waffen nicht schießen. Wenn sie daraus Granaten oder Gewehre machten, da war das Metall entweder zu hart oder zu weich. Oder es gab solche Kräne, große Kräne unter der Decke mit dicken Ketten. Die Ketten mußten immer die Maschinen hin- und hertransportieren. Und wenn sie neue Maschinen bekamen zur Fertigung von den Gewehren und allerhand Waffen, da haben die Widerständler gemacht, daß die Ketten gerissen sind. Entweder sind die Ketten gerissen oder der Transport stand still oder irgend etwas ist gefallen, zerstört worden.

Der Oberingenieur hatte meinen Vati sehr geschätzt. Er rief ihn manchmal zu sich in das Ingenieurbüro und sagte, 'Herr S., hier machen Sie dies und jenes.' Sie haben sich Zeichnungen angeschaut, aber mein Vater hat doppelt geguckt. Am Sonntag hatte er besonders viel zu tun. Jeden Sonntag hat er gearbeitet. Und eines Tages kam der der Direktor, nicht der Oberingenieur, das war ein gemeiner Kerl. Der kam zu ihm und sagte, 'Herr S., was haben Sie gestern gemacht?' 'Na, dies und jenes und dies.' 'Und Ihre Leute? Sie wissen wohl nicht, daß die mehr kaputt machen als sie überhaupt leisten!' 'Ja, ich werde Aufsicht geben', sagte mein Vater. 'Ihre Aufsicht geht mich einen Scheißdreck an', und haute meinem Vater ins Gesicht. Aber mein Vater blieb nichts schuldig, schlug ihn von der anderen Seite. Da schrie der Direktor auf und rief 'Schupo! Schupo!' Sie haben meinen Vater festgehalten, Hände nach hinten gedreht, und der Oberingenieur ließ einen Tisch bringen aus der Werkstatt, hat ihn persönlich angeschnürt. Er gab Alarm, und die ganze Belegschaft, 1 200 Männer, wurden auf den Hof gerufen und mußten zusehen, wie mein Vater geschlagen wurde. Mein Vater lag ohne einen Schrei. Danach stand er auf wie immer, hat seine Hosen gebürstet und ist nicht in die Werkstatt zurückgegangen, sondern sofort auf die Straße. Die deutschen Arbeiter, die haben 'Pfui' gerufen. Die polnischen haben mit den Füßen getrampelt. Aber Vati kam nicht nach Hause, er ging zu Frau L. gegenüber unserer Wohnung, und der Sohn von der Dame ist gekommen und sagte zu meiner Mutter, 'Meine Mutti läßt bitten, Sie möchten bitte sogleich kommen wegen einer wichtigen Angelegenheit.' 'Ja, warum soll ich denn kommen, warum kommt nicht deine Mutti?' 'Es ist so wichtig, daß Sie selbst kommen müssen.' Mami bekam Unruhe und ist dorthin gegangen, und auf dem Sofa lag der arme Vater mit blutigen Wunden von den Füßen bis an den Kopf. Meine Mutti kniete und weinte, und er sagte, 'Nicht weinen. Ich habe gemacht, was ich nur konnte; mehr konnte ich nicht tun. Aber ich habe eine

Bitte an dich. Und von der Entscheidung hängt mein Leben ab. Erlaube mir, zu fliehen. Dokumente bekomme ich in einer Stunde. Ich kann sofort weg. Aber deine Entscheidung ist es.' Sie sagte: 'Nein, bleib hier. Du sollst dich nicht in Gefahr begeben. Bleib hier!' Diesen einen Satz bedauerte sie bis zum Tode. Der Vater ist geblieben.

Am nächsten Tag ist er zur Arbeit gegangen, zurück in den Reperaturbetrieb. Glauben Sie – die Deutschen haben die Mütze abgenommen!«

A. M.: »*Das glaube ich.*«

F. E.: »Die Polen haben gekniet und ihm die Hände geküßt.«

A. M.: »*Das glaube ich auch.*«

F. E.: »Und sagten, 'So einen Helden gibt es nicht noch einmal, wie Sie es sind.' Und die Männer, junge Männer aus der Konspiration, sagten 'Herr Leonard, warum sind Sie hiergeblieben?' Da sagte er, 'Ich habe Kinder.' – Aber jetzt haben die Kinder keinen Vater mehr. Mein Vater war schon tot, als ich aus dem 'Einsatz' geflohen war. Mich haben dann ehemalige Mitarbeiter in den Betrieb, in die Fabrik genommen, ich bin in der großen Menge eingesunken und fing an zu arbeiten als Kopistin in einem, wie heißt es?, in einem Technischen Büro. Ich war ganz still geblieben, habe nie mehr gedacht, als Kindermädchen zu arbeiten. Ich wollte nur leben, nichts mehr. Nie mehr, niemand mehr guten Tag sagen. Daß mich nach der Flucht aus dem 'Einsatz' keiner erwischt hat, das war nur der Zufall, weil die Front schon zu nah war. Und alle hatten, wie man sagt, die Hosen voller Angst.

Ja, und dann kam die nächste Etappe, die Flucht aller Deutschen. Und auf einmal waren hundert andere Gefühle gelöst. Mitleid. Der Haß ist verschwunden. Kann sich das jemand vorstellen? Wenn man sieht: Schnee auf den Straßen, man steht auf der Bahnhofsbrücke und unten fahren offene Waggons, in denen Verletzte, Verwundete liegen, die halbtot vor Kälte und vor Wunden sind, da kann jemandem das Herz platzen. Wenn man sieht die Kinderchen ohne Krümelchen Brot, in den letzten Waggons, die von Poznań wegfahren. Die großen gnädigen Herrschaften, die unbedingt polnische Kindermädchen haben wollten, sind auf einmal arme, fliehende Leute. So wie wir vor ihnen damals fliehen mußten. Das läßt sich nicht vorstellen, wer das Bild nicht gesehen hat! Mein Bruder bekam etwas über den Kopf, weil er mit der eigenen Mutter Polnisch sprach: auf der Straße mußte Deutsch gesprochen werden. Das war doch eine deutsche Stadt! Hier waren ja ganz andere Maßnahmen. Man verlangte von uns mehr als von jedem anderen. Die Maßnahmen waren in ganz Deutschland nicht, auch im Generalgouvernement nicht so scharf, aber hier im Warthegau mußte alles verdeutscht sein für die Deutschen, die hierher gekommen waren.

Und noch ein Bild aus dieser Zeit. Man kann sich gar nicht so vorstellen, was damals gewesen ist. In der Wohnung, in der ich hier seit sechseinhalb Jahren lebe, läutet es an der Tür genau vor drei Jahren. Da steht eine große Frau, und sie spricht mich auf deutsch an und sagt, 'Entschuldigen Sie, wohnen Sie hier?' Ich antwortete 'Ja'. 'Und wohnten Sie schon hier immer?' 'Nein, ich wohne erst seit kurzem hier. Ja, warum fragen Sie mich danach? Sie sind wohl eine Deutsche, Sie haben sich nicht vorgestellt.' 'Ja, ich bin aus Peine bei Hannover, ich wohne dort mit meinem Mann und Sohn. Aber das ist die Villa meiner Großmutter!' 'Bitte? Ihre Großmutter?' 'Ja, sie hat sie von dem Adolf Hitler bekommen, sie hat das Recht auf dieses Haus.' 'Warum?' 'Wir haben unser Gutshaus verlassen. Und ich wollte jetzt sehen, wie es hier aussieht. Ich bin erzogen worden in diesem Haus, ich wohnte hier in der Kriegszeit, in diesem Garten stand meine Schaukel. Hier war das Zimmer meiner Oma, und mein Großvater und meine Eltern waren hier.' Da fragte ich, 'Ja, der Hitler hat Ihnen diese Villa geschenkt? Dieses Haus hat aber ein alter Regisseur gebaut, er wohnt hier in der Nähe, ich kenne ihn. Wie konnte der Hitler verschenken das, was jemand anderem gehört?' 'Na, vielleicht, vielleicht ist das heute schon nicht wichtig, aber ich möchte sehen, ob irgendein Gegenstand von meiner Großmutter noch hier ist.' Ich sage, 'Liebe Dame, das war ein Zufall in der Geschichte, daß Sie hier gewesen sind. Haben Sie das gewußt, daß hier die Front vorbeiging? Wußten Sie, daß über 60 Prozent von dieser Stadt verbrannt war? Daß die ganze Bevölkerung obdachlos gewesen ist?' 'Ja, ja, ich weiß es', und so weiter. 'Also, was suchen Sie nach Ihrer Oma Sachen? Die Leute haben keinen Schrank, keinen Teller gehabt, kein Glas, die haben alles genommen, was überhaupt zu sehen war. Wir mußten das Leben wieder anfangen.' 'Nu ja, aber ich dachte...' 'Haben Sie schlecht gedacht!' Der Sohn der Frau, der war schon auf der Straße, der konnte nicht zuhören. Der hat sich geschämt. Er ist später zu mir raufgekommen. Und sagte, 'Wie ist das eigentlich, daß man irgend etwas, was jemandem gehört, weggibt? Ich denke hier an die Sachen von meiner Großmutter. Zum Beispiel meine Großmutter hatte hier eine wertvolle Wanduhr' oder so etwas. 'Sie wollen, junger Mann, von Wert sprechen?!' Er hatte Glück, daß ich Deutsch sprach. 'Sie wollen was von Wert wissen. Mit welchem Recht hat Ihre Großmutter dieses Haus besessen? Pardon. Sie hatte kein Recht, der

Hitler hatte auch kein Recht, irgend etwas zu verschenken, was nicht sein gewesen ist.' 'Das ist doch das Kriegsrecht.' 'Aber damit ist es aus!' – Das war genau vor drei Jahren! Hier in diesem Haus in diesem Zimmer. Die Nazis sind noch nicht tot. Und ich sagte ihm zum Abschied, 'Sie könnten, junger Mann, hier sitzen mit mir, zwei Tage und zwei Nächte. Ich würde Ihnen vieles erzählen und würde versuchen, Ihnen vieles zu erklären, aber Sie würden das sowieso nicht verstehen. Weil sich zwei große Ideologien in einem Jahrhundert getroffen haben. Und die haben ein paar Völker, dazwischen Millionen Menschen, Menschen! kaputtgemacht. Und bis Sie nicht selbst denken, kann ich Ihnen das nicht erklären. Suchen Sie in der Literatur, gucken Sie die Filme, aber nicht die amerikanischen, an, dann werden Sie vielleicht ein bißchen klüger.'

Ich sah so ein dummes Gesicht, ein schlankes, blasses Gesicht mit langem Hals, im grauem Anzug. Ach, noch eine Brille dazu.«

A. M.: »Hat sich eine dieser vielen Familien, bei denen Du hast arbeiten müssen, noch einmal mit Dir in Kontakt gesetzt?«

F. E.: »Niemals mehr. Niemand. Keiner.«

A. M.: »Auch kein einziges Kind hat sich Deiner erinnert?«

F. E.: »Nein. Welches? Schorschi und Dieter waren zu klein. Ingrid auch.«

A. M.: »Und Evchen?«

F. E.: »Evchen? Dort galt ich als Rena, die geklaut hat! Was war ich für sie dort oder für die zwei kleinen Hitlerjugen und das BDM-Mädchen? Ich wurde gebraucht und verachtet. Wie soll man sich an mich erinnern?«

A. M.: »Ich glaube, für die ersten beiden Kinder, für den sehr verstörten kleinen Jungen, Schorschi, der nach seiner Aja gesucht hat, warst Du sehr, sehr wichtig.«

F. E.: »Ja, ich habe noch heute ein bißchen Gefühl für die Kleinen. Ich denke oft an alle drei, was wohl aus denen geworden ist.«

(Unser Gespräch wurde auf deutsch geführt.)

Regina I. (1926 geb.):
Erinnerungen an die Zwangsarbeit im besetzten Polen

»Ich arbeitete bei einem Deutschen, Herrn Wilhelm W., in W., Kreis Jarozyn, und war nach der Eingliederung der Wojewodschaft Poznañ in das Reich 13 Jahre alt. Ich war Schülerin.

Die deutsche Familie wohnte in der Nähe meines Wohnortes W., und die brauchte eine Hilfskraft für den Haushalt. Meiner Person gegenüber verhielten sich die Deutschen kultiviert und wohlwollend. In der Familie gab es drei Kinder: Wilhelm, neun Jahre, Gerhard, sieben Jahre, und Ursula, drei Jahre. Die kleineren Kinder waren brav, aber der älteste Sohn Willi hat sie gegen mich aufgehetzt. Er betonte böse, daß ich Polin bin, und Gerhard und Ursula ahmten es nach. Ich aß mit der deutschen Familie an einem Tisch, deswegen bekam ich auch genug zu essen. Ich verdiente zehn Reichsmark monatlich, erhielt keine Bezugscheine für Kleidung und nahm auch keine Krankenversorgung in Anspruch. Die Kirchen waren für mich verschlossen.

Abends nach der Arbeit konnte ich den Kontakt mit Freundinnen aufrechterhalten. Mit den Deutschen unterhielt ich mich auf deutsch. Ich wohnte bei meiner eigenen Familie, meine Arbeitsstelle erreichte ich zu Fuß. Ich arbeitete von 7.00 bis 20.00 Uhr, auch sonntags. Frau W. fuhr öfter zum kranken Großvater nach Glogòw, dann führte ich den ganzen Haushalt alleine: Einkäufe, Kochen, Waschen, Aufsicht über die Kinder und sämtliche andere Hausarbeiten, auch Gartenarbeit. In diesen Zeiten arbeitete ich bis 22.00 Uhr.

Am Ende des Krieges im Januar 1945 reiste die deutsche Familie W. per Eisenbahn in eine mir unbekannte Ortschaft. Der Deutsche war Bahnhofsvorsteher und hatte den Befehl, bei der Arbeitsstelle zu bleiben, bis der Bahnverkehr stillgelegt wurde. Er flüchtete erst drei Tage vor dem Einmarsch der sowjetischen Armee aus W. Ich kehrte heim.

Ich besitze keine Andenken, keine Fotos aus der Zeit der Zwangsarbeit. Auch habe ich keinen Kontakt mit der deutschen Familie W., denn ich weiß nicht, wohin sie gezogen ist.«

(Übersetzung: Kristina Dodin)

Aleksandra B. (1933 geb.):
Erinnerungen an die Zwangsarbeit im
»Altreich«

»Die Männer kamen nach Hause, ich schlief noch. Wie hießen die bloß? Also SS hießen die. Sie fragten, 'Bist du Aleksandra?' Ich sagte 'Nein, ich heiße Sascha.' 'Gut gut, du bist Sascha, du kommst mit.' Mama begann zu weinen, sie wußte vielleicht schon, daß die russischen Kinder eingesammelt werden. Mein Bruder hat die Kühe gehütet, er kam nach Hause, weil er sein Brot, sein Mittagessen vergessen hatte. Er rannte also wieder heim, und gerade da haben sie mich geweckt. Und nun will die SS auch den Bruder mitnehmen. Sie sagen, 'Wir gehen in die Schule!', und so hat man uns nach B. gebracht, in ein kleines Kreisstädtchen. Die Schule hatte schon Stacheldraht ringsherum. Ich weiß nicht, wieviele Kinder wir da waren. Die Mädchen waren getrennt von den Jungen. Der Bruder sagte, 'Weißt du, ich werde heute weglaufen. Komm mit mir!' Da fragte ich den Bruder, 'Aber wie willst du denn von hier losrennen?' Da meinte er, 'Na, über das kleine Luftfensterchen, aus dem werde ich springen.' Und ich habe Angst vor der Höhe und dachte, wie schaffe ich das bloß, da runterzuspringen. Mein Bruder ist 1929 geboren, also war er schon dreizehn. Ich war damals zehn Jahre alt.

Mein Bruder hat dreimal die Flucht versucht; zweimal hat man ihn eingefangen und wieder zurückgebracht. Aber das dritte Mal stieß er auf einen guten Menschen. Er ist immer so an den Trassen der Schützengräben entlanggelaufen, und da kam ein Mann, der hat ihn festgehalten. Mein Bruder war so schmal und klein und hat geweint. Da sagte der Mann, 'Was machst du denn da?' Er sagte, 'Ich will zurück zur Mama.' Darauf der Mann, 'Na ja, dann mußt du so rennen, daß man dich nicht sieht, du mußt auch kriechen!' 'Aber da ist doch Wasser', sagte mein Bruder. 'Das ist ja nicht so schlimm, dann mußt du eben im Wasser langkriechen.' Und so ist mein Bruder wieder nach Hause zurückgekommen.

Uns andere hat man aber doch zusammengepfercht und weggebracht. Manche Kinder liefen auch unterwegs weg. Uns hat man in ein kleines Städtchen in die Nähe von Minsk gebracht, und schon am zweiten Tag hat man uns Kindern Blut abgenommen für die deutschen Verwundeten. Und dann schloß man uns hermetisch ein in Bahnwaggons, und irgendwo in Polen hat man die Waggons wieder aufgemacht. Da haben wir ein bißchen was zu Essen bekommen. Wir haben da geweint, denn wir dachten, die werden uns jetzt totschlagen. Ich weiß nicht, wie viele Kinder wir waren. Wir landeten in Falkenburg, da waren dann nicht nur Kinder, sondern auch Erwachsene. Und da hat man uns wieder Blut abgenommen für die deutschen Verwundeten. Na, vielleicht war die Front schon näher gekommen. Und wieder wurden wir in Waggons gepfercht und weitergefahren bis nach Darmstadt. Hier hat man uns zunächst in ein Bad geschickt, und dann wurden wir zusammengetrieben und ausgewählt. Es kam eine deutsche Frau mit einem Jungen. Er hieß Reinhard, er war so klein wie ich; vielleicht hat er mich ausgewählt. Der Dolmetscher fragte, ob ich noch eine Schwester habe, und da sagte ich 'Ja, ich habe eine Schwester' – das war die Freundin, mit der ich zusammen im Zug war. Aber die Freundin sagte plötzlich, 'Nein, ich bin doch nicht deine Schwester!' Und dann hat die Frau zu mir gesagt, 'Du darfst aber nicht lügen!' Nun ja, und da bin ich eben alleine mit der Frau und dem Reinhard gegangen. Den Namen der Frau weiß ich nicht. Ich weiß nur noch den Namen des Jungen.

Es war dann so: Wenn sie zur Arbeit ging, hat sie mir Aufgaben gestellt, die ich machen sollte. Ich habe aber mit dem Reinhard alles zusammen gemacht, da waren wir bald fertig, und dann haben wir zusammen gespielt. Die Frau hat in einer Lederfabrik gearbeitet, da nähte man Taschen und Sandaletten. Man hat mich auch an so eine Maschine gesetzt, da sollte ich die Fäden von den Taschen abschneiden. Und da begann ich so zu weinen. Man hat ja Darmstadt sehr bombardiert, unser Haus fiel auch in Schutt, und wir wurden in einem Keller begraben. Der ältere Bruder des Reinhard hat uns aber befreit. Der Adolf war schon Soldat, aber der kam irgendwie – ist vielleicht zurück geblieben oder hat Urlaub bekommen, gerade zur richtigen Zeit, und hat uns von dem Schutt befreit.

Danach sind wir in ein Dorf gegangen, nach Bodenheim. Das Foto, das ich noch habe, ist aus Bodenheim, dort wohnte ich dann in einer Familie. Die Wirtin heißt Frau Kerz. So sollte ich sie nennen. Frau und Herr Kerz hatten noch eine Deutsche als Hausmädchen, die Anne, und einen Franzosen und einen Tschechen. Da haben wir Wein schneiden müssen.

Ich weiß nicht, wie lange ich dort war, da kam Reinhards Vater, er war Hauptmann und holte mich zurück nach Darmstadt, er führte mich zurück in den Keller, wo wir unter Schutt gelegen hatten.

Die Familie Kerz aus Bodenheim war sehr lieb zu mir; man hat mir viel auf den Weg mitgegeben. Reinhards Vater brachte mich zurück in den Keller. Und als er dann wegfuhr, hatte er noch eine Gurke und zwei Pellkartoffeln gehabt. Er gibt mir die Kartoffeln und die Gurke, aber ich sage, 'Die Hauswirtin hat mir doch schon etwas gegeben.'

Es stellte sich heraus, daß unter dem Keller ein Maschinengewehr und Minen und irgend so etwas lagen. Und da hat Reinhards Vater sich noch Patronen umgebunden und mich in den Wald gebracht, wo viel Technik, viel Kriegstechnik war. Ihn haben sie durchgelassen, aber mich haben sie nicht durchgelassen. Und ich blieb zurück und dachte, nun ja, da sind so große Steine, da kann ich mich ja verstecken. Mal sehen, ob er mich wiederfindet. Und ich rannte weg und habe mich versteckt. Aber das waren ja keine Steine, sie schienen nur von weitem so: das waren große Berge von toten Soldaten. Da habe ich einen großen Schreck bekommen und Angst, daß die Deutschen mich jetzt erschießen. Und so bin ich doch in den Wald gegangen, ich weiß nicht, wo es war, da bin ich auf ein Gleis geraten und in eine Eisenbahn eingestiegen. Es war dunkel, es war nachts, ich bin in irgendeiner Kleinstadt angekommen. Ich weiß nicht, wo es war, aber ich habe Wasser rauschen gehört, als ob da irgendwelche Fabriken oder Werke waren. Es war ja alles getarnt, so daß man nichts sehen konnte.

In dieser Nacht habe ich zwei deutsche Frauen getroffen. Ich fragte, 'Wo ist denn hier das russische Lager?' Die meinten, daß Kinder wie ich dort sind und haben mich in dieses Lager gebracht. Es war kein russisches Lager. Ich weiß nicht, was es war. Aber ich fand da eine Polin. Und früh hat der Lagerführer die Polin befragt, wo sie denn herkomme. Und sie sagte, 'Ja, aber da ist außer mir noch eine angekommen,' also ich, 'die Alissa ist gekommen.' Und der Führer sagt, 'Ja die ist ja noch so klein, die hat sich hierhin verlaufen.' Die Polin war größer als ich. Sie hat versucht mich zu überreden, daß wir fliehen, denn hier im Lager würden wir umgebracht. Dann sind wir also geflohen und wieder nach Darmstadt gefahren. Da war Luftalarm, ich weiß nicht wie – plötzlich war die Polin weg, und ich blieb alleine. Es wurde so lange bombardiert, bis alle Bomben unten waren. Ich saß auf einer Bank, und da fällt hier eine Bombe und da eine, wo sollte ich hin? Ich saß auf der Bank. Dann war das Bombardement zu Ende, und es brennt und stinkt alles, Rauch ist überall. Ich bin dann durch die Trümmer gelaufen. Da waren Leute, ich weiß nicht, woher. Es waren Gefangene aus irgendeinem Lager dorthin gebracht worden, um die Trümmer wegzuräumen. Ich habe da die russische Sprache gehört und bin zu den Männern gegangen und war immer mit denen zusammen. Wo sie hingingen, bin ich auch hingegangen. So bin ich dann in das Lager der Gefangenen gekommen. Ich konnte aber nach dem Bombardement nicht mehr reden, ich konnte tagelang nicht sprechen, hatte einen Schock gehabt. Und dann sagte eine Frau aus dem Gefangenlager auf russisch (und ich verstand ja Russisch): 'Man muß diesem deutschen Kind vielleicht mal unsere Graupensuppe geben, damit es weiß, womit wir hier gefüttert werden. Damit es das auch nicht vergißt, was wir hier zu Essen kriegen.' Die hat gedacht, ich sei ein deutsches Kind. Da war ich so beleidigt, das hat mich durchbohrt, da begann ich zu weinen und sagte, 'Ich bin aber russisch!' Und einer fragte dann, 'Na, wo bist du denn her, Mädchen?' Und da sagte ich, 'Ich bin aus W.' 'Ach, das ist doch ein Mädchen aus Weißrußland'. Ich kam ja aus Weißrußland. Ich hatte dieses Lager gefunden, und später haben uns die Amerikaner von hier befreit. Ein Mann sagte zu mir, 'Also, ich muß noch weiter, aber dich wird man zu einem Kinderheim bringen, und von dort kommst du nach Hause.' Dieses Sammellager war in einem Wald, und da habe ich meine Leute wiedergetroffen.

Die Amerikaner haben uns an der Elbe den Russen übergeben, und an dieser Grenze hat einer von den russischen Soldaten seinen Sohn, ein Kind, wiedergetroffen. Wir wollten die Grenze angucken, und ein Junge und ich, wir sind ein bißchen zurück geblieben, und da hat man ihn mit dem Nachnamen gerufen. Es war sein Vater, der ihn rief; er ist dann bei dem Vater geblieben.

In Breslau haben wir eine Schule organisiert bekommen. Von dort wurden wir in die Sowjetunion zurückgebracht. Ich kam nach Jaroslawl in Rußland, in ein Kinderheim, denn Weißrußland war ja ganz kaputt, lag in Schutt. Dort war ich mit meiner ältesten Schwester. Andere Kinder aus unserem Ort hatte man schon früher weggebracht, und wir, meine Schwester und ich, blieben übrig. Im Kinderheim waren Kinder, deren Eltern in der Leningrader Blockade umgekommen sind. Meine Schwester sagte, 'Die Mutti ist doch so krank, du hast doch kein Zuhause. Also, wo willst du wohnen, komm mit ins Kinderheim Ost.' Ich wollte aber nicht in dem Heim bleiben. Meine Schwester sagte, 'Bleib hier, hier gibt es etwas zu essen. Zu Hause haben wir gar nichts.' Aber ich wollte nicht dort bleiben. Ich wollte zu Mutti.

Dann haben sie alle Papiere richtig geschrieben und haben mich aus dem Heim entlassen nach Weißrußland. Aber zu Hause war es dann noch viel schlimmer. Wir hatten keine Wohnung, kein Haus, und Mutti war sehr krank. Da haben alle Verwandten sich zusammengetan und uns irgend so ein Häuschen hingestellt. Der Bruder ging zur

Armee, Mutti war immer bei mir, und ich habe sie gepflegt. Sie ist im April 1961 gestorben. Und ich habe erst dann begonnen zu lernen, nahm ein Fernstudium auf und habe gearbeitet. Ich heiratete erst mit 30 Jahren und lebe heute noch mit meinem Mann zusammen.«

(Frau Aleksandra B. erzählte ihre Erinnerungen an ihr Leben in Deutschland während der Begegnungstagung ZWANGSARBEIT 1939 – 1945 in Frankfurt, September 1992. Ihre Erzählung wurde für die deutschen TeilnehmerInnen der Gesprächsgruppen aus dem Russischen übersetzt.)

Katharina P. (1931 geb.):
Erinnerungen an die Zwangsarbeit im besetzten Polen

»In den Jahren von 1943 bis 1945 mußte ich bei den Deutschen arbeiten. Zwölf Jahre alt war ich 1943. Ich mußte beim Arbeitsamt gemeldet werden. Warum, das wußte ich damals nicht. Man hat mir sofort eine Arbeit zugeteilt. Ich arbeitete nicht das erste Mal bei Deutschen. Vorher, als ich elf Jahre alt war, war ich schon einmal bei Deutschen: aber nur für zwei Tage. Die Frau auf dem Bauernhof hatte gesagt, daß sie kein solches Kind wie mich haben will, weil ich zu schwach und zu klein zur Arbeit war. Da hat man mich zurückgeschickt. Der Ehemann dieser Frau brachte mich nach Hause, nach Poznań zurück. Der Bauernhof lag irgendwo in der Umgebung von Poznań; ich kann mich an die Ortschaft nicht mehr erinnern.

Das zweite Mal arbeitete ich einige Monate als Hausmädchen. Sie haben mich dort entlassen, weil ich oft krank war. Dann mußte mich meine Schwester vertreten. Sie war erst elf Jahre alt, elf Jahre alt!

Später begann ich bei Frau Elli K. zu arbeiten – ich blieb bei ihr bis 1945, und später habe ich sogar allein deren Kinder betreut.

Frau K. stammte aus Deutschland, sie kam hierher mit ihrem ersten Mann, der bei der deutschen Armee war. Im Krieg ist er gefallen. Später heiratete sie wieder, Herrn K. Er war auch im Krieg. Er wurde verletzt und hat einen Fuß verloren. Als sie davon erfuhr, ist sie zu ihm gefahren und hat die Kinder bei mir gelassen. Ich saß einen Monat lang allein mit den Kindern zu Hause, mit Renata, sie war wohl fünf oder sechs Jahre alt, genau kann ich mich nicht erinnern. Erika, die drei Monate alt war, blieb auch bei mir. Frau K. war mit der dritten Tochter Vera zu ihrem Mann gefahren. Sie ist nicht mehr zurückgekehrt, weil sie von dem Kriegsende vor Poznań überrascht wurde. Die Sowjetarmee ließ sie nicht durch. So kehrte Frau K. nach Deutschland zurück. Und ich bin mit den Kindern allein geblieben. Und dort, wo ich mich aufhielt, wo diese Deutsche wohnte, sagten mir die Polen, daß ich mit den Kindern zu meiner Mutter gehen sollte, um nicht mehr in diesem Haus alleine zu bleiben. Unter Bomben floh ich mit den Kindern. Es war im Winter 1944 / 1945. Ich nahm einen Schlitten, wickelte Erika und Renate ein und brachte sie zu meiner Mutter nach Hause und später dann zu einem Luftschutzkeller. Ich flüchtete mit den Kindern ohne Kleidung, ohne Essen. Ich nahm einen Schlitten, legte die eingewickelte Erika darauf. Renata hat sie festgehalten, und so fuhren wir zu meiner Mutter nach Hause. Es war sehr weit zu laufen, so unter den Bomben! Meine Mutter hat dann aus unseren Sachen etwas für Renata genäht. Für Erika hat sie Windeln aus der Bettwäsche gemacht. Strampelanzüge sind noch von uns geblieben, von der jüngsten Schwester und dem jüngeren Bruder, so daß auch Erika von uns bekleidet werden konnte. In dem Luftschutzkeller sorgte meine Mutter für diese Kinder. Trotz der Tatsache, daß wir schon zu fünft waren, hat meine Mutter für sie gesorgt. Ich hatte nichts aus dem Haus der Deutschen für die Kinder mitgenommen, weder Windeln noch... nichts, nichts, weil die deutschen Soldaten mich von dort fortgewiesen hatten. Frau K. hatte nur Kleingeld dagelassen, aber sie hatte ein Lebensmittelgeschäft und sagte, wenn ich etwas brauchte, solle ich es aus dem Geschäft nehmen. Das Geschäft wurde aber von den Soldaten so streng bewacht, daß ich nichts für die Kinder nehmen konnte.

Es gab da noch außer mir ein Hausmädchen. Sie war älter und hat Essen gekocht. Sie kam täglich ins Haus. Nur ich schlief bei Frau K. Sie ließ mich nur einmal pro Monat zu meiner eigenen Familie nach Hause. Weil ich lange Zöpfe hatte und mich nicht alleine kämmen konnte, hat mir die Mutter einmal pro Monat das Haar gewaschen und mich gekämmt. Später habe ich doch die Zöpfe abgeschnitten, weil es mit dem Frisieren zu mühsam war. Das andere Hausmädchen schlief bei sich zu Hause, sie kam morgens und ging am Nachmittag nach Hause, weil sie eine eigene Familie hatte. Ich mußte bei den Kindern schlafen. Es gab eine 'Kinderstube', und dort habe ich gemeinsam mit den Kindern geschlafen. Zusammen in einem Zimmer mit den Kindern. Und Frau K. hat woanders mit ihrem Mann und später allein geschlafen in einem eigenen Schlafzimmer. Von der Kleinen kann man nichts sagen, sie war nur drei Monate alt. Vera – sie war drei Jahre alt – war sehr lieb zu mir. Aber Renata, fünf Jahre alt, war ein übermütiges Kind. Sie beschimpfte mich mit 'Schweinepolacke' und spuckte mir ins Gesicht. Ich habe es aber irgendwie ertragen. Ich sagte mir, wenn der Krieg zu Ende ist, werde ich mich rächen. Und der Krieg war zu Ende, und ich konnte mich nicht rächen! Als dann die zwei Kinder in der Flüchtlingsunterkunft lebten, waren alle Erwachsenen wohlwollend. Jeder gab, was er hatte. Wir haben zusammengetan und uns gemeinsam verpflegt. Für die Kinder wurde sehr gut gesorgt. Für die Kleine wurden Wassergraupen gekocht, es gab damals keine Milch. Sie hat es irgendwie überstanden und fühlte sich gut mit uns. Zu Hause waren wir fünf Kinder, und noch diese zwei, zusammen also sieben. Wir haben sie geliebt, wie eigene Kinder, ja, ja! Renata konnte etwas Polnisch. Ich habe ihr Polnisch beigebracht. Wenn sie mit den Kindern auf dem Hof spielte, hat sie auch Polnisch gesprochen. Und die Kinder lernten so schnell, daß es damit kein Problem gab. Und ich konnte auch etwas Deutsch. Also sprachen wir halb Deutsch, halb Polnisch, pot – tak.

Mit der kleinen Vera ist Frau K. nach Deutschland gefahren; die zwei Kleinen hat sie mir überlassen. Ich habe später die Kinder abgegeben, als es einen Transport nach Deutschland gab. Neben uns hatte eine Deutsche, eine 'Baltendeutsche', gewohnt. Sie wollte unbedingt nach Deutschland ausreisen. Sie war aber alleinstehend, und man hat ihr gesagt, daß sie erst mit dem letzten Transport fahren darf. Als sie in der zweiten Hälfte des Jahres 1945 erfuhr, daß wir diese Kinder haben, wollte sie mit einem Sammeltransport gemeinsam mit den Kindern von Frau K. aus Poznañ nach Deutschland fahren. Wir haben diesen Wunsch gemeinsam den Leuten vom Roten Kreuz gemeldet. Sie nahmen die Kinder an, und die baltendeutsche Frau konnte mit den beiden Kleinen nach Berlin reisen. Ich habe sie gebeten, uns sofort zu schreiben, damit wir erfahren, was geschehen ist. Sie nahm unsere Adresse mit, ich hoffte, daß sie glücklich ankommen und eine Unterkunft finden. Die Frau hat mir versprochen zu schreiben, ich habe aber bis heute keine Antwort bekommen. Einige Monate nach dem Transport kam die Mutter der Kinder nach Poznañ zurück. Ich war erschrocken, ich dachte schon, daß etwas Schlimmes passiert sei. Sie ist zu meiner Familie gekommen und ging nicht in ihre eigene kleine Wohnung. Wir aßen gerade zu Mittag. Sie ist sehr hungrig angekommen und hat eine trockene Scheibe Brot aus ihrer Tasche genommen. Meine Mutter hat ihr Mittagessen angeboten. Während des Essens weinte Frau K. sehr darüber, daß die Polen so gut sind. Sie fragte, wo die Kinder sind. Ich habe ihr alles genau angegeben. Sie ist zu dem Polnischen Roten Kreuz PCK gegangen, um sich dort zu erkundigen. Am gleichen Tage fuhr sie mit russischen Soldaten nach Deutschland zurück. Sie war auch mit russischen Soldaten durch die Front gekommen: das hatte sie uns erzählt. Am Abend ist sie abgefahren. Ich habe auch sie um eine Nachricht gebeten darüber, ob sie ihre Kinder gefunden hat. Sie sollte sich beim Roten Kreuz in Berlin melden. Aber ich habe keine Nachricht erhalten. Der Kontakt war abgebrochen.

Ich würde mich sehr gerne mit den damaligen Kindern treffen. Vielleicht könnte man sie über das Deutsche Rote Kreuz finden. Was für eine Mutter war die Frau K., daß sie das Herz hatte, so kleine Kinder unter der Obhut eines kleinen Mädchens zu lassen? Ich war doch selbst ein kleines Mädchen, das noch Betreuung benötigte. Also, sie war als Mutter streng. Alles packte sie auf meine Schultern. Praktisch erzog ich die Kinder, irgendwie habe ich es geschafft. Frau K. ist skrupellos zu ihrem Mann gefahren. Darüber habe ich mich ebenso wie meine Mutter gewundert: daß Frau K. so kleine Kinder zu Kriegsende unter meiner Aufsicht allein gelassen hat. Ich war doch erst elf, zwölf Jahre alt. Ich persönlich hätte Angst gehabt, in einer solchen Kriegssituation die kleinen Kinder zu verlassen. Sie ließ die beiden älteren hier und fuhr mit dem dritten fort. Denn sie wußte, daß ich es mit Renata schaffe. Die war ziemlich böse. Sie beschimpfte mich mit 'Schweinepolacke'. Ich machte mir nicht so viel daraus. Ich dachte immer dabei: 'Ich werde es dir noch zeigen.' Aber ich habe es ihr nicht gezeigt, weil ich ein zu weiches Herz hatte.

Ich führte die Kinder jeden Sonntag in die evangelische Kirche. Ein Pfarrer sah, daß ich niederkniete. Daraufhin zwang er mich als Katholikin die Kirche zu verlassen und draußen so lange abzuwarten, bis der evangelische Gottesdienst zu Ende war. Zu Hause haben wir zusammen gebetet. Ich kniete am Bett, und die beteten mit mir gemeinsam. Wenn Frau K. zufällig ins Zimmer kam, schrie sie mich an und sagte, daß ich mich nicht hinknien und das Abendgebet nicht auf polnisch sprechen solle. Die Kinder beteten nämlich mit mir auf polnisch.

Schlimm für mich war, daß Frau K. mich sehr oft mit Briefen an verschiedene Offiziere, in die Poznañer Zitadelle schickte. Dort waren einige Einheiten zum Schutz der Stadt stationiert. Ich brachte Briefe dorthin, in denen meistens Rendezvous mit verschiedenen Offizieren vereinbart wurden. Diese Herren waren sehr oft zu Gast bei Frau K. Nicht nur einmal ist es passiert, daß Frau K. sich mit einem dieser Offiziere in einer intimen Situation im Schlafzimmer befand und ich Tee und Wasser servieren mußte. Als junges Mädchen habe ich mich dabei natürlich geschämt. Sie lachten darüber, daß ich verwirrt war, ihre intime Situation auch noch anschauen zu müssen. Frau K. lag nackt mit den Herren im Bett und rief mich: 'Kind!' Als das meine Mutter erfahren hat, war sie erschrocken und sagte, 'Mädchen, aus dir wird nichts mehr. Du bist dort verdorben worden!' Trotz allem: Man hat es nicht geschafft, mich zu verderben. Nur diese Sache hat mir überhaupt nicht gefallen. Ich machte immer die Augen zu, wenn ich das Schlafzimmer betreten mußte. Dann sagte Frau K. höhnisch zu mir, 'Katharina, mach die Augen auf!' Ich machte die Augen auf, aber ich hielt die Hände vor das Gesicht. Dann zwang sie mich dazu, die Hände vom Gesicht zu nehmen. Um doch nichts sehen zu müssen, bin ich rückwärts in das Zimmer gegangen.«

(Frau Felicja Nowicka führte das Gespräch mit Frau P., Frau Koper-Fengler übersetzte den Text.)

Felicitas M. (1928 geb.):
Erinnerungen an die Zwangsarbeit 1941–1945 in Polen

»Ich wurde am 7. Dezember 1928 in Poznañ geboren. Während der ganzen Besatzungszeit wohnte ich in der G.-Straße Nr. 141. Unser Haus war umgeben von einem Garten und enthielt fünf Wohnungen. Bei Kriegsausbruch 1939 war es bewohnt von fünf Familien. In unserem Hof ertönte Lärm und sorgenfreies Spielen, zusammen mit mir spielten im Hof neunzehn Kinder. So war es bis 1941; da war ich zwölf Jahre alt. Im Jahre 1941 wurden die Bewohner des Einfamilien-Nachbarhauses Nr. 142 von den Deutschen ausgesiedelt, und ihr Haus wurde von einer deutschen Familie übernommen, von der Familie Michael M. In diesem Jahr nahm ich Abschied von meiner sorglosen Kindheit.

Der deutsche Herr M. suchte mich aus der Gruppe spielender Kinder im Hof aus, und ich wurde vom deutschen Arbeitsamt zur Arbeit in der Familie M. gezwungen, die insgesamt fünf Personen stark war. Die Kinder hießen Siegfried, Margot und Ingrid. Die Arbeit, die ich verrichten mußte, war für mich als zwölfjähriges Mädchen sehr schwer. Von der Pumpe Wasser tragen zum Kochen, zum Wäschewaschen und für die Körperwäsche. Arbeit im Garten, im Haushalt und Einkaufen. In dieser Zeit war ich immer hungrig. Meine Arbeitgeberin hat extra für mich drei Kartoffeln mit der Schale gerieben, daraus eine Suppe gekocht und mir erklärt, daß so eine Suppe gesund ist. Ihre Kinder aßen zum Frühstück Brot und Brötchen mit Butter. Dieses Essen werde ich nie vergessen.

1943 wurde ich von Herrn M. dem Arbeitsamt zur Verfügung gestellt, und meine Haushalts- und Kindermädchenstelle übernahm Frau S., sie war 41 Jahre alt. Damals wohnte sie in unserem Haus. In diesem Jahr wurde ich vom Arbeitsamt an die nächste Familie überwiesen, an die Familie Ludwig F., die in der B.-Straße 4 wohnte. Herr F. war Kriegsinvalide. An der Ostfront verlor er ein Bein und drei Finger an einer Hand. In seiner Familie waren drei Personen, seine Frau Grethe, er und der Sohn Wolfgang. Auch in dieser Familie war meine Arbeit sehr schwer. Mein Arbeitstag begann um sieben und endete nach zwanzig Uhr. Jeden Tag um sieben nahm ich die vor dem Schlafzimmer stehende Beinprothese des gewaltigen Beins und einen Schuh (mein Arbeitgeber war ca. zwei Meter groß und ich ein kleines, mageres Mädchen, kaum 1,45 m groß!). Den Schuh mußte ich putzen.

Nach dem Schuheputzen stellte ich die Prothese und den Schuh vor das Schlafzimmer und begann meine tägliche Arbeit. Diese Arbeit war ähnlich wie bei der Familie M. – mit dem Unterschied, daß ich bei Familie F. noch Wäsche waschen mußte, und das war für mich sehr schwer. Die Wäsche weichte ich in der Badewanne im Bad ein, dann trug ich mit einem Eimer die nasse Wäsche in eine Wanne, die in der Küche auf zwei Stühlen aufgestellt war. Ich wusch die Wäsche auf einem Metallreibebrett, und weil ich für die Wanne zu niedrig gewachsen war, stellte man mir einen Hocker unter meine Füße. Die auf dem Brett gewaschene Wäsche ließ ich in der Küche in der Wassermulde am Herd kochen.

Im Jahr 1944 brachte man mich in ein Arbeitslager bei der A.-straße in Poznañ. Von diesem Arbeitslager wurde ich abgeführt zum Ausheben von Schützengräben in der Gegend von Bolechow und Murowror-Goslina. Ich war die jüngste Arbeiterin dort, ich war fünfzehn Jahre alt. In Bolechow übernachteten wir in einer Scheune im Heu. Die Scheune lag isoliert im Wald, und man betrat sie auf einer etwa zehn Meter hohen Leiter. In der Scheune nächtigten etwa 30 Frauen. Während meines Aufenthalts in Bolechow erkrankte ich an Scharlach. Ich mußte mich jeden Tag in der Sanitätsstelle melden, wo mir die Temperatur gemessen wurde. In der ersten Phase meiner Krankheit hatte ich 40 Grad Fieber in den Nachmittagsstunden, und mein Körper war blau. Die einzige Medizin, die ich erhielt, war Aspirin. Das Hoch- und Niedersteigen von der Leiter war in der ersten Phase meiner Krankheit ein Alptraum: Die ganze Welt drehte sich vor meinen Augen, und ich hielt mich krampfhaft an der Leiter fest, damit ich nicht runterfiel. Nach einiger Zeit bekam ich Schuppen auf der Haut, und mein rechtes Ohr eiterte. Keiner hat sich um mich gekümmert, und lange Tage lag ich ohne medizinische Pflege auf dem Heu im Lager. Als ich mich besser fühlte, bin ich in den Morgenstunden geflohen und kam mit einem Fahrrad nach Poznañ. Dort ging ich zur Mutter und mit ihr zu unserem polnischen Arzt Dr. K. Der attestierte, daß ich Scharlach habe, aber er konnte mir nicht helfen, und ich mußte zurückgehen ins Einsatzlager. Dort war ich weiterhin ohne medizinische Pflege. Ich nehme an, daß ich diesen Scharlach nur überlebt habe, weil es ein heißer Sommer war. Das Essen dort war feldmäßig, also nicht für Kranke eingerichtet. Man brachte Gefäße mit Suppe, zu der man ein Stück trockenes Brot bekam. Die schlechtesten Suppen waren Grießsuppen. Wenn man den Kessel aufdeckte, sah man schwimmende Würmer auf der Oberfläche. Zum Frühstück und zum

Abendessen erhielten wir Brotrationen, und die aßen wir mit Margarine oder Marmelade aus gelben Rüben.

Vor dem Schlafengehen, in der Dämmerung, sangen wir immer 'Vater im Himmel, unter Deine Obhut begebe ich mich!' Als Dauerschaden nach dem Scharlach blieb mir ein Ohrenschaden am rechten Ohr, ein Loch im Trommelfell. Ich darf nicht schwimmen gehen, bei jeder Erkältung eitert das Ohr, wenn ich Kopfweh bekomme, muß ich sofort zum Ohrenarzt.

Nach der Arbeit im Einsatz arbeitete ich wieder bei der Familie F. Im Januar 1945 wurde es langsam gefährlich, und die Ostfront näherte sich. Ende Januar reiste Frau F. ans Meer in ein Krankenhaus für Unheilbare, sie erkrankte an Krebs. Der Sohn Wolfgang war ins Reich gebracht worden durch Bekannte von der Familie F.

Nach der Abfahrt von Frau F. erhielt ich den Auftrag, zu einer Freundin von ihr zu gehen, um der beim Packen zur Flucht aus Poznañ zu helfen. Mitten in der Nacht um 24 Uhr gab mir diese Deutsche einen Schlitten und einen Korb. In den Korb stellte sie mir zwei Kompottgläser, ihr altes Kostüm und eine Bluse, und so schickte sie mich nach Hause. Es war eine eiskalte Schneenacht. Mit dem Schlitten lief ich die A.-straße entlang, beim katholischen Friedhof, dann beim evangelischen Friedhof vorbei, und unterwegs betete ich und bin gottlob niemand begegnet. Als ich am Bahnhof ankam, den ich überqueren mußte, waren meine Beine aus Angst ganz weich. Der Bahnhof war beleuchtet, und auf dem Bahnsteig wimmelte es von Deutschen. Die Entfernung zwischen ihnen und mir war ca. fünf Meter. Ich schaffte es, die Bahngleise zu überqueren, und an unserem Hausfenster erwartete mich meine Mutter, die die ganze Zeit meiner Abwesenheit gebetet hatte für meine glückliche Heimkehr.

Heute muß ich feststellen, daß mir mit Gottes Hilfe die glückliche Heimkehr gelungen ist – ich befand mich in den Polizeistunden auf der Straße ohne Dokumente, mit einem Korb und Konserven und einem Kostüm, und in der Stadt waren Extra-Posten in Aktion, und die hätten mich ohne Skrupel erschießen können. Denn sie hätten meinen können, daß der Korb und das Eingemachte und das Kostüm von mir geklaut worden waren.

Seit den Alptraum-Jahren sind mehrere Jahrzehnte vergangen – aber die Erinnerungen sind lebendig geblieben, und deswegen schrieb ich meine Erlebnisse aus der hitlerischen Besatzungszeit auf, damit gegenwärtige und künftige Generationen junger Polen und Deutscher nicht vergessen, wie Minderjährige durch Deutsche im Dritten Reich ausgebeutet wurden: Für meine Arbeit bekam ich keine Entlohnung!

Herr F. floh in seine Heimatstadt Ludwigshafen am Rhein. Herr M. war Flieger – ich weiß nicht, wohin sich seine Familie begab im Januar 1945. In beiden Familien hat man meinen Vornamen verändert: Man nannte mich Christel. Es kann sein, daß ihnen mein Name nicht gefallen hat.«

(Übersetzung der schriftlichen Aufzeichnungen: Kristina Dodin)

Maria P. (1925 geb.):
Erinnerungen an die Zwangsarbeit
1940 – 1945 in Polen und im »Altreich«

»Mein Vater Stanislaw P., von Beruf Ingenieur, und meine Mutter Maria, geb. R., haben in Gelsenkirchen 1918 geheiratet. Mein Vater diente in der Preußischen Armee und war während des Ersten Weltkrieges Träger der Eisernen Kreuzes. Sein Soldbuch ist heute noch vorhanden.

Meine Eltern besaßen ein großes Wohnhaus in Poznañ, außerdem ein Landhaus in K., wo wir bis zum Kriegsausbruch wohnten. Unsere Familie wurde Anfang des Krieges aus dem Haus ausgewiesen von den deutschen Besatzern und in ein ärmliches, schäbiges Haus einquartiert.«

Die erste Dienststelle

»Ich wurde 1940 von den Deutschen in der Kirche aufgegriffen und sollte mit anderen Leuten nach Deutschland verschleppt werden. Ich fiel einem deutschen Polizisten auf, weil ich so klein war, und er brachte mich zu einer deutschen Familie namens Sch., die zwei Kinder hatte. Herr Sch. war früher Lehrer in einer deutschen Schule in Polen, seine Frau stammte aus einer reichen Gutsbesitzerfamilie in der Nähe von Gdansk.

Während ich dort zur Arbeit eingewiesen wurde, war der Herr abwesend. Er war in Berlin im Offiziersstab tätig. Seine Frau lebte hier mit den Kindern allein. Der Mann war anständig, sprach Polnisch und benahm sich gegenüber den Polen freundlich.

Die Frau aber war hysterisch und böse. Jedesmal, wenn es in Berlin einen Luftangriff gab, aus Angst und Wut, daß ihrem Mann etwas zustoßen könnte, bekam ich Schläge. Ich wurde oft mißhandelt. Die Frau war verwöhnt, hatte früher viele Bedienstete und konnte sich nicht damit abfinden, daß sie nur mich alleine als Haushaltshilfe hatte. Ich mußte ihr jeden Tag weiße Handschuhe waschen, ich habe sie zusammen mit Windeln gekocht. Sie zog sie an und prüfte an den Möbeln, ob alles richtig abgestaubt war. Weil ich noch ein Kind von erst 14 Jahren war, hatte ich keine Erfahrung mit der Haushaltsarbeit. Wir hatten selbst Bedienstete zu Hause. Dennoch mußte ich fünf Zimmer putzen, vier Öfen heizen, zwei Kinder betreuen, im Garten arbeiten, jeden Morgen um 8.00 Uhr das Frühstück servieren. Ich war unterernährt und schwach.

Eines Tages beim Einkaufen bekam ich eine Blutung aus dem Mund. Die Frau Sch. vermutete eine Lungenkrankheit bei mir und hatte Angst, daß ihre Kinder sich anstecken könnten. Ich wurde ins Krankenhaus gebracht. Es war aber eine Gallenerkrankung, und ich wurde operiert. Während des Zwischenfalls beim Einkaufen erkannten mich einige deutsche Frauen vom Ort, deren Kinder ich noch aus der Zeit vor dem Krieg aus Poznañ kannte, wo sie zur Schule fuhren und ich ihnen beim Einsteigen in den Zug behilflich war. Eine dieser Frauen schrieb an das Arbeitsamt und bat um eine leichtere Arbeit für mich. Nach dreimonatiger Krankheit wurde ich beim Arbeitsamt vorstellig. Ich hatte große Angst, nach Deutschland verschleppt und vielleicht noch mehr geschlagen und mißhandelt zu werden.«

Die zweite Dienststelle

»Aber ich wurde einer deutschen Familie am Ort zugewiesen, die schon vor dem Krieg hier wohnte. Die Familie hatte vier Kinder im Alter zwischen drei und acht Jahren.

Die Kinder hießen: Heinz, Dieter, Waltraud und Anneliese. Sie waren zu der Zeit bei ihrer Großmutter. Die M.s waren sehr nette Leute. Ich aß zusammen mit ihnen an einem Tisch. Ich habe die Kinder sehr lieb gehabt, am liebsten den Dieter, er nannte mich 'Mutti'.

Der älteste, Heinz, war der Sohn von Frau M. Die Tochter Waltraud stammte aus der ersten Ehe des Herrn M. Die nächsten zwei Kinder stammten aus dieser Ehe.

Frau M. hatte selbst eine schwere Vergangenheit, sie hatte unter einer Stiefmutter gelitten. Sie besaß Verständnis für mich und meine Lage und behandelte mich gut. Die Familie M. hatte viele Sorgen mit Heinz, weil er an Tuberkulose erkrankte und in einem Sanatorium in Ludwikowo weilte.

1943 zu Ostern gab es einen alliierten Luftangriff auf Poznañ. Frau M. fuhr gerade zu ihrem Sohn nach Ludwikowo und verlor dabei ihren rechten Arm.«

Der 'Einsatz'

»Bei der Familie M. war ich vom 1. Februar 1942 bis 30. November 1943 beschäftigt. Dann kam ich zum Einsatz beim Ausheben von Schützengräben, und zwischendurch arbeitete ich in der Feldküche. Die Küchenchefin war eine Frau N., bei der ich auch wohnte. Sie kam oft erst um Mitternacht nach Hause, war ängstlich, und darum mußte ich sie begleiten. So nahm sie mich zu sich.«

Zurück zur zweiten Dienststelle

»Im September 1944 war ich wieder bei Frau M. gelandet. Der Kreisleiter persönlich brachte mich zu ihr als der ehrenhaftesten Schwerbeschädigten in dieser Gegend. Ich mußte dann auch sie intensiv betreuen, sogar auf die Toilette begleiten. Herr M. war Leiter des Postamtes, später leitete er die Feldpostzüge zur Ostfront, war selten zu Hause, so daß ich zusätzlich mit der Hausarbeit belastet wurde.

Wenn er – meistens nachts – nach Hause kam, betrat er zuerst das Kinderzimmer, um zu sehen, ob die Kinder noch am Leben sind. Ich sprach mit den Kindern Deutsch. Inzwischen habe ich fast alles verlernt. Die Kinder lernten von mir polnische Lieder.

Anfang 1945 fuhren wir nach Deutschland. Ich habe die Frau M. begleitet, denn sie wäre mit dem einen Arm nicht imstande gewesen, mit den Kindern in den Kriegswirren fertig zu werden. Frau M. hatte zuerst Skrupel, mich mitzunehmen, während meine Eltern hier bleiben mußten. Es fand sich aber niemand hilfsbereit. Da kam plötzlich ein Gestapomann und hat uns alle in den Zug hineingeschoben. Und so fuhren wir ab.

Unterwegs gab es einen Luftangriff, und der Zug wurde bombardiert. Ich habe die Kinder geschützt, indem ich sie hinlegte und mit meinem Körper 'zudeckte'.

Wir kamen nach Mecklenburg in der Nähe von Güstrow zu der Stiefmutter des Herrn M. Sein Vater lebte nicht mehr. Er wollte weiter bis nach Köln fahren, aber da stand die Front, so blieben wir da. Unterwegs zwischen Berlin und Güstrow waren wir ständig unter Beschuß.

Die M.s waren gute Leute, aber die Stiefmutter war schrecklich. Sie spannte mich wie ein Pferd an eine Egge, und ich mußte ihr Feld (1 Hektar) bearbeiten. Die Frau M. konnte sich für mich nicht einsetzen, weil sie als Behinderte von der Gnade der Stiefmutter abhängig war. Die Stiefmutter haßte auch die Kinder. Nur das eine Mädchen aus der ersten Ehe, das sie großgezogen hatte, das hatte sie gern. Es war eine schwierige Zeit, es gab fast nichts zu essen.

Wir waren dort wie in einem Kessel eingeschlossen. Vom Westen her näherten sich die Amerikaner, und vom Osten kam die Rote Armee. Viele Flüchtlinge und Leute aus den Konzentrationslagern waren unterwegs. Auf den Straßen und in den Straßengräben lagen Leichen. Es war schrecklich. Herr M. war noch beim Volkssturm. Ich hatte das Pech, das alles erleben zu müssen.

Als die Russen kamen, war ich noch eine Woche lang mit der Familie in einem Sumpf am Walde versteckt, an einer Kreuzung auf dem Weg nach Berlin. Wir waren auf einer großen Grünfläche, vielleicht eine Wiese, sie wurde benutzt als Landeplatz für Flugzeuge, erst für deutsche Flugzeuge, später für die Flugzeuge der Roten Armee. In der Nähe war auch ein Wald, und unter der Erde waren Munitionsmagazine. Wenn wir ein Flugzeug am Himmel sahen, schrien alle Leute und baten Gott um Hilfe, um Schonung, aus Angst. Der Ort lag ungefähr zwanzig Kilometer von Lübeck. Das war der letzte freie Platz in Deutschland, da haben sich alle Armeen getroffen. Und dorthin waren auch die Gefangenen evakuiert. Es gab dort auch Menschen aus den Konzentrationslagern. Alle lagen auf dem Boden, es war nirgends ein freier Platz. Tote, Erschossene, Ermordete. Jetzt sag ich noch etwas, vielleicht wird sich jemand dafür interessieren. In den letzten Kriegstagen, vielleicht am 29. oder am 30. April, kam zu uns der SS-Stab. Am Tag und in der Nacht mußte ich für sie – wie heißt das: Dekoration? – die Schulterstücke annähen, und ich habe soviel genäht, daß ich schon keine Haut mehr an den Fingern hatte. Und hinter mir stand ein SS-Mann und hielt mir seinen Revolver ans Genick und: Schnell, schnell, schnell. Und am nächsten Tag, da sind sie in zwei Lastwagen gestiegen und haben sich selbst in die Luft gesprengt. Dafür haben sie die Gala-Uniform gebraucht: Sie wollten wohl ausrücken, aber sie haben es nicht geschafft.

Am 1. Mai 1945 ist die Rote Armee gekommen, und weil der 1. Mai ein Feiertag für die Russen ist, fand auch eine Feier statt. Und vorher möchte ich noch dazu sagen, sind wir alle in den Keller gegangen, und die deutschen Frauen, die niemals den Eintritt von fremden Soldaten erlebt haben, die haben alles Kostbare angezogen, all die Juwelen und Kettchen und sogar ihre Pelzmäntel. Da ich wußte, wie die Kommunisten sind, bat ich sie alle, 'Zieht Euch das aus, sonst werdet ihr noch überfallen.' Sie haben das getan, sie haben sich Tücher um den Kopf gebunden und standen dann als ganz schüchterne Frauen da. So hat man sie alle geschont. Und so ist auch Frau M. geschont worden.

Am 1. Mai 1945 machten also die russischen Soldaten eine Feier. Weil ich eine Polin war, wurde ich zu der Feier eingeladen. Drei russische Soldatinnen in Uniform haben die Feier vorbereitet, und sie kochten dreihundert Eier hart. Und die Soldaten haben dann selbstgemachten Wodka gebracht in zwei ganz großen Behältern, wie es sie heute für Benzin gibt. Sie haben sich in dem größten Zimmer hingesetzt, und ich saß zwischen zwei Generälen. Und die haben mir immer Wodka zugegossen. Ich habe ihn hinter das Sofa gekippt; er war nicht zu trinken. Der eine General hat mir erzählt, daß Polen nach dem Krieg von einem Meer bis zum anderen Meer groß sein wird. Ich war so glücklich, aber das war ein Schwindel. Als die Generäle weg waren, kamen die anderen Soldaten, und das Vergewaltigen begann. Mich fing ein Flieger. Als ich mich gescheut und tapfer gewehrt habe, habe ich ihm von seiner Hand ein Stück Haut rausgebissen, aber er hat mir dafür zwei Zähne ausgeschlagen. Ich hatte mit Männern noch nichts zu tun vorher und wußte nicht, wie man mit ihnen umgehen muß, aber das war der Grund dafür, daß er von mir Abstand genommen hat. Wahrscheinlich hat er sich in mich verliebt, denn er wollte mich nach Moskau mitnehmen, mit demselben Flugzeug, in dem er gelandet war. Nun mußte ich ausrücken. Mit der deutschen Familie bin ich jetzt in den Wald ausgerückt. Aber die Russen haben das erfahren, da war noch eine große deutsche Gruppe, und ich war die einzige Polin. Die Russen begannen zu schießen, von weitem, in die ganze Gruppe. Mit uns war auch die Stiefmutter meines Chefs, auch seine Schwester mit ihrem Mann, und die Schwester wurde vergewaltigt während einer ganzen Nacht. Ihr Mann war so verzweifelt, so rasend verzweifelt, daß er ein Rasiermesser nahm und der Mutter, der Frau und sich selbst die Adern durchgeschnitten hat. Und als mein deutscher Chef, Herr M., das gesehen hat, wollte er mit einer Schnur seine eigenen Kinder aufhängen. Ich habe das nicht zugelassen, ich ging aus der Torffläche, ich weiß nicht, woher ich jetzt die Kraft dazu hatte. Aus Angst und Schreck sah ich aus wie ein Ungeheuer. Aber ich hatte so viel Kraft. Ich bin vorsichtig gegangen zwischen den Russen und lief schnell zu einem Krankenhaus, zu einem kleinen Städtchen, dort, wo ein Krankenhaus war. Ich wollte die Deutschen, denen gerade die Adern durchgeschnitten waren, retten! In dem Städtchen war kein Arzt, die ganze Arztfamilie und des Apothekers Familie hatten Selbstmord gemacht, sie hatten sich vergiftet. Aber ich habe einen polnischen Arzt gefunden, der in dieser Gegend als Zwangsarbeiter war. Ich fand einen zerbrochenen Wagen mit einem lahmen Pferd, und ich bin in den Wald zu den Verletzten gefahren. Ich peitschte um mich herum, kam so durch die strömenden Menschenmassen und brachte alle drei in ein Krankenhaus, und der Arzt hat ihnen die Wunden zugenäht. Der Mann war noch ziemlich kräftig, die Mutter auch – am schwächsten war seine Frau; ich weiß nicht, ob sie noch lebt. Als ich nach Hause kam, war die ganze Wohnung ruiniert, sogar die Fensterrahmen rausgerissen. Ich habe noch vergessen zu sagen, daß ich dem Arzt geholfen habe, wobei gleichzeitig in der Ecke des Operationssaales ein russischer Soldat eine deutsche Krankenschwester vergewaltigte.

Als ich in das ruinierte Haus zurückgekommen bin, waren sogar Löcher im Fußboden: die Sieger suchten nach versteckten Sachen. Da habe ich zum ersten Mal gesehen, daß die Familie, bei der ich gearbeitet hatte, sich vor einer Mutter-Gottes-Figur hatte trauen lassen, denn ich fand ein Hochzeitsbild, das gerade dort unter dem Fußboden versteckt worden war. Sie im Brautkleid, er in SA-Uniform mit Hakenkreuz neben einer Statue der Heiligen Mutter Gottes. Das war für mich unverständlich. Als ich zurückgekommen bin in das Zimmer, wo das Besäufnis stattgefunden hatte, lag da ein Stück Pappe mit irgendwelchen russischen Worten, die ich nicht lesen konnte. Ich wollte wissen, was dort steht. Ich ging auf die Berliner Chaussee, und da habe ich gesehen, daß die polnischen Soldaten kommen und auf dem Wagen polnische Leuten waren, und fragte, 'Wer kann Russisch lesen?' Einer konnte übersetzen. Auf der Pappe mit den russischen Schriftzeichen stand, ich solle da bleiben und auf den Oberst warten, der wolle mich nach Moskau mitnehmen. Er sei Ingenieur von Beruf, er wohne in der Nähe von Moskau und sei ein Mann von Ehre.

Ich schrie der deutschen Frau zu: 'Ich muß jetzt nach Hause zurück.' Bei ihnen im Haus war schon seit drei Monaten kein Stück Brot und überhaupt nichts zu essen. Und Frau M. sprang mir hinterher, hat mir in die Hand eine Bernsteinkette gelegt: 'Komm, hier hast Du sie, dafür kannst Du Dir unterwegs Brot kaufen.' Sie hatte auch nichts mehr. Die Bernsteine habe ich nach Polen mitgebracht. Und die habe ich in der Kirche abgegeben, und sie hängen noch am Mutter-Gottes-Bild als mein Dank für die Befreiung.

Der Weg nach Hause war sehr schwer, ich hatte nichts, und die Russen haben mir unterwegs meinen Wintermantel abgenommen. Wegen dieser Strapazen war ich sehr erschöpft. Meine Landsleute, die mit Fuhrwerken unterwegs nach Polen waren – darunter auch

Frauen aus dem Konzentrationslager Ravensbrück –, nahmen mich mit. Durch die unbequeme Fahrt auf Säcken, die gerüttelt wurden, bekam ich eine Gehirnerschütterung. Man brachte mich in ein holländisches Offizierslager nach Neubrandenburg. Dort wurde ich vom Schwedischen Roten Kreuz eine Woche lang gesund gepflegt. Man hat mir das Leben gerettet.

Als die Holländer das Lager verließen, kamen Vertreter des Polnischen Roten Kreuzes und nahmen mich unter ihre Obhut. Ein polnischer Arzt nahm mich zu einer Sanitärstelle und sorgte für meine Sicherheit. Ich bekam eine polnische Uniform. Jeder Sanitäter, der mich bewacht hat, als ich ohnmächtig war, schenkte mir etwas zum Abschied: ein Stückchen Seife, Kleinigkeiten. So half ich dann bei der Organisierung von Sanitärstellen des Roten Kreuzes für die Flüchtlinge in Neubrandenburg und Stargard. Von dort kam ich mit dem Zug nach Hause. Es war Juni 1945. Meine Eltern dachten schon, ich wäre irgendwo umgekommen.

Mein Vater nahm mich in die Arme, küßte mich herzlich. Als er die Uniform betrachtete, wurde er wütend und ließ sie verbrennen. Er konnte Frauen in Uniform nicht ausstehen, erst recht nicht mich, seine Tochter, dazu noch in einer Uniform der kommunistischen Armee. Er hat mir verboten, mich bei den Militärbehörden zu melden, deswegen besitze ich keine Bescheinigung über meinen 'Militärdienst'.

Mein Vater war kein einfältiger Mensch, er kannte die Welt, er bereiste viele europäische Länder. Er war ein Patriot, ein lieber Vater. Er haßte die Russen und die Rote Armee, er schützte meine Mutter vor ihnen. Und ich gab ihm recht.

Nach diesen schlimmen Erlebnissen konnte ich lange Zeit meine Angst vor Männern nicht überwinden, deshalb habe ich erst so spät, erst 1971, geheiratet. Ich wollte eigentlich nie heiraten, obwohl ich viele Männer kannte und viele Freunde hatte. Diese Abneigung blieb ein Leben lang. Aber die Kinder meines Mannes haben mich zur Heirat überredet, nachdem seine erste Frau gestorben war.

Mein Mann erwies sich als edler, liebenswerter Mensch. Er hat mich überzeugt, daß auch Männer gut sein können.

Nun jetzt eine Vorgeschichte zu meiner Familie:

Mein ältester Bruder starb 1920 mit neun Monaten, nachdem meine Eltern aus Deutschland nach Poznañ kamen. Ihm bekam das Klima nicht. Mein Vater war 50 Prozent kriegsversehrt. Er hatte seinen älteren Bruder im Ersten Weltkrieg verloren, seine zwei Schwestern verloren ihre Männer. Die Schwestern hatten keine Berufe, wie es damals üblich war, und jede hatte zwei Kinder. Mein Vater nahm die beiden Schwestern zu sich und sorgte für sie und für die Kinder.

Zur Zeit, als ich mit den Kindern und der Frau M. nach Deutschland fuhr, wurde ein – inzwischen erwachsenes – Mädchen, eines der von meinem Vater in Pflege genommenen Kinder, schwanger. Und ich sollte die Patentante des Kindes werden.

Zufällig kam ich nach Hause am Tag der Taufe dieses Kindes. Es war ein Mädchen, Marie. Meine Mutter war in meiner Vertretung als Patentante vorgesehen. Wir trafen uns unterwegs: Die Eltern gingen in die Kirche zur Taufe, und ich kam vom Bahnhof.

Unser Probstpfarrer war in Dachau. Während seiner Abwesenheit gab es einen Vertreter, der Professor war und in unserem Haus wohnte, nachdem seine Schwestern nach Deutschland verschleppt worden waren. Er vollzog die Taufe. Meine Mutter war glücklich, daß ich wieder da war. Und ich wurde doch die Patentante.

Als ich meinen Bruder wiedersah, faßte er mich um die Taille und führte mich rundherum durch die Wohnung, dann zog er meine Schuhe aus und wusch mir die Füße.

Alle Angehörigen waren schon heimgekehrt, ich kam als letzte nach Hause.

Mein Vater, als Invalide des Ersten Weltkrieges (eine Lunge arbeitete nicht, eine Rippe fehlte, er war auf Diätkost angewiesen), war infolge des Zweiten Weltkrieges ausgehungert und krank, die ersten vier Jahre danach war er arbeitsunfähig.

Meine Mutter war ohne Beruf, mein Bruder hatte gerade geheiratet. Wir hatten alle nichts anzuziehen, und meine Mutter nähte mir ein Kleid aus alten Gardinen. Also mußte ich arbeiten und für uns sorgen.

Ich wurde von meinem früheren Lehrer, der zur Aufgabe hatte, das Schulwesen im Bezirk Poznań nach dem Kriege auf die Beine zu stellen, angestellt. Ich arbeitete bei ihm fünf Jahre lang. Ich war intelligent, denn während des Krieges hatte ich geheimen Unterricht von unserem Pfarrer, der Professor war. Ich organisierte Schulen, Kindergärten, Bibliotheken, Kurse für Analphabeten.

Ich nahm auch weiterhin an Abiturienten-Kursen teil. Es herrschte zu der Zeit ein Chaos, die Züge fuhren unregelmäßig, waren überfüllt, die Leute fuhren massenweise zum Hamstern. Ich übernachtete oft auf dem Bahnhof. Zum Studieren war es schon zu spät, aber ich bin trotzdem Lehrerin geworden.

Nach dem Krieg hat sich die Familie M. dafür interessiert, was mit mir weiter geschehen ist. Sie haben einen Brief geschrieben, den ich auch bekam, und wir korrespondierten bis 1965. Im Jahr 1956 wurde ich zu ihnen eingeladen. Den ganzen Oktober war ich in Köln. Der Junge, der mich Mutti nannte, mein Lieblingskind, war der Dieter, den ich immer zur Schule führte. Er hat damals bei mir gegessen und geschlafen. Die Jüngste war Anneliese, ein süßes Kind. Aber das Wichtigste war gewesen, daß die Kinder mich akzeptierten, als ich da von zu Hause bei denen angekommen bin. Ich war ja damals siebzehn Jahre alt und sah aus wie ein zwölfjähriges Mädchen, und die Eltern M. standen vor mir und sagten, 'Wir brauchen doch ein Mädchen zur Arbeit und nicht ein Kind ...!' Die Kinder sind rausgegangen aus dem Zimmer und riefen, 'Wir wollen sie, wir wollen sie!!' Ja, sie waren ganz normale Kinder, die haben mich geliebt, und ich habe sie geliebt.

Als ich dann die schon Erwachsenen 1956 besucht hatte, war Dieter zwanzig Jahre alt. Ich kam aus dem Zug raus, und da kam mir ein junger Mann entgegen, in der Uniform der Polizeischule. Und er nahm mich in die Arme, hob mich hoch, und dann begann er zu tanzen: 'Mutti, bist Du endlich da!' Wir haben zusammen einen schönen Monat erlebt. Anneliese war damals achtzehn Jahre alt, arbeitete in einer Regenschirm-Fabrik, sie hatte wie alle auch schöne Geschenke für mich. Als ich meine Haare waschen wollte – sie hatten ein sehr schönes Badezimmer –, wußte ich nicht, wo ich den Kopf waschen sollte. Da sagte Anneliese: 'Du hast uns so viel, so oft die Haare gewaschen, jetzt werde ich Dir den Kopf waschen.'

Wir haben sehr lange miteinander korrespondiert, aber in den letzten Jahren, in den achtziger Jahren war es aus mit der Korrespondenz. Die letzte Nachricht war 1981 ein Päckchen, als bei uns der Kriegszustand herrschte. Da bekam ich ein Päckchen: Margarine, Mehl, Graupen, sogar Salz. Als Anschrift des Absenders las ich: Familie M. aus Köln. Das war die letzte Nachricht.

Nach dem Krieg sprach ich mit niemanden über meine Kriegserlebnisse, Sie, Frau Mendel, sind meine erste Gesprächspartnerin über dieses Thema. Ihr Interesse für meine Person habe ich mit großem Erstaunen aufgenommen. Bisher hat niemand psychologische und historische Forschungen über die Schäden durch Zwangsarbeit, die Kinder und Jugendliche in der Zeit von 1939 bis 1945 leisten mußten, durchgeführt. Das Thema Zwangsarbeit war immer nur ein Begleit- oder Randthema; es wurde immer nur von nationalen Historikern und heimatlichen Schriftstellern bearbeitet, die sich für den Zweiten Weltkrieg interessierten.

Es ist gut, daß Sie die Mühe unternommen haben, Material für ein

Buch über diese Thematik zu sammeln. Es gibt reiches Material über die schwersten Schädigungen von Kindern und Jugendlichen, und es ist wichtig, daß endlich darüber berichtet wird.

Ich habe mich nie getraut, über meine schlimmen Träume zu reden. Eventuell könnte ich darüber nur mit dem Pfarrer sprechen, obwohl das alles überhaupt nicht zu beschreiben ist: Es fehlen jegliche Worte dazu.

Wenn ich ehrlich sein soll, dann muß ich sagen, daß ich während des Krieges sehr viele böse Menschen getroffen habe, aber auch viele gute. Es stimmt nicht, daß alle Deutschen schlecht sind. Aber die Angst vor ihnen steckt noch in mir. Wenn ich heute einem der Hitlerleute begegnen würde, ich weiß nicht, was ich täte. Ich empfinde keinen Haß gegen die Deutschen, vielleicht, weil ich eine gute Katholikin bin. Auch habe ich hier am Ort eine gute deutsche Freundin. Aber die Hitlerleute muß ich mit den Kommunisten auf eine Ebene stellen: Ich kann nicht begreifen, wie es geschehen kann, daß eine Partei oder ein Regime die Menschen total besessen machen können. Ich denke oft an den Krieg, und ich werde alles mir Mögliche tun, daß es nie wieder zu einem Krieg kommt.

Wenn ich Gelegenheit hätte, mir ein Auto zu kaufen, würde ich gerne Westfalen besuchen, wo meine Eltern gelebt hatten. Ihr Haus steht angeblich noch. Ich würde auch gerne 'meine Trasse' aus der Besatzungszeit, aus der Zeit des Einsatzes noch einmal sehen. Ob das Haus bei Lübeck, wo ich so viel erlebte, noch steht?«

(Übersetzung der schriftlichen Aufzeichnungen: Kristina Dodin)

Anna S. (1928 geb.):
Erinnerungen an die Zwangsarbeit im »Altreich«

»Ich bin im Oktober 1941 mit meinen Eltern und Geschwistern nach Deutschland gekommen, nachdem wir von der Gestapo in Polen ausgesiedelt worden waren. Unseren Hof mußten wir innerhalb 30 Minuten verlassen. Ein deutscher Herr hat ihn übernommen. Ich war zu der Zeit 13 Jahre alt. Nachdem wir nach Königsdorf bei Köln überbracht worden waren, verpflichtete der dortige Schulleiter meine Eltern dazu, mich in die Schule zu schicken. Ich besuchte sie bis April 1943. Dort hatte ich den ersten Kontakt mit deutschen Kindern, die sich mir gegenüber sehr herzlich und wohlwollend benahmen. Auf diese Weise behandelte mich auch der Lehrer. Nach dem Schulabschluß arbeitete ich als Haushaltshilfe auf einem Gutshof, wo meine ganze Familie beschäftigt war. Der Besitzer, der Verwalter und andere Angestellte und Arbeiter waren zu uns wohlwollend. In den anfänglich schweren Versorgungszeiten halfen sie uns oft. Arbeitslohn, Ernährung und Bezugscheine für Kleidung waren ausreichend für unsere kleinen Bedürfnisse. Es gab keine Probleme, in die Kirche zu gehen. Wir konnten auch andere Polen besuchen, die sich dort ebenfalls zwangsweise befanden. Aber am häufigsten kamen sie zu uns. Zu Weihnachten besuchten uns etwa 40 Polen, um mit uns die Oblaten zu teilen, die sie aus Polen geschickt bekamen.

Mit den Deutschen verständigte ich mich in Deutsch, das ich in Kürze ziemlich fließend beherrschte. Sogar 'Kölsch Platt' war mir nicht fremd. Das Kriegsende erlebte ich in Deutschland. Im Juni 1945 begaben wir uns mit der ganzen Familie in ein Lager für Polen in Köln-Ossendorf. Dort hielten wir uns bis Ende Oktober 1945 auf. Von dort aus kehrten wir nach Polen zurück, mit einem Transport, den die englische Armee und das Rote Kreuz organisiert hatten. Unseren von den Deutschen verlassenen Hof fanden wir in einem erbärmlichen Zustand wieder. Es fehlte an jeglichem Inventar; das Vieh, sogar die Möbel waren verschwunden.

Aus dieser Zeit besitze ich keine Andenken. Aber in meinem Gedächtnis blieben viele wichtige Erinnerungen.«

(Übersetzung der schriftlichen Aufzeichnungen: Kristina Dodin)

Katja F. (1927 geb.):
Erinnerungen an die Zwangsarbeit im »Altreich«

»Nach Deutschland kam ich im März 1940. Ich wurde auf der Straße mit meiner Cousine aufgegriffen und dann dorthin gebracht. Ich war 13 Jahre alt und hatte noch nirgendwo gearbeitet. Ich besuchte auch nicht mehr die Schule, weil im Jahre 1939 sämtliche Schulen von den Deutschen geschlossen wurden. Im März 1939 wurde ich also als 13jährige nach Deutschland abtransportiert. Wir wurden in Güterwaggons nach Mücheln, Kreis Magdeburg, gebracht, von dort holten uns deutsche Bauern. Mich holte der Bauer Herr Artur M., Dorf Steigra, Kreis Querfurt, Bezirk Halle an der Saale. Bei der Familie M. arbeitete ich vom März 1940 bis zum 9. Mai 1945. Die Deutschen, bei denen ich als 13- bis 18jährige arbeitete, benahmen sich mir gegenüber anständig, aber ich arbeitete über meine Kräfte, schwer und den ganzen Tag. Ich speiste zusammen mit den Deutschen am gemeinsamen Tisch. In der Familie M. gab es kleine Kinder. Gerhard wurde gerade eingeschult, Erika war vier Jahre, Brigitte fünf Monate alt. Mit Gerhard machte ich die Schulaufgaben, und dabei lernte ich deutsch sprechen, schreiben und lesen. Erika und Brigitte, die ich Gitty nannte, hingen sehr an mir, weil ich sie wusch, badete, kleidete, fütterte und alles machte, was man bei Kindern tut. Außerdem arbeitete ich auf dem Feld, molk die Kühe, fütterte Schweine, Enten, Hühner, Gänse. Jede Woche scheuerte ich den ganzen Hof, putzte alle Zimmer meiner jungen und alten Hausherren. Für meine Arbeit bekam ich 5 RM monatlich. Ich bekam auch verschiedene bescheidene Kleiderstücke von meiner Hausherrin und von Nachbarn. Ich ging in die Kirche mit meiner älteren Hausherrin Hilda M., die nach 1945 starb.

Ich nahm keine ärztliche Fürsorge in Anspruch, weil ich in den ganzen Jahren nie krank war. Zweimal im Monat konnte ich mich mit anderen Polen treffen, aber nur sonntags nachmittags zwischen 14.00 und 18.00 Uhr. Mit Deutschen sprach ich nur Deutsch, weil ich bei den Kindern schnell Deutsch lernte. Ich war ja selbst noch ein Kind. Während des ganzen Krieges hatte ich Kontakt mit meiner Familie in Polen und konnte ihnen schreiben. Das Kriegsende erlebte ich bei meinen Hausherren M. in Steigra.

Ich kehrte im Mai 1948 nach Polen zurück. Im Mai 1945, als die Amerikaner nach Steigra kamen, brachte man uns Polen in die DP-Camps bei Nürnberg. Später eröffneten die Amerikaner eine Schule für Pflegerinnen (Krankenschwestern) in Nürnberg-Megeldorf, die ich besuchte. Einige unter den Polen heirateten, aber die, die ich kannte, emigrierten nach Amerika und Australien.

Unter meinen Andenken habe ich noch Aufnahmen aus der Kriegszeit, als ich in Steigra arbeitete. Mit meinen bekannten Deutschen sowie mit Herrn Gerhard M., dem Sohn meiner damals jungen Herrschaften, unterhalte ich Kontakt die ganze Zeit, seit 1945. Wir schreiben uns zu Feiertagen und zu anderen Anlässen.«

(Übersetzung der schriftlichen Aufzeichnungen: Kristina Dodin)

Anka C. (1913 geb.):
Erinnerungen an die Zwangsarbeit im
»Altreich«

»Ich wurde als Anka C. am 29. September 1913 geboren. Während
einer Razzia im November 1940 wurde ich in meinem Heimatort K.
auf dem Weg zum Arbeitsamt mit meinem späteren Mann aufgegriffen. Das Arbeitsamt wurde von Polizisten umstellt, und sämtliche
Leute wurden zu einem Sammelplatz gebracht. Den ganzen Tag über
sind immer mehr Leute dazugekommen, und nachts wurden wir in
Güterwaggons nach Deutschland transportiert. Wir waren etwa 5 000
Personen, alle aus dem Ort K., Männer und Frauen ab 15 Jahren. Wir
kamen über Tschenstochau, Frankfurt an der Oder und Hamburg nach
Itzehoe. Dort wurden wir 14 Tage lang 'gemustert', gewaschen,
geschoren, ärztlich untersucht wegen eventueller ansteckender
Krankheiten, dann kamen wir nach Heide, wo das Arbeitsamt uns an
verschiedene Arbeitsstellen austeilte.

Wir wurden von Offizieren und hochangesehenen Leuten ausgesucht und abgeholt. Ich und mein Bruder kamen zu einem SS-Offizier,
und mein Mann (damals noch mein Bräutigam) kam zu dessen Nachbarn. Wir wurden alle zum 'Appell' versammelt, wo uns einige
Polizisten über Arbeitsregeln, Arbeitsbedingungen und Verbote auf-
klärten. Unter anderem wurden wir aufgefordert, schnell Deutsch zu
lernen, denn man verbot uns, Polnisch zu sprechen. Ein Holländer
diente uns als Dolmetscher. In drei Monaten haben wir schon Deutsch
verstanden.

Wir wohnten anfangs bei den jeweiligen Familien, und es wurde
in der Zwischenzeit mit dem Bau von Baracken für uns begonnen. Ich
mußte Haus- und Feldarbeiten verrichten, Kinder pflegen, Wäsche
waschen, kochen, melken usw.

Bei meinem Herrn waren 17 Gefangene beschäftigt. Er war ein
Gutsbesitzer. Außerdem arbeiteten dort zwei Deutsche: ein Stuben-
mädchen und ein Pflichtjahr-Mädchen. Sie hatten schöne Zimmer,
und wir, mein Bruder und ich, bewohnten eine schäbige, unbeheizte
Kammer. Es wurde bis 9 Uhr abends gearbeitet, ausgehen konnten
wir in der 'Freizeit' bis 7 Uhr morgens. Es war uns verboten, in die
Kirche zu gehen.

Wenn wir nicht vorschriftgemäß gearbeitet oder während der Ar-
beitszeit 'gebummelt' haben, bekamen wir Schläge. Einmal kam mein

Herr zum Urlaub, war schlecht gelaunt, weil es an der Ostfront Verluste gab – es war zur Zeit der Stalingrad-Schlacht –, und dann verprügelte er mich. Seitdem bin ich auf einem Ohr taub. Es war wegen einer Bagatelle: Meine Aufgabe war unter anderem, den französischen Kriegsgefangenen das Mittagessen ins Feld zu bringen. Weil ich in Eile war und das deutsche Mädchen rumgemeckert und mich ganz frech rumkommandiert hat, ließ ich vor Aufregung ein Tablett fallen. Das Mädchen hat sich beim Herrn über mich beschwert, und so bekam ich Prügel. Daraufhin habe ich an das Arbeitsamt geschrieben und mich beschwert. Da kamen zwei Polizisten, um dem Herrn mitzuteilen, daß die Polizei für Strafen zuständig ist. Seine Pflicht sei es, bei Ungehorsam oder schlecht ausgeführter Arbeit das Arbeitsamt telefonisch zu unterrichten. Das Pflichtjahrmädchen wurde gerügt, daß nur die Hausherrin Befehle an das Personal erteilen darf und nicht sie.

Ich wurde noch ein zweites Mal wegen einer Lüge geschlagen: Wir standen um 3 Uhr am Morgen auf, um die Kühe zu melken. Mein Bruder hat sich verspätet, aber ich habe gemeldet, daß er da sei. Als der Aufseher es erfahren hat, bekam ich von ihm Schläge. Ich hatte neun Kühe zu melken, arbeitete als Magd und im Haushalt, kochte für alle Leute. Davon habe ich so kranke Hände.

Wir wurden einmal versammelt und gefragt, ob wir uns als Volksdeutsche einschreiben lassen wollten. Meine Großeltern waren deutscher Abstammung. Es wurde uns versprochen, daß wir in die Kirche gehen und heiraten dürften, auch Wohnungen bekommen könnten. Wir fühlten uns aber als Polen, und weder ich noch mein Bruder wollte als Volksdeutsche gelten. Mein damaliger Bräutigam fragte einmal, ob er mich heiraten darf. Zuerst bekam er die Zustimmung. Nachdem wir aber das Volksdeutschtum abgelehnt hatten, wurde die Zusage rückgängig gemacht. Wir haben erst 1945 nach dem Krieg geheiratet. Wir trafen uns heimlich und unterhielten heimliche Beziehungen. Mein Arbeitgeber ahnte, daß wir uns lieb hatten, und wollte, daß wir heiraten, damit er meinen Mann als zusätzliche Arbeitskraft gewinnen könnte. Das Standesamt verweigerte uns die Trauung, 'erlaubte' uns aber, unehelich zusammenzuleben.

Im August 1942 wurde ich schwanger, dann hatte ich einen Arbeitsunfall. Während ich das geerntete Getreide aufstapelte, fiel ich vom Wagen herunter und erlitt eine Fehlgeburt. Meine Herrin wurde sofort benachrichtigt. Ein Arzt wurde herbeigeholt, aber ich bekam nur einen halben Tag frei und mußte gleich weiterarbeiten. Danach blutete ich zwei Monate lang und war zwei Jahre krank. Im September erhielt ich vom Wachtmeister einen Passierschein (ohne Erlaubnis durften wir uns vom Gut nicht entfernen) zum Arzt und bin mit dem Fahrrad hingefahren. Die Arbeitgeberin schimpfte den Knecht aus, weil er mich so schwer arbeiten ließ. Aber ich mußte arbeiten, während die französischen Kriegsgefangenen alles auf die leichte Schulter nahmen, sie waren uns gegenüber 'privilegiert'. Sie hatten besondere Rechte, wie auch polnische Kriegsgefangene: garantiert vom Internationalen Roten Kreuz.

Als mein Herr auf Urlaub kam und von meinem Unfall erfuhr, schickte er mich noch mal zum Arzt. Er bedauerte, daß ich kein Kind bekam, sonst hätte ich meines mit seinem Kind zusammen betreuen können. Die Herrschaften hatten zwei Kinder, einen vier- bis fünfjährigen Sohn Albrecht, und während meiner Schwangerschaft wurde ein zweiter geboren. Bei meiner Wegfahrt war er knapp ein Jahr alt, ist also 1942 geboren. Ab und zu wurde ich beauftragt, das Kind Albrecht zu beaufsichtigen, dann ging ich mit ihm spazieren. Die Familie hatte schon früher einen Sohn, der starb, bevor ich dort zur Arbeit kam.

Auf diesem Gut habe ich zwei Jahre gearbeitet. Ich wurde erneut schwanger. Weil ich schwach und kränklich war, hatte ich Angst, mein Kind wieder zu verlieren und wollte aufhören zu arbeiten. Meine Arbeitgeberin bat das Arbeitsamt um eine Ersatzkraft. Zu meinem Schreck wurde entschieden, daß ich in eine Munitionsfabrik 150 km von Hamburg entfernt nach Wendtorf geschickt wurde. Es war mir bekannt, daß dort viele Familien mit Kindern arbeiteten. Von den 800 Kindern, die dort lebten, blieb nur eines am Leben.

Durch einen Trick bin ich in einem Zug mit Urlaubern nach Polen gefahren. Obwohl nach mir gefahndet wurde, glückte mir die Fahrt nach Hause. Leider habe ich meine Familie nicht angetroffen. Ein Nachbar berichtete mir, daß meine Mutter und meine 14jährige Schwester nach Österreich, jede in eine andere Richtung, abtransportiert worden waren. Das war im November 1942.

Der Dorfvorsteher von K. schickte mir ein Telegramm mit der Aufforderung, mich sofort beim Arbeitsamt zu melden, sonst drohte mir, als Arbeitsflüchtling, nach Auschwitz zu geraten. Man nahm aber Rücksicht auf mich als Schwangere und ließ mich bis nach der Geburt des Kindes abwarten. Ich habe das Arbeitsamt angelogen und zeigte Briefe von meinem Mann aus Deutschland, in denen er mich bat, mit dem Kind zu ihm zu kommen. Am 22. 1. 1943 kam meine Tochter zur Welt. Nach einem Monat bin ich tatsächlich mit ihr nach Deutschland zurückgefahren. Meine frühere Arbeitgeberin wollte mich nicht mehr haben, und so fuhr ich zu meinem Mann, der auch auf einem Bauernhof einen halben Kilometer weit entfernt arbeitete. Dort blieb ich ein Jahr und vier Monate.

Auf dem Arbeitsamt zeigte ich meine 'Überweisung' zu der Munitionsfabrik, die inzwischen abgelaufen war. Ich gab an, mich in dem Zug geirrt zu haben, die Reise dauerte etwas länger, weswegen ich in der Fabrik nicht ankam. Zu der Zeit waren die Baracken fertig gebaut. Es wurde dort ein umzäuntes Lager eingerichtet, wo wir alle (insgesamt 60 Familien) einquartiert und von dort jeden Tag zu einem anderen Bauern – je nach Bedarf – zur Arbeit getrieben wurden. Wir waren je vier Familien (etwa 20 Personen) in einer Stube untergebracht. In meinen noch vorhandenen Arbeitsbescheinigungen ist die Zeit im Lager überhaupt nicht eingetragen.

Während wir Eltern bei der Arbeit waren (zwölf bis 14 Stunden täglich), blieben unsere Kinder ohne Aufsicht in den Baracken. Von deutschen Frauen bekamen wir alte Kleider und Windeln für die Kinder, manchmal auch auf Bezugschein, auch mal einen alten Kinderwagen. Für mein Kind bekam ich vom Bauern 3/4 l Magermilch täglich, 500 g Brot und ein Stückchen Butter wöchentlich. Wir Landarbeiter bekamen bei den jeweiligen Bauern zu essen. Um 5 Uhr früh wurden wir zur Arbeit – 8 bis 11 km weit – abgeholt und gegen 22 Uhr kamen wir in die Baracken zurück. Im Sommer arbeiteten wir auf dem Feld, im Winter im Stall oder in der Scheune beim Dreschen.

In der Gegend von Heide gab es oft Luftangriffe wegen der Kriegsindustrie in der Umgebung. Luftschutzräume gab es für uns keine, wir liefen einfach auf die Felder und Wiesen. Es gab in der Nähe auch Kasernen mit etwa 7 000 Soldaten. Auf den Dächern wurden Rot-Kreuz-Fahnen zur Tarnung gehißt, so daß sie von Bomben einigermaßen verschont waren.

Nach Hause habe ich nicht geschrieben, es war keiner mehr da. Denn mein Bruder, damals 14jährig, wurde nach Auschwitz gebracht, meine Mutter und meine damals 15jährige Schwester waren in Österreich. Unser Vater war vor Kriegsausbruch verstorben.

Über die politische Lage waren wir vom Verwalter selbst informiert. Der Wachtmeister erzählte uns alles, auch von der Ermordung des Generals Sikorski. Er sagte sogar: 'Schade, wenn er gelebt hätte, wäre vielleicht der Krieg früher zu Ende.' Wir haben alles gewußt. Die Deutschen erzählten uns alles, weil sie selbst schon die Nase voll hatten. Es gab auch Gestapo-Leute, die geschnüffelt hatten. Man konnte aber unterscheiden, mit wem man vertraulich sprechen konnte und mit wem nicht.

Gegen Ende des Krieges kamen aus verschiedenen Orten unsere Landsleute und erzählten uns von der Befreiung. Wir wurden von den Engländern befreit. Wir haben einen Kapitän Robinson und einen Major der Marine in Erinnerung. Von den Engländern wurden wir nach Heide gebracht und befragt, wo wer hingehen möchte. Mich wollte man mit dem Kind nach England mitnehmen, aber ich hatte Heimweh und wollte nach Polen zurück. Das polnische Brot, auch das bitterste, schmeckt am besten. Wir lieben unsere Heimat.

Wir kamen erst im Juni 1946 nach Hause. Es gab doch 12 Millionen ausländische Zwangsarbeiter in Deutschland, und die mußten allmählich in ihre Heimat geschickt werden, und wir mußten warten, bis wir dran waren. Bis dahin waren wir in Lagern in der Heide untergebracht, von den Engländern medizinisch versorgt, ernährt und gekleidet. Es war alles gut organisiert, und wir waren zufrieden.

Meine Tochter erinnert sich an das Arbeitslager nicht mehr. Sie weiß nur noch, als sie mit bunten Wagen, ausgelegt mit Stroh, mit vielen Leuten gefahren ist. Sie war dreieinhalb Jahre alt, als sie nach Polen kam. Im Jahre 1946 wurde noch mein Sohn geboren. Ich habe zwei lebende Kinder, zwei sind gestorben.

Nach 1945 bin ich in Polen ärztlich gut behandelt worden, weil ich die Fehlgeburten hatte, obwohl es sehr schwierig war. Viele Ärzte sind während des Krieges umgekommen oder getötet worden, es gab keine Medikamente. Deswegen ist mein Sohn infolge der Kriegsbedingungen nervenkrank. Ich bin seit Jahren wegen Herz- und Wirbelsäulen-Erkrankungen und wegen Rheumabeschwerden in Behandlung; infolge der Kriegserlebnisse bin ich sehr nervös. Oft wache ich nachts schreiend auf.

Meine Jugend war durch die Deutschen zerstört, nichts und niemand kann sie mir zurückgeben, sie ist auch für viel Geld nicht zu erkaufen. Ich wünsche keiner deutschen Mutter, daß ihre Kinder so eine Kindheit wie die meinen haben.

Ich bin katholisch, und die Polen sind liberal und wünschen allen Menschen nur Gutes. Wir können vergeben, aber das Böse vergessen wir nie. Jesus forderte alle Menschen zur Liebe auf.

Als schlimmste Erlebnisse aus der Zwangsarbeit erinnere ich mich an das Erhängen eines Landsmannes, der von einer Ukrainerin denunziert wurde, weil er angeblich ein Pferd geschlagen hat. Wir mußten alle dabei zusehen. Die Ukrainerin hat aber gelogen, sie hat nämlich das Pferd geschlagen und aus Angst sagte sie, daß er es war.

Und einmal habe ich eine Kuh mit einer dünnen Rute geschlagen. Da hat mich der Vater eines SS-Mannes geohrfeigt und gedroht, mich zu erschießen. Ein Polizist stellte mich an die Wand. Da kam plötzlich der Aufseher (er stammte aus Kreta und hatte seit langem die deutsche Staatsangehörigkeit) und verhinderte meine Erschießung, indem er behauptete, ich sei eine gute Arbeiterin, und gute Arbeitskräfte waren Mangelware.

Das Angenehme aus dieser Zeit: der kleine Junge namens Albrecht, der mir öfter geholfen und mit mir gesprochen hat. Sein Vater war damals im Krieg. Den Albrecht möchte ich nochmal wiedersehen.«

(Herr Jozef Nowak aus Warschau übersetzte das Gespräch zwischen Frau C. und mir; Frau Iwona Koper-Fengler besorgte die Übersetzung für den Text.)

Tabitha C. (1928 geb.):
Erinnerungen an Maria N. aus der Ukraine

»Das Erinnern an Maria hat für mich vor einigen Monaten begonnen, als ich von meiner Tante ein Päckchen mit Briefen und Karten bekam, die Maria ihr geschrieben hatte. Beim Lesen der Briefe trat mir Maria lebhaft vor Augen, äußerlich als schöne, starke und aufrechte junge Frau, in ihrem Wesen voller Wärme, Herzlichkeit und Fleiß. Zugleich fiel mir ein, wie witzig sie sein konnte, auch in der deutschen Sprache. Wenn jemand etwas verlegt hatte und suchte, dann konnte sie lachend sagen: 'Das ist in Ordnung gebracht.'

Mein Bruder, der ein Jahr jünger ist als ich, hat auch in seinem Gedächtnis nach Erinnerungen an Maria geforscht. Er war 13, als Maria kam. Er berichtete mir kürzlich, daß er sie wieder vor sich sieht, in einem blauen Kleid, eine großgewachsene, kräftige Frau, mit dunklen Haaren, Mittelscheitel und aufgesteckten Zöpfen – eine Erscheinung wie die Bauersfrauen in unserer Verwandtschaft. 'In meiner Erinnerung', sagt er, 'war sie von selbstbewußter Bescheidenheit und ausgesprochen gebildet.' Er erzählt von einer Begebenheit, die sich ihm eingeprägt hat: 'Als einmal mein Freund am Sonntag nachmittag in lässiger Kleidung zu mir kam, sprach Maria ihn an und erklärte ihm, am Sonntag sei das nicht gut, er solle in Zukunft ein 'Kostüm' anziehen. Sie hatte den Mut, ihn darauf hinzuweisen, daß seine Kleidung in unserem Haus am Sonntag nicht angemessen sei.' Maria sprach schon Deutsch, als sie kam, was den Anfang für sie und uns erleichterte. Wie gut sie sich auf deutsch ausdrücken konnte, zeigen die Briefe, auf die ich noch kommen werde.

Ich erinnere mich nicht mehr, wie Maria zu uns kam. Ich weiß nur, daß sie schon in ihrer Heimat, in der Ukraine, zusammen mit Lena (Lina) von Dr. S., einem guten Bekannten meiner Eltern, der als Verkehrsexperte dort im Nachschubwesen der Wehrmacht eingesetzt war, ausgesucht worden war; für seine Frau die eine, für unsere Familie die andere. Ich erinnere mich, daß meine Eltern sehr froh waren, ein Mädchen als Hilfe im Haushalt zu bekommen, weil das in der Kriegszeit ganz besonders schwierig war und deutsche Mädchen dafür überhaupt nicht zu finden waren.

So kam also Maria zu uns nach Frankfurt, wann das war – daran konnte ich mich nicht mehr erinnern, mein Bruder und meine Tante auch nicht. Aber auf meine Anfrage bei der Stadtverwaltung erhielt ich jetzt die Mitteilung, daß Maria Ende Dezember 1942 aus ihrem

Heimatort P. in der Ukraine nach Frankfurt gekommen ist. Wie alt sie damals war, wußte ich auch nicht mehr, in meiner Erinnerung war sie etwa Mitte zwanzig. Die amtliche Mitteilung hat nun diese Erinnerung korrigiert: Maria ist 1925 geboren, sie war noch nicht einmal 17 Jahre alt, als sie aus ihrer Heimat fort mußte und ich sie kennenlernte. Maria war also nur drei Jahre älter als ich. Sie kam zu uns in eine große Familie, in einen Riesen-Haushalt.

Der Vater war als Arzt übermäßig beansprucht, denn das Krankenhaus, wo er Chefarzt war, war teilweise Lazarett. So hatte er außer den zivilen Kranken auch noch verwundete Soldaten chirurgisch zu behandeln und zu versorgen. Dazu kamen nach Fliegerangriffen noch viele Verletzte.

Vater war zwar 'eingezogen' als Chefarzt des Lazaretts, aber er wohnte zu Hause, nur drei Minuten vom Krankenhaus und Lazarett entfernt. Mein Bruder hat mich daran erinnert, daß Vater als Stabsarzt natürlich die Uniform der Wehrmacht trug. Er meinte, daß Maria, als sie kam, schnell gemerkt haben muß, wo Vater politisch stand, denn die Tischgespräche waren offen, und Vater hat auch bei Tisch seinen Haß und seine Verachtung gegenüber den braunen Herren oft rausgelassen. – Vater war nicht nur der unumschränkte Herr des Hauses, sondern auch ein fürsorglicher Familienvater. Das bedeutete im Krieg, als die Versorgungslage immer schwieriger wurde, daß er versuchte, hier und dort etwas an Lebensmitteln aufzutreiben, sei es von den Verwandten auf dem Land oder von dankbaren Patienten.

Da war daneben die Mutter, die zweite Mutter der älteren Kinder. Da sie herzkrank war, leitete und organisierte sie den Haushalt, aber war darauf angewiesen, daß Hilfskräfte da waren. So waren immer Mädchen im Haus, teils als tüchtige Hausgehilfinnen, teils, um Haushalt zu lernen. Das galt damals als sehr wichtig, gab es doch viele technische Haushaltshilfen noch nicht, die heute, 50 Jahre später, jedem selbstverständlich sind, vom Kühlschrank und der Waschmaschine bis zu pflegeleichten Fußböden und bügelfreier Wäsche.

Die Mutter war zu der Zeit, als Maria kam, besonders auf Hilfe angewiesen: Sie war im dritten Monat schwanger und bekam nach einer – heute würde man sagen – Risikoschwangerschaft mit vielerlei Problemen im Juli 1943 mit 47 Jahren ihr erstes Kind! Neben aller Freude war natürlich einige Sorge da. Es war in der Kriegszeit sehr schwierig, die nötige Baby-Ausstattung zusammenzubekommen, das meiste gab es nur auf Bezugscheine, bzw. auf Kinderkleiderkarte. Und der nächtliche Fliegeralarm störte oft die Nachtruhe und machte Angst, auch wenn bis dahin die Bombenschäden nicht allzu schwer waren. Aber nun, im Sommer '43, begannen die großen Angriffe auf deutsche Städte.

Ja, aber nun weiter mit der Familie: Da war im Haus die 'Tante Hilde', die schon mehr als zehn Jahre in der Familie war und zur Familie gehörte. Als Kindertante war sie ins Haus gekommen. Sie arbeitete dann für den Vater als seine Sekretärin und Sprechstundenhilfe und verwaltete alle geschäftlichen Dinge. Sie war aber zu jeder Zeit Ansprechpartnerin und Vertraute für die Kinder, ja für alle, die im Haus lebten. Mit ihr hatte Maria später am meisten zu tun und den engsten Kontakt. Von ihr habe ich auch die schon erwähnten Briefe.

Die Kinder: Die Älteste war schon aus dem Haus, in der Ausbildung. Der älteste Sohn wurde damals eingezogen, erst zum Arbeitsdienst, dann zum Militär. Ich selbst ging in die Schule, war 1942 gerade 14 Jahre alt, meine jüngeren Brüder waren 13 und sieben, als Maria zu uns kam.

Damals war Liselotte unsere Hausgehilfin, eine tüchtige und uns sehr liebe junge Frau. Sie war schon verheiratet, ihr Mann war damals als Soldat in Norwegen bei den deutschen Besatzungstruppen stationiert. Eigentlich hätte sie zu ihrer Familie zurückkehren sollen, wo sie dringend gebraucht wurde. Sie blieb aber wegen des Babys noch bis 1944 bei uns.

Ich muß das alles so ausführlich erzählen, damit deutlich wird, in was für eine Familie, in welche Situation Maria unvorbereitet reingeworfen wurde. Die Lebensbedingungen wurden mit der Dauer des Krieges ja immer schwieriger. Zum Alltag gehörte es in der ganzen Kriegszeit, daß jeden Abend alle Fenster verdunkelt werden mußten. Wehe, wenn irgendwo ein Lichtschein nach draußen drang! Wenn es nachts Alarm gab, hieß das: Raus aus dem warmen Bett, schnell anziehen und runter in den Keller. Obwohl im Keller für jeden eine Pritsche aufgestellt war, konnte man unten doch nicht richtig schlafen, und nach der Entwarnung war oben das Bett kalt und man konnte lange nicht wieder einschlafen. Nach nächtlichem Alarm fiel für die Kinder morgens die erste Schulstunde aus, aber die Erwachsenen mußten natürlich voll arbeiten. Die schweren Luftangriffe auf Frankfurt fingen im Oktober 1943 an, die hat Maria fast alle mit aller Angst und allen Schrecken erlebt und erlitten!

Als Maria kam, angekündigt durch Dr. S., den Bekannten der Eltern, war sie gleich integriert, integriert in die Familie – und in die viele alltägliche Arbeit. Dies war möglich, einmal weil Maria schon einigermaßen Deutsch sprach, aber auch durch ihr Auftreten, offen und freundlich, und ihren Fleiß und ihre Intelligenz. Ich habe keine Erinnerungen an ihre Ankunft, ich habe mir damals wohl kaum klargemacht, was es für sie bedeuten mußte, so weit fort von zu Hause im fremden Land, im Land des Feindes, der ihre Heimat erobert hatte, zu sein. Ich weiß auch nicht, ob wir sie nach ihrer Familie gefragt haben und was sie von zu Hause erzählt hat. Nur daß sie Lehrerin werden wollte, daran erinnere ich mich.

Maria schlief mit Liselotte zusammen im Mädchenzimmer im Dachgeschoß. Wir haben nie eine Dissonanz zwischen der verschleppten Ukrainerin und der deutschen Soldatenfrau erlebt. Bei uns war es selbstverständlich, daß alle, die im Haus waren, gemeinsam am Tisch aßen (was bei den 'Fremdarbeitern' offiziell verboten war). So kannte Maria auch alle Gäste und Freunde der Familie, und diese kannten sie und achteten sie. Sie war auch selbstverständlich an den Tischgesprächen beteiligt. In einem noch vorhandenen Brief von Weihnachten 1943 aus dem Freundeskreis stehen ausdrücklich Grüße an Maria.

Aber, wie ich schon berichtet habe, hatte in dem großen Haus und der großen Familie jeder so viel um die Ohren, daß, nach meiner heutigen Sicht, Maria nicht so beachtet wurde, wie sie es wohl gebraucht hätte. Sie war eben einfach da. Und damals war ja alle Welt dienstverpflichtet! Die meisten Männer und schon die Jungen mit 16 oder 17 Jahren waren eingezogen, zuerst als Flakhelfer, dann kurz zum Arbeitsdienst und dann zum Militär. Auch deutsche Frauen und Mädchen mußten in Munitionsfabriken und anderen kriegswichtigen Betrieben arbeiten. So haben wir Marias Zwangsverpflichtung wohl einfach hingenommen. Ob wir darüber nachgedacht haben, wie schlimm es für sie sein mußte, von ihrer Heimat, ihrer Familie, ihrer Sprache so ganz abgeschnitten zu sein, ohne je Nachricht von zu Hause zu erhalten?

Als im Sommer 1943 das Baby, meine Schwester, geboren wurde und man jederzeit damit rechnen mußte, daß die Großangriffe auch auf Frankfurt übergreifen würden, beschlossen meine Eltern, daß meine Mutter mit uns Geschwistern und dem Baby in den Begrenzer Wald, nach Sch. ziehen sollte. Dort hatte der Vater ein altes Bauernhaus als Ferienhaus gepachtet und hergerichtet. So kamen wir der staatlich organisierten Evakuierung von Frauen und Kindern aus den Großstädten zuvor.

Der Vater blieb natürlich in Frankfurt, mit ihm Tante Hilde. Sie übernahm nun auch die Rolle der Hausfrau und war damit die Bezugsperson und Ansprechpartnerin für Maria. Denn Maria blieb auch da.

Immer wieder, wenn es irgendwie möglich war, fuhren der Vater und Tante Hilde allein oder zusammen nach Sch. zur Familie. Da war Maria dann allein und auf sich gestellt. Sie berichtete dann brieflich nach Sch. So sind also die Briefe entstanden, von denen ich zu Anfang erzählt habe. Diese Briefe sind für mich, gerade im Berichten der alltäglichen Dinge, großartige Dokumente der Treue, des Vertrauens, auch des Humors. Sie zeigen auch etwas von der Angst, die Maria durchlitten hat. Ich bewundere auch, wie gut Maria sich in der deutschen Sprache ausdrücken konnte. Es wundert mich aber, warum Maria von ihrem eigenen Ergehen nichts schreibt. Ich weiß es nicht, vielleicht aus großer Bescheidenheit!

Die Briefe zeigen auch, wie selbständig und verantwortungsbewußt Maria ihre Aufgaben erfüllte. Sie kaufte selbst ein, was mit den Lebensmittelmarken für alles sehr kompliziert war. Sie hatte auch das Haushaltsgeld zu verwalten. (Was sie an Geld für sich bekam, wie sie die nötige Kleidung bekam – vor allem Schuhe waren ein ganz schwieriges Problem für uns alle! –, das weiß ich nicht, und es erinnert sich niemand von der Familie daran.) Offenbar durfte Maria sich ohne Einschränkung allein in der Stadt aufhalten, auch Straßenbahn fahren. Am freien Sonntag konnte sie fortgehen und Freunde und Bekannte treffen. Aber wer diese waren, wo sie zusammen waren, auch das wissen wir nicht.

Da außer Marias Briefen auch Tante Hildes Tagebuch-Notizen den Krieg überstanden haben, wird vieles, was Maria schreibt, bestätigt und erklärt. Hier ein Beispiel für die knappen Tagebuch-Eintragungen von 1944.

Sonntag, 20. Februar: 'Viel Ö. L. W. und Luftgefahr'
[Ö. L. W. bedeutet Öffentliche Luftwarnung; Ö. L. W., Luftgefahr und Alarm waren die verschiedenen Stufen der Warnung vor Luftangriffen.]
Montag, 21. Februar: 'Viel Ö. L. W. + Luftgefahr (Tag + Nacht); im Keller geschlafen'
Dienstag, 22. Februar: 'Im Keller geschlafen'
Mittwoch, 23. Februar: 'Im Keller geschlafen'
Donnerstag, 24. Februar: 'Von 10 – 15 Uhr dauernd Alarm + Ö. L. W. Von 21 – 1/2 3 Uhr Alarm'
Freitag, 25. Februar: 'Von 10 – 15 Uhr dauernd Alarm + Ö. L. W. Von 21 – 1/2 3 Uhr Alarm!'
Samstag, 26. Februar: '2 x Ö. L. W. Im Bett geschlafen!!'

Marias erster Brief ist am 25. November 1943 geschrieben:

'Liebe Tante Hilde!
Ich habe Ihren Brief bekommen, jetzt will ich antworten. In dieser
Nacht hatten wir Alarm und es war wie der allerschlimmste in der
Nacht, als Sie noch hier waren. So hell wie am Tag, man konnte hören,
wenn Bomben fielen. Aber unser Haus ist nicht kaputt und alles geht
gut.
Heute am Tag hatten wir wieder Alarm und jetzt am Abend ist schon
wieder Alarm, aber nicht so schlimm wie gestern, nur Scheinwerfer,
und die Flak schießt. Ich sitze jetzt im Keller mit Schwester Rosa und
schreibe den Brief. Ich habe heute schon in der Küche gearbeitet, und
am Nachmittag kommt Lina zu mir und erzählt: bei Dr. S. sind alle
Fensterscheiben kaputt, und ich weiß nicht, was noch. In Frankfurt
ist auch viel kaputt, und es gab viele Tote. Diese Zeit ist eine sehr
schlimme Zeit und ich habe Angst, weil Sie und Herr Professor [die
Anrede »Herr Professor« und »Frau Professor« waren zu dieser Zeit
allgemein üblich] nicht hier sind. Bei uns ist alles gut. Haus steht
noch, wie es gestanden hat. Jetzt schießt es nicht mehr draußen.
Viele Grüße an Frau Professor für alle Kinder, für Liselotte.
Herzliche Grüße Ihre
Maria.'

Am 11. März schreibt Maria eine Karte, die ich für mich die 'Hüh-
nerkarte' nenne. Sie berichtet von den Hühnern, die sie liebevoll
versorgt hat. Und dazu passend nennt sie Tante Hilde um und schreibt
'Tante Hinkel' – Hinkel heißt Huhn oder Hühnchen.

'Liebe Tante Hinkel!
Bei uns hier geht alles sehr gut. Meine Lieben haben nur ein Ei gelegt
heute, die drei Tage jeden Tag nur eines, das ist natürlich zu wenig,
sie sind bisele faul. Heute habe ich den ganzen Tag gebacken. Erst
Brot für Herrn Professor, und dann Apfelkuchen für Herrn Professor
und dann einen Zopf mit Vögelchen für morgens für Sonntag und
dann wieder Apfelkuchen für uns für nachmittags. Morgen kommt J.
[mein älterer Bruder, der nach schwerer Krankheit nun in der Nähe
stationiert war und ab und zu kommen konnte]. Für heute genug.
11. 3. 44. Samstag abend 10 Uhr
Grüßen Sie von mir alle in der Familie.
Mit besten Grüßen
Ihre Maria.'

Wenige Tage, nachdem Maria diese Karte geschrieben hatte, wurde das Krankenhaus, in dem der Vater arbeitete, durch Sprengbomben schwer zerstört. Es mußte dann in einem anderen Gebäude ein provisorisches Krankenhaus eingerichtet werden. Beim gleichen Angriff wurde unser Wohnhaus durch Brandbomben getroffen und schwer beschädigt, der obere Stock brannte ab. Maria war mit dem Vater gerade in diesen Tagen allein im Haus, und so hat sie mit ihm durch übermenschlichen Einsatz verhindert, daß das Haus ganz abbrannte. Denn es kam niemand zu Hilfe beim Löschen, weil es ja überall brannte. Die Luftschutzleute hielten das Löschen sowieso hier für aussichtslos. Aber es gelang! Nur bedeutete das: es regnete monatelang ständig rein, die Wände, das ganze Haus, alles war naß, Pilze sproßten, bis nach Monaten als Notdach eine Abdichtung aus Teerpappe ausgelegt wurde. Aber davon berichten Marias Briefe ja sehr anschaulich.

Nichts steht freilich in den Briefen von Marias eigenen Ergehen, ihrer Lage: Kurz vor Kriegsende, am 17. März 1945 bekam Maria ein Kind! Bei uns wurde darüber erst später gesprochen, ich habe es erst erfahren, als Maria längst nicht mehr bei uns war, als wir im Mai '46 nach Frankfurt zurückkamen. Das hatte wohl mehrere Gründe, einmal ein Stück Prüderie, über solche Dinge zu sprechen, vielleicht auch, um Marias Ehre nicht anzutasten, denn sie hatte ja ein uneheliches Kind! Zudem: vieles konnte man gar nicht mitteilen, weil es nach Kriegsende lange Zeit keine Postverbindung gab. (Man kann sich das heute überhaupt nicht vorstellen, die lange Ungewißheit über das Schicksal und das Ergehen der Angehörigen.) Trotz aller Erklärungen, die es gibt, frage ich mich heute: wie konnte es sein, daß wir darüber damals gar nicht und später kaum gesprochen haben? Als die Familie an Weihnachten 1944 in Sch. zusammen und Maria allein in Frankfurt geblieben war, wäre das möglich und, wie ich meine, nötig gewesen!

Es hieß, der Vater von Marias Kind sei ein Russe gewesen. Wie schwierig muß es diese Beziehung, diese Liebe gehabt haben! Wie wenig Zeit, wie wenig Raum hatten die beiden füreinander!

Da niemand etwas von dieser Beziehung wußte, und von der Schwangerschaft auch lange nicht, konnte es geschehen, daß Maria die ersten Monate dieser Zeit in Sch. verbrachte bei uns, ohne daß wir etwas von ihrem Zustand ahnten. Weil nämlich Liselotte inzwischen dringend bei ihren Eltern gebraucht wurde und deshalb nicht mehr bei uns war, fuhr Tante Hilde am 30. Juni 1944 mit Maria nach Sch., wo der Vater schon ein Weile war. Maria blieb bei uns im Begrenzer Wald bis 22. September 1944. Dort gab es zwar keine Luftangriffe, nicht einmal Alarm, aber das Leben in dem oben am Berg einsam gelegenen Haus – es gab nur ein ständig bewohntes Nachbarhaus – war mühsam. Es gab ja keine Autos, auch der Omnibusverkehr über den Berg war in der Kriegszeit eingestellt. So mußten wir alle Lebensmittel, alles, was wir brauchten, vom Dorf raufschleppen, auf steilen Wiesenwegen oder auf der Schotterstraße. Auch alles, was der Vater schickte an Kisten und Paketen, mußten wir mit dem Leiterwagen weit unten am Bahnhof abholen. Wir mußten mit Herdfeuer kochen und das Holz zum Kochen und zum Heizen im Winter selbst beschaffen. Die Bauern verkauften uns die Bäume im Wald, meist solche an steilen, entlegenen Plätzen. Wir mußten sie selbst fällen, zersägen, heimschaffen und das Holz dann hacken. Wir sammelten Reisig und Tannenzapfen zum Feuern, Pilze und Wildgemüse zum Essen. Bei Trockenzeit versiegte unsere Quelle, und wir mußten alles Wasser auf der anderen Seite des Baches eimerweise holen. Wir hatten ein Gemüseland angelegt, was aber bei dem steinigen Boden in der großen Höhe viel Mühe kostete; aber wir mußten ja versuchen, uns mit Gemüse und Kartoffeln so gut wie möglich selber zu versorgen. Bei einem Sieben-Personen-Haushalt keine Kleinigkeit!

Da war nun also Maria drei Monate bei uns. Vieles an der ländlichen Lebensweise war ihr offenbar vertraut; ich weiß, wie ich ihr geschicktes, sicheres Arbeiten bewundert habe.

Mein Bruder erinnert sich an ein Ereignis: 'Ein Hähnchen sollte gebraten werden, das aber noch munter herumpickte. Wer schlachtete es? Natürlich Maria! 'Komm her', rief sie mich, 'und jetzt schau zu, wie man das macht!' Sie nahm das große Küchenmesser zwischen die Zähne, packte das Tier, legte es auf den Rücken, stellte sich mit ihren Füßen auf die Flügel-Federn, streifte die Halsfedern zurück und schnitt mit sicherem Griff die Schlagader auf und ließ das Hähnchen rennen. Als es umfiel, hielt sie es kopfunter hoch und ließ den Rest Blut auslaufen. 'Siehst du, so macht man das, da kommt das ganze Blut heraus, wenn es rennt, und dann hast du nachher kein Blut in der Pfanne'. Damit setzte sie sich hin und rupfte den Gockel. Was sein mußte, das mußte sein, da gab es kein Federlesen.'

Aber ich erinnere mich auch an eine ganz andere Szene: Da saß Maria in der Wohnstube am Tisch und weinte hemmungslos – und wir standen hilflos und traurig daneben. Erst heute ahne ich, daß sie nicht nur aus Heimweh geweint hat, wie ich damals dachte, ich ahne, was da alles über sie hereingebrochen ist, worüber sie mit niemand gesprochen hat. Kurz vor ihrer Rückkehr nach Frankfurt, Ende September, erlebte Maria mit, daß die Mutter schwer erkrankte, eine alte

Tuberkulose brach auf. Es stellte sich zwar heraus, daß keine Ansteckungsgefahr bestand, so daß sie zu Hause bleiben konnte, aber diese Krankheit beanspruchte die Aufmerksamkeit und Fürsorge der ganzen Familie für lange Zeit und steigerte Sorge und Heimweh des Vaters in Frankfurt sehr!

Tante Hilde blieb vorläufig in Sch. So war Maria allein in Frankfurt. Ihre Briefe zeigen, wie sie mit rührender Fürsorge unseren Vater betreute und gegen das ins Haus dringende Regenwasser kämpfte, um Sauberkeit und Ordnung selbst im kaputten Haus bemüht. Ich frage mich heute: Warum hat Maria, in ihrem Zustand, so fürchterlich geschuftet? Hatte sie Angst, in die Fabrik zu müssen, wenn sie es nicht täte? Wollte sie damit Liebe und Anerkennung verdienen?

Zeitweise war sie ganz allein, da schlief sie offenbar im Haus von Dr. S., wo sie auch mithelfen mußte.

Wenn ich die Briefe aus dieser Zeit lese, dann denke ich: Wie ist es dir denn selbst bei alledem ergangen, wie hast du die Arbeit überhaupt geschafft, was hat dir die Kraft zum Durchhalten gegeben? War der Vater deines Kindes noch in Frankfurt, konntest du ihn sehen?

Hier sind diese Briefe:

'18. 11. 44
Liebe Tante Hilde!
Heute ist erst Samstag, aber ich wollte einen Gruß von Frankfurt schreiben. Ich hoffe, daß Sie es auf der Reise gut gehabt haben. Gestern, nachdem Sie weg waren, war Vor-Alarm, und sonst haben wir Ruhe gehabt, in der Nacht auch. Heute war schon dreimal Vor-Alarm. Als ich von der Bahn zurückgekommen bin, da habe ich im Krankenhaus alles gemacht, und die Hühner versorgt und zu Frau S. gegangen und habe ein bißchen zusammengestellt das Geschirr und so weiter. Heute habe ich zuerst bei Frau S. viel zu tun gehabt. Ich mußte die Treppe feucht wischen und den Flur, und Kaffee machen für einen Mann und zwei Zimmer putzen usw. Das Rattengift habe ich schon ausgelegt. Am Montag kommen zu uns die Arbeiter, das Dach heilzumachen, die gleichen, die schon bei uns waren.'

'Liebe Tante Hilde!
Jetzt ist erst 7 Uhr abends und wir haben Alarm. Ich sitze im Keller bei Frau S. Zuerst habe ich gehört, daß schon zwei Bomben gefallen sind. Nur wenn es Entwarnung gibt, gehe ich noch nach der H.-straße und sehe, wie und was es dort gibt. Sonst ist nichts mehr zu schreiben.

Ich schreibe dann morgen alles und schicke es fort. Also, unser Haus steht, das ist nicht so schlimm gewesen, so wie immer, Brummen und Schießerei. Die Wäsche habe ich auch ins Magdalenium [Wäscherei] gebracht...
Nun weiß ich nichts mehr zu schreiben.
Grüßen Sie alle im Haus
Mit besten Grüßen
Ihre Maria
(Sonntag 7 Uhr 20, es brummt schon wieder.)'

Wie es in einem Haus ohne Dach, zeitweise ohne Strom, geht, wie Maria sich eingesetzt hat und sich verantwortlich fühlte, zeigt der Brief vom 22. November 1944:

'Liebe Tante Hilde!
Nun ist heute erst Montag, aber ich schreibe ein bißchen.
Gestern habe ich das Glas noch einmal sterilisiert, das ist jetzt zu, und die Tomaten habe ich auch gekocht. Heute hätten die Männer kommen müssen, aber sie sind nicht gekommen, weil es heute furchtbar geregnet, richtig gegossen hat. Ich habe oben aufgeputzt, aber abends hat es wieder gegossen und im Dunkeln kann ich nichts machen, da muß ich morgen aufputzen. Heute habe ich oben gründlich geputzt die drei Kammern, Bad, Klo und Putzraum. Die Treppe putz ich, wenn die Männer weggehen, und morgen mache ich hier unten oder im Keller weiter. Auf meiner Uhr ist es schon 7, da muß ich meinen Griessturz essen. Bis jetzt ist es noch still, heute war nur einmal Vor-Alarm.
Mit besten Grüßen Ihre Maria
Grüßen Sie alle im Haus von mir.'

In diesem Faltbrief liegt noch ein Zettel:

'Ob wir können noch einmal zusammensein oder vielleicht nicht mehr.
Ich habe immer noch Angst, daß sie mich bald in die Fabrik nehmen.
Nun ja, wolln wir alles erst sehen.'

Am folgenden Tag schreibt Maria schon wieder:

'Liebe Tante Hilde!
Wie geht es Ihnen dort oben? Was macht das Wetter dort? Was macht die Sigrid-Maria [das Baby]? Ich habe heute Nacht von der kleinen

Maria geträumt. Ich denke oft an Sie und alle anderen. Nur jetzt will ich erzählen, was ich erreicht habe in den zwei Tagen. Am Dienstag und Mittwoch habe ich geputzt im Haus, alles gleich gründlich. Also bis jetzt ist schon fertig: 1. die Küche, den Schrank habe ich auch sauber gemacht und alles wieder hingestellt, aber jetzt ist doch mehr Platz. 2. Die Anrichte [Vorraum zur Küche], die Pilze habe ich abgekehrt, und die Treppe bis in den Keller, alles abgewaschen mit warmem, klaren Wasser. 3. Im Keller die Matratzen überzogen und zusammengekehrt, aber noch nicht feucht geputzt, das kommt noch. 4. Eßzimmer auch gründlich gemacht, den Boden gewachst, erst die eine Seite mit Wachs, aber es hat Striche gegeben, so habe ich es dann mit Bodenmilch gewachst, da ist er besser geworden, der Boden. 5. Zum Studierzimmer bin ich erst drangekommen, und jetzt muß ich noch mit der Milch wachsen und bohnern und alles wieder reinstellen, dann bin ich fertig, das mache ich heute noch fertig. 6. Und dann habe ich noch die Treppe und den oberen und den unteren Flur und den kleinen Platz beim Klo unten und die Treppe zur Haustür usw. geputzt. Am Montag will ich unbedingt meine Wäsche waschen. Arbeit habe ich genug. Heute mußte ich für Frau S. dreimal Kohlen holen.

Die ganzen Tage warte ich auf die Dachmänner, aber sie kommen und kommen nicht, weil bei uns das Wetter so furchtbar schlecht ist. Tag um Tag regnet es, der Regen nimmt mir immer so viel Zeit weg, weil ich oben aufwischen muß. Im Bubenzimmer steht immer ein kleiner See und es tropft immer weiter. Es regnet schon hier im Parterre an neuen Stellen. Hier in der Anrichte, da, wo die Pilze sind, und neben dem Schrank ist auch ein Bogen in der Mitte. Im Studierzimmer regnet es jetzt auch rein bei dem kleinen Fenster, das in den Garten guckt. An der Wand, neben der Chaiselongue läuft es runter und auch an den alten Stellen regnet es noch toller, auch an der Treppe, welche zum Keller geht, läuft es von beiden Seiten, und ich kann nichts machen, weil es Tag und Nacht regnet. Ich putz nur jedesmal auf. Sonst weiß ich nicht mehr zu schreiben.

Meine Hühnerchen sind immer noch eingesperrt, und legen auch noch nicht. Was Neues und Gutes weiß ich auch nicht. Schreiben Sie mir bitte alles, wie es dort geht. Grüßen Sie von mir alle im Haus. Was machen die Buben und die beiden Schwestern?

Mit besten Grüßen Ihre

Maria

Wie geht es der Frau Professor? Und ob Sie nächstes Jahr kommen, hierher, und wann?'

Viel Anstrengung war nötig, um zurechtzukommen! Immer wieder klingt das an in Marias Briefen.

Am 8. Dezember schreibt sie:
'Liebe Tante Hilde!
Gestern kam Ihr lieber Brief vom 1. 12., für den ich Ihnen vielmals danke. Unser Dach ist bis jetzt noch nicht gemacht, und wir wissen nicht, wann es repariert werden kann. Bißchen Dachpappe ist schon da, aber wir müssen trockenes Wetter haben und das haben wir nicht. Die lieben Kleinen legen noch nicht, und ich habe sie heute erst rausgelassen, vorher war das nicht möglich, weil in dem Garten so lange Rattengift lag. Ich habe die Hühner sehr gut gefüttert, bis jetzt haben die jeden Tag Knochen gehabt, aber Körner haben wir für die Hühner zu wenig. Wasser gebe ich jeden Tag zwei, dreimal frisch. Mit den Lebensmittelkarten geht es bis jetzt, aber mit diesen neuen Marken muß ich sehen, wie es geht. Alarm haben wir jeden Tag, aber abends um 7 Uhr sind sie immer schon da. Gestern ist zweimal abends Alarm gewesen, aber heute sind sie noch nicht da, und es ist schon 10 vor 8 Uhr. Ich habe auch immer genug zu tun. Für Weihnachten habe ich bis jetzt nur eine Sorte Plätzchen gebacken. ... Nun will ich jetzt gute Nacht sagen.
Mit vielen Grüßen
Ihre Maria.'

Zwei Tage später schreibt Maria schon wieder:

'Liebe Tante Hilde!
Nun, am Sonntag, will ich Ihnen einen kleinen Brief schreiben. Was machen Sie wohl jetzt, vielleicht schreiben Sie auch Briefe, es ist auf der Küchenuhr 10 vor 8. Bis jetzt ist noch kein Alarm, aber er könnte noch kommen. Heute morgen um 10 Uhr war schon Alarm und nachmittags Vor-Alarm. Die Lieben legen noch nicht. Sonst steht alles wie es gestanden hat. Es brummt jeden Morgen und am Tag sehr stark, manchmal klirren unsere Türen und Fenster. Es gibt wieder Sonderzulage, 200 gr Fleisch auf unsere Marken wegen Frontnähe. Ich sitze hier in der Küche, und Herr Professor spricht mit Dr. K. in der Anrichte. Ich habe in der Küche am großen Fenster den Vorhang aufgehängt, und in der Anrichte, sonst habe ich noch nicht weitergemacht. Nächste Woche habe ich wieder Wäsche, und vielleicht muß ich auch die Betten abziehen. Liebe Tante Hilde! Hier wird es mit jedem Tag schwer und schwerer. Bleiben Sie nur nach Möglichkeit

dort, das wird schon gut sein. Und ich werde schon hier fertig. Diese Woche mußte ich für Herrn Professor Brot backen. Frau S. habe ich nicht gesehen die letzten Tage.
Nun will ich auch noch Schluß machen. Mit besten Grüßen
Ihre Maria.
Grüßen Sie alle im Haus von mir.'

'Liebe Tante Hilde!
Nun will ich in dieser Woche einmal schreiben. Ich habe jetzt so wenig Zeit dafür. Es gibt solche Tage, da können wir nichts anfangen, zum Beispiel einen Tag bin ich um 6 Uhr aufgestanden, habe Kaffee gemacht und getrunken, aber noch nicht angefangen, etwas zu machen. Da um halb 8 das Licht ausging und es draußen noch dunkel war, mußte ich warten, bis es hell wird, dann war von 11 Uhr bis halb 3 Alarm, und dann um 5 war es wieder dunkel, und das Licht kam erst um halb 7 wieder. So geht es uns meistens. Ich weiß nicht, wie ich mit allem zurechtkommen soll. Nun es geht noch bis jetzt.
Mit vielen Grüßen,
Ihre Maria'

Diesem Brief liegt ein Zettel bei, den ich nicht ganz verstehe, der aber zeigt, daß Maria als Fremdarbeiterin doch allerlei Einschränkungen und Repressionen unterworfen war. Der Text lautet:

'Am Sonntag war ich bei Schn., um Nadja zu besuchen, aber sie ist schon 4 Wochen weg, und sonst ist sie immer am Samstag und Sonntag gekommen, aber jetzt darf sie nicht mehr, weil jetzt verboten ist, daß sich die Mädchen im Haushalt besuchen oder daß die Frauen die Mädchen besuchen. Ich wollte Nadja suchen, aber es gab Alarm, da bin ich nach Hause gefahren und nicht mehr weggegangen.'

Wieder nur zwei Tage später schreibt Maria:

'Liebe Tante Hilde!
Gestern habe ich von Herrn Professor Ihren Brief bekommen, für welchen ich vielmals danke. Zuerst will ich Antwort geben auf alle Ihre Fragen und dann einen Bericht schreiben. Ja, Tante Hilde, ich habe immer zu Hause gegessen, nur am letzten Sonntag war ich dort bei Frau S. Aber ich habe genug gehabt und immer genug gegessen. Die Dachmänner sind bis jetzt noch nicht gekommen, und wir wissen nicht, wann die kommen, und das Dach ist noch nicht repariert. Wenn

es regnet, dann muß ich aufputzen, wenn es schneit, dann das Dach kehren. Die lieben Kleinen legen bis jetzt nicht, das ist bißchen traurig, weil ich brauche jetzt sehr viele Eier. Alarm haben wir immer viel. Heute schon dreimal und es ist erst 3 Uhr. Die Vorhänge habe ich aufgehängt an drei Fenstern, in der Küche das große Fenster, in der Anrichte und an der Treppe zur kleinen Haustür. Und ich habe schon gebügelt und bin jetzt fertig mit dem. Ja! Ich habe jetzt angefangen zu backen die Weihnachtsgutsle, zuerst habe ich die Plätzchen gebacken, welche schmecken so wie die, welche Herr Professor hat von Euch. Und gestern habe ich Springerle gemacht, und die sind sehr schön geworden. Gerade hat Frau S. die gesehen. Die hat große Augen gemacht! Nun backe ich noch, was Herr Professor mir sagt. Seit zwei Wochen soll es in Frankfurt kein Salz mehr geben; ich suche gleich morgen überall nach Streichhölzern.

Ach, liebe Tante Hilde, nun denken Sie nicht viel an mich! Es wird schon was. Ich schreibe diese Woche noch, weil ich noch ins Arbeitsamt muß. Herr Professor hat mir gesagt, daß die mich doch von hier wegnehmen wollen. ... Was soll ich sonst noch schreiben? Mit dem Haus bin ich nicht weitergekommen, diese Woche habe ich wieder Wäsche gehabt. Das war nicht viel, nimmt bei mir aber doch viel Zeit, wenn noch Alarm immer dazwischen kommt. Jetzt ist es gerade halb 6 Uhr und Herr Professor ist in seinem Zimmer mit Herrn und Frau Dr. L. Wie ist das schön, daß er nicht allein ist und nicht so oft 'Ach ja, Kinder' sagt. Tante Hilde, noch eines habe ich vergessen, zu schreiben: Ich schlafe jetzt im Studierzimmer auf dem Sofa, und wenn ich ins Bett gehe, da brummt es, und wenn ich aufstehe, da brummt es, und den ganzen Tag, manchmal vom Schießen von der Front, dann klappern die Fenster und Türen wie von schweren Bomben. Nach drei ist wieder Alarm gewesen, und jetzt mache ich schnell Abendbrot. Um halb 7 war wieder Alarm! Nun wünsche ich Gute Nacht.
Mit vielen Grüßen
Ihre Maria, ich bin jetzt schön müd.'

Nur einen Satz schreibt Maria wegen der Vorladung vom Arbeitsamt. Aber wieviel Angst muß sie gehabt haben! Offenbar konnte sie doch bei ihrer, unsrer Familie bleiben, vielleicht wegen der Schwangerschaft. Aber weitere Briefe aus diesen Tagen, die Genaueres berichten könnten, gibt es nicht. Da weiß ich nur einiges aus den Tagebuch-Notizen und aus der eigenen Erinnerung.

Über Weihnachten '44 war Maria allein in Frankfurt, vom 23. Dezember an, bis am 30. Dezember Vater und Tante Hilde nach

Frankfurt zurückkamen. Nebenbei sei angemerkt, daß diese Reise 36 Stunden dauerte, zuletzt bei Nacht in einem Personenzug ohne Fenster!

Es folgte eine schreckliche Zeit. Häufig war in der Nacht viermal Fliegeralarm, tags oft Daueralarm. Die Menschen in der Stadt trauten sich kaum aus dem Keller. Es gab auch noch mehrere Luftangriffe auf Frankfurt. Und die Front rückte immer näher!

In dieser Zeit, in dieser Situation sollte Marias Kind zur Welt kommen. Zur Entbindung mußte sie 'ins Lager nach Kelsterbach', wie es im Tagebüchlein festgehalten ist. Heute weiß ich, daß das ein sogenanntes Entbindungsheim für Zwangsarbeiterinnen war. Was hat Maria da ausgestanden! Schrecklich muß es gewesen sein! Dazu die Angst, was danach kommt! Etwas von all dem spricht aus den beiden Briefen, die Maria aus Kelsterbach an Tante Hilde geschrieben hat.

Am 15. März steht im Tagebuch: 'Maria geht ins Lager nach Kelsterbach.' Am selben Tag noch hat sie von dort geschrieben:

'Liebe Tante Hilde!
Ich möchte Ihnen nur kurz schreiben, daß ich gut hierher gekommen bin. Von Frankfurt kam ich um 7 Uhr 15 weg. Nach dieser kurzen Reise habe ich Kopfschmerzen und so geht es mir nicht sehr gut, aber es geht.
Hier in diesem Zimmer, wo ich liege, sind 10 solche wie ich. Man muß hier alle eigenen Sachen haben, vom Anfang bis zum Ende. Wie das gehen soll, ich weiß nicht.
Aber ich wünsche nur eines für mich, daß ich so bald wie möglich wieder zu Euch nach Frankfurt kommen könnte.
Hier habe ich viel Zeit, aber ich arbeite lieber, als hier zu liegen oder herumzulaufen. Für heute habe ich nicht viel zu schreiben.
Morgen schreibe ich wieder, wie und was wird. Bis jetzt spüre ich nichts von den Tabletten, aber ich hoffe, daß es etwas hilft.
Nun mach ich Schluß. Mit viele Grüße
Ihre Maria.'

Maria schrieb ihren letzten Brief an Tante Hilde am 18. März 1945:

'Liebe Tante Hilde!
Jetzt möchte ich bißchen schreiben, obwohl es nicht so gut geht, liegen und schreiben. Gestern am 17. 3. 45, morgens um 8 Uhr, habe ich einen kleinen häßlichen Sohn bekommen, jetzt muß ich drei Tage liegen bleiben, und das ist furchtbar für mich, die ganze Zeit auf dem

Rücken zu liegen und nicht umdrehen. Aber heute bin ich ein bißchen aufgestanden und habe mich etwas hingesetzt. Ich hoffe sehr, daß ich diese Woche, am Samstag oder Sonntag zu Euch kommen könnte.
Ich bin froh, daß ich nicht lange warten mußte, weil es hier genau so unruhig ist. Noch dazu steht nicht weit von hier die Flak. Das Kind ist so ruhig, es hat auch die ersten zwei Tage sehr wenig geschrieen. Hier liegen 13 Frauen, wie ich eine bin. Gestern sind sechs Kinder auf die Welt gekommen.
Nun mache ich Schluß, weil ich gar nichts mehr sehen kann. Die guten Tränen kommen von selber.
Mit vielen Grüßen
Ihre Maria.'

Schon am Freitag, sechs Tage nach der Geburt, kam Maria aus Kelsterbach zurück. Im Tagebuch von Tante Hilde ist am 23. März 1945 vermerkt: 'Maria kommt mit ihrem Kind und ihrer Freundin und Kind zu uns zurück, da das Lager geräumt wurde.'

Die amtliche Bestätigung von Marias Mitteilung bekam ich, auf meine Anfrage hin, jetzt, am 18. Februar 1993. Ich konnte in Erfahrung bringen, daß die Geburt im Standesamt Kelsterbach eingetragen worden ist. So kurz vor Kriegsende funktionierte die Bürokratie immer noch! Der Eintrag bestätigt 'auf schriftliche Anzeige des Lagerleiters', daß 'die Arbeiterin Maria N., orthodoxer Konfession, am 17. März 1945 morgens um 8 Uhr einen Knaben geboren hat.' 'Das Kind heißt Nicolai', ist vermerkt; und da ist auch eingetragen, wann und wo Maria geboren ist!
Marias Rückkehr nach Frankfurt, zu ihrer, unserer Familie war also gerade in den aufregenden, angstvollen Tagen des Kriegsendes. Andererseits, denke ich, ob Maria, wenn nicht das Lager aufgelöst worden wäre, überhaupt hätte zurückkehren dürfen? Sie kam zwar zurück an ihre bisherige Arbeitsstelle, aber unter welchen Bedingungen? Für alle Frauen mit Kindern war es damals ungeheuer schwierig, das Nötigste an Kleidern und Ausstattung zu beschaffen, 1945 noch viel mehr als 1943, als meine Schwester geboren wurde. Ich überlege heute, was Maria wohl für das Kind gehabt hat, wie sie es versorgt hat. Was hatte sie an Windeln? Hatte sie einen Kinderwagen? Nirgends in den Briefen schreibt sie: Ich habe Sachen für mein Kind gerichtet. Ich habe Windeln genäht oder ein Jäckchen gestrickt. Ob sie in dieser Zeit je beim Arzt war oder bei einer Schwangerschaftsberatung? Sie lebte in einem Arzthaus, aber alles, was ihren Körper

betrifft, ist ausgeblendet. Sie schreibt nichts in ihren Briefen, im Tagebüchlein steht nichts, in der – freilich weit entfernten – Familie in Sch. wurde darüber nie gesprochen! Wie war zwei Jahre vorher alles vorbereitet worden für meine Schwester! Und wie anders war alles bei diesem Kind! Ich meine fast zu spüren, daß Marias Kind als eine Störung empfunden wurde, ein zusätzliches Problem zu allen vorhandenen Problemen hinzu! Wie sehr muß Maria zerrissen gewesen sein zwischen den Anforderungen des Alltags bei Kriegsende, dem Überlebenskampf überhaupt, und der schwierigen Aufgabe, daneben und darin ihr Kind zu versorgen, ihm Mutter zu sein! Denn nur Tage später ging der Krieg zu Ende, aber damit nicht der Schrecken und die Not.

'Am 29. 3. fahren die ersten Amerikaner durch die Straße', ist bei Tante Hilde notiert. Am 29.: 'Kein Wasser mehr!' Zwar konnten die Hausbewohner ab dem 30. März wieder aus dem Keller nach oben ziehen, von oben drohte keine Gefahr mehr; aber es gab fast nichts zu essen und bis 2. Februar 1946 keinen Strom. Die Amerikaner verhängten Ausgangssperre, Wasser gab es im Haus erst wieder am 4. April.

Und dann kam am 27. / 28. April die Vertreibung aller Bewohner aus dem Stadtteil, den die Amerikaner in Frankfurt für sich beschlagnahmten. Die Menschen wußten vielfach überhaupt nicht, wo sie in der zerstörten Stadt unterschlupfen könnten. Und es gab furchtbare Szenen, weil vieles, zum Beispiel Bettzeug, überhaupt nicht mitgenommen werden durfte.

Ich stelle mir Maria vor in dieser trostlosen Lage, mit dem Baby! Denn die vier mußten unser Haus ja auch verlassen. Sie fanden Aufnahme bei Vaters Kollegen und Freund Dr. L. und seiner Frau, die großherzig ihre Wohnung öffneten und Vater, Tante Hilde, Maria mit dem Kind sowie noch einige andere Menschen aufnahmen. Sogar Marias 'Lieben', die Hühner, zogen mit um (waren zuerst im Bad untergebracht!). Leider wurden sie bald danach gestohlen. Natürlich herrschte jetzt in dieser Wohnung drangvolle Enge, denn jeder hatte ja auch so viel von seinen Sachen mitgebracht, wie er hatte retten können. Dazu kam der Mangel an Lebensmitteln und allem anderen, zum Beispiel Seife und Waschpulver.

Am 10. Juni steht in den Notizen von Tante Hilde: 'Taufe des kleinen Nicolai in der Seckbacher Kirche. Wunderschöne Feier durch Pfarrer G.' So konnte Maria doch ein Fest begehen, ein Fest des Lebens, das ihrem Kind und ihr galt!

Am 26. Juni war es Vater und Tante Hilde möglich, zum ersten Mal nach Kriegsende zur Familie nach Sch. zu fahren. Man wußte ja nichts voneinander, gab es doch keine Post in Deutschland! Es war ungeheuer schwierig, reisen zu können, weil man überall Passierscheine, Stempel und Aufenthaltsgenehmigungen brauchte! Dort in den Bergen konnten die beiden einige Wochen bleiben. Bei ihrer Rückkehr nach Frankfurt erfuhren sie, daß Maria mit Nicolai inzwischen von den Amerikanern in die Sowjetunion zurücktransportiert worden war. Das war zwischen den Alliierten so vereinbart worden. Über ihren Abschied von Deutschland, wie der Transport organisiert war, weiß niemand etwas. Ich stelle mir vor: Maria, in ihrer Bescheidenheit, hat sich im Haus verabschiedet und ist mit ihrem Kindchen zur Sammelstelle gegangen. Viel Gepäck hatte sie wohl nicht. Aber sicher sind auch da die Tränen von selber gekommen, denn sie wußte ja, daß es ungewiß war, ob sie nach Haus kämen. Sicher hatte sie Angst vor der weiten und beschwerlichen Reise und auch Sorge, ob sie überhaupt nach Hause käme! Was mag aus ihr geworden sein, aus ihr und ihrem Kind? Ihre Hoffnung, nach Hause zu kommen, ist, so ist zu befürchten, bitter enttäuscht worden. Bis heute wissen wir nichts über das Schicksal der beiden. Man hörte nur, daß unter Stalin alle, die in Deutschland gewesen waren, 'bestraft' wurden, mit Verbannung, Arbeitslager oder dergleichen. So hielten wir eine Suche für aussichtslos. Inzwischen habe ich einen Suchantrag gestellt. Vielleicht gelingt es doch noch, nach so vielen Jahren, sie oder einige Spuren von ihr zu finden!

Wenn ich an Maria denke, an die Zeit, die sie bei uns und mit uns lebte, empfinde ich eine Mischung unterschiedlicher Gefühle. Da ist zuerst eine starke Empfindung von Wärme und Zuneigung, auch Bewunderung, die ich als unsicheres, unerfahrenes Mädchen ihr gegenüber empfand. Zu der Unsicherheit der Pubertätszeit kam damals noch die Gespaltenheit, der innere Zwiespalt bei all den Menschen, die zum NS-Staat kritisch oder ablehnend standen. Wir waren ja alle auf irgendeine Weise eingebunden in das System, auch die Kinder. Das ging vom verordneten und kontrollierten Luftschutz, der nach Häuserblocks mit Blockwarten organisiert war, über die Schule, wo wir Lehrer und Mitschüler sorgfältig beobachteten und testeten, wo und bei wem man was sagen konnte, bis zur Hitler-Jugend. Jede Woche mußten wir zweimal zum 'Dienst' die Uniform anziehen! Der täglichen politischen Hetze, der gegängelten Sprache konnte sich niemand entziehen. Mit fiel jetzt beim Erinnern ein, wie mich die Todesanzeigen, die täglich seitenweise in der Zeitung standen, zwiespältig bewegt haben. Ich sehe sie noch vor mir, die Anzeigen für die gefallenen Söhne, Männer, Väter und Brüder – unterschiedlich formuliert, manche ohne politischen Zierrat, viele aber in 'stolzer Trauer' um die, die 'für Führer, Volk und Vaterland' den 'Heldentod' gestorben waren. Und nachdem der Krieg gegen die UdSSR begonnen hatte, da starben sie sogar 'im Kampf gegen den Weltbolschewismus'. Natürlich waren wir traurig über den Tod so vieler junger Menschen, aber gleichzeitig war da auch die Ahnung, daß sie Opfer nicht nur des Krieges, sondern des Systems waren und für eine schlechte Sache gestorben waren. Täglich kamen wir alle mit den Haß- und Hetztiraden in der Presse in Berührung, ebenso wie mit diesen Todesanzeigen, und das aus einem ganz profanen Grund: weil es kein Toilettenpapier gab, wurden Zeitungen in handliche Stücke geschnitten. Auf dem Clo sitzend, versuchte man dann, Puzzle damit zu spielen und las natürlich, was da so stand. Ich denke, solche kleinen Dinge des Alltags wirken viel tiefer, als uns bewußt wird. Ja, da war nun Maria, ein Mitglied der Familie, für mich ein lebendiges Gegengewicht zu der Hetze vom 'slawischen Untermenschen' und dem Feindbild, das uns eingepflanzt werden sollte. Freilich haben wir, habe ich, damals darüber nicht nachgedacht, aber rückblickend sehe ich das so. Wie bin ich froh, daß wir damals Maria bei uns hatten, auch wenn diese Zeit für sie sicher sehr schwer war und für sie unermeßliche Folgen gehabt hat. Ich bin froh – nicht in erster Linie wegen all der Arbeit und dem Einsatz, den sie geleistet hat für mich und meine Familie. Dafür sind wir alle ihr zu großem Dank verpflichtet. Aber einen Menschen, eine junge Frau aus einem anderen, damals feindlichen Land kennengelernt, mit ihr zusammengelebt zu haben, ist für mich ein Stück meines Lebens geblieben, auch wenn die Erinnerung an Maria lange Zeit von vielen anderen Dingen zurückgedrängt war. Jetzt, nach so langer Zeit, kommen mir, wenn ich an sie denke, immer wieder 'die guten Tränen' in Dankbarkeit und Wehmut, ja Traurigkeit und Beschämung.

Mit diesem Bericht über Maria möchte ich ihr ein bescheidenes Denkmal setzen, oder vielleicht eher das: eine Kerze, ein Licht anzünden für sie.«

(Schriftliche Aufzeichnungen vom März 1993.
Inzwischen hat die Suche nach Maria N. Erfolg gehabt: Es kam ein Brief von ihr. Beigelegt ist ein Foto, auf dem sie mit ihrer Enkelin zu sehen ist.)

Gundula D. (1931 geb.):
Erinnerungen an Tatjana U. aus Kiew

»Zur Vorgeschichte: Mein Vater (Jahrgang 1901) hat sich als jüngstes von neun Kindern eines Schuhmachers aus einfachen Verhältnissen hochgearbeitet, hat (neben seiner Arbeit als kaufmännischer Angestellter) Volkswirtschaft studiert, promoviert und war zuletzt Dozent an der Universität. Meine Mutter, eine sehr couragierte Frau, Steuerberaterin (auch für die damalige Zeit ungewöhnlich), stand ihm tapfer zur Seite. Wir waren drei Mädchen (1929, 1931, 1938 geboren; ich die mittlere), und wir wohnten in einem geräumigen Haus am Stadtrand von F. Wir hatten immer eine Hausangestellte, die zusammen mit Mutter Familie, Haus und Garten versorgte. Diese 'Mädchen' wechselten gelegentlich, über das Warum haben wir Kinder nie nachgedacht.

Eines Nachmittags war Tatjana da (ca. 1942), ein junges Mädchen von 17 Jahren aus Kiew in der Ukraine. An sie erinnere ich mich (im Gegensatz zu anderen Hausangestellten) genau, weil sie so 'anders' aussah. Sie trug ein Kopftuch, darunter hatte sie dünnes, pechschwarzes, in der Mitte gescheiteltes Haar, das nach hinten in einen Zopf verlief und zu einem kleinen Knoten gesteckt war. Ihre dunklen Augen schauten ängstlich aus dem blassen Gesicht, sie hatte sehr unreine Haut (heute würde ich sagen, wie viele junge Mädchen dieses Alters, aber damals fand ich es bemerkenswert). Tatjana trug hohe Stiefel, einen wattierten, recht schmutzigen Mantel und darunter ein kariertes Kleid. Neben sich hatte sie einen Holzkoffer, der mich interessierte, denn noch nie hatte ich einen Koffer aus Holz gesehen. Mutter sagte: 'Das ist Tatjana U., sie wohnt jetzt bei uns und hilft mir!' Gemeinsam gingen die beiden ins zweite Obergeschoß, dort lag das Zimmer und Bad für unsere Hausangestellte, wir Kinder folgten neugierig. Oben zog Tatjana den Mantel aus und öffnete auf Mutters Geheiß zögernd ihren Koffer: Zwiebeln und Knoblauchzehen, verschimmeltes Brot und ein paar Schulhefte in kyrillischer Schrift. 'Kleider?', fragte Mutter, Tatjana verstand nicht. Zeichensprache half weiter, aber außer diesem Kofferinhalt hatte Tatjana nichts, wie sich später herausstellte, trug sie nicht einmal Unterwäsche. So ging Mutter nach unten und holte einige geeignete Kleidungsstücke. Dann ließ sie die Wanne voll Wasser und bedeutete Tatjana, sie solle sich baden und dann anziehen. Aber Tatjana hatte wohl noch nie eine solche Wanne gesehen und begann voller Angst zu weinen. Mutter

105

schickte uns Kinder nach unten, und irgendwie gelang es ihr dann doch, Tatjana zum Baden und Umziehen zu bewegen (auch das Erklären der Toilette gehörte, wie Mutter uns später erzählte, zu diesen ersten Stunden). Danach brachte sie Tatjana noch Brot, Marmelade und warme Milch in ihr Zimmer und bedeutete ihr zu essen und erst mal zu schlafen. Sie schlief 15 Stunden! Als sie am anderen Morgen mit dem Tablett in der Küche erschien, staunten wir Kinder Bauklötzer: Sie hatte das ganze Glas Marmelade zu drei Scheiben Brot gegessen – sie imponierte uns, denn wir hätten das nie gewagt!!

Nur diese ersten Eindrücke sind mir in ihrer Abfolge so deutlich in Erinnerung, danach muß ich 'quer' erzählen. Wir freundeten uns rasch an, Tatjana trug meine kleine Schwester oft herum, und wir lachten zusammen über ihre lustige Sprache und sie über unsere. Einmal fand sie unter den Kohlen (wir hatten Koks-Zentralheizung) ein Eierbrikett, brachte es mit allen Anzeichen des Entsetzens in die Küche. 'Schwoze Oi???', stammelte sie fragend und war fest davon überzeugt, dies sei eine Art Hexenei. Mutter hatte einige Mühe, ihr glaubhaft zu machen, daß es nichts als eine Preßkohle und vollkommen ungefährlich war. Oder sie mochte lange keinen Salat und pflegte dann in ihrer drolligen Sprache zu sagen: 'Ich nix Hase, ich nix Kuh.' Besonders faszinierend fanden wir Kinder, wie Tatjana Sonnenblumenkerne öffnen konnte. Sie hatte zwischen den Schneidezähnen eine breite Lücke (wohl von dieser Beschäftigung zu Hause). Nun nahm sie eine Handvoll Kerne in den Mund, biß sie auf, spuckte das Innere in ihre hohle Hand und die Spelzen in die Gegend, alles mit unglaublicher Geschwindigkeit und exakt wie ein Automat. Wir haben oft versucht, es ihr gleichzutun, aber sie war an Präzision und Geschwindigkeit unschlagbar!

Anfangs gab es wohl Spannungen, weil Tatjana auf Mutters Anweisungen unwillig reagierte und vorgab, sie nicht zu verstehen. Diese nahm sie dann manchmal allein mit in ihr Zimmer und sprach lange mit ihr, und das tat sie auch, wenn Tatjana mit rotgeweinten Augen herumlief. Zu diesen 'Privatterminen' gehörte auch, daß Mutter sie immer mal mit in unser eigenes Bad nahm und dort ihren Gesichtsausschlag behutsam verarztete, was Tatjana dankbar mit sich geschehen ließ. Die Hautunreinheiten waren später ganz verschwunden.

Mit der Zeit lockerte sich das Verhältnis, Tatjana merkte wohl, daß sie hier nichts zu befürchten hatte, sie wurde aufgeschlossener, fröhlicher und war (wie Mutter später erzählte) ausgesprochen willig und fleißig. Sie lernte rasch Deutsch und erzählte Mutter dann auch von Zuhause, zum Beispiel, daß drei jüngere Brüder verhungert seien.

Wie sie nach Deutschland kam und was sie dabei alles erlebt hatte, weiß ich nicht.

Einmal in der Woche hatte Tatjana nachmittags frei und ging zu irgendwelchen Zusammenkünften von Landsleuten, zunächst gemeinsam mit Bronislava M. (der Hausangestellten im Nachbarhaus, die aber dort nicht lange blieb). Irgendwann gab es bittere Tränen: Tatjana wollte nicht das neu vorgeschriebene 'OST' auf ihre Jacke nähen, doch Mutter redete ihr gut zu. Schließlich nähte es Tatjana unter ihr Revers, das sie jederzeit umklappen konnte und nur, wenn er unerläßlich war, hochschlug. Von einem dieser Ausflüge kam sie spätabends nach Hause und sank Mutter blutüberströmt vor die Füße. Sie war (trotz Alarm) über Feldwege weitergelaufen, und ein Granatsplitter hatte ihr die Stirn tief aufgerissen (wir wohnten in der Nähe von Flakstellungen). Sie wollte partout nicht zum Arzt gehen, denn sie war (wie sie später gestand) aus dem Bunker ausgerissen und hatte Angst, dafür von der Polizei bestraft zu werden. Immer wieder bettelte sie: 'Mutti auch Knie von Kindern verbinden, Mutti auch Tatjana gesund machen!' Mutter versorgte die Wunde notdürftig, bestand aber darauf, sie ärztlich versorgen zu lassen. Sie nahm schließlich die zitternde Tatjana einfach bei der Hand und ging mit ihr noch in der Nacht zu unserem Hausarzt, der die Wunde klammerte (daran erinnere ich mich genau, weil ich vor Mitleid und Angst vor dem vielen Blut mitheulte).

Ende 1943 wurde Vater eingezogen (er war als Dozent so lange zurückgestellt) und kam bereits im März 1944 ums Leben. Wie schlimm für Mutter diese Zeit war (mit uns drei Kindern, bei steten Bombenangriffen, Kapitulation und ungewisser Zukunft) kann ich erst ermessen, seit ich selbst Kinder habe. Tatjana verbrachte die Bombennächte mit uns im Keller, sie tröstete oder ermahnte uns Kinder und arbeitete für zwei, wenn Mutter sich (in ihrem Kummer) zurückzog. Wir räumten gemeinsam Schutt im Haus, vernagelten die Fenster mit Pappe, teilten die wenigen Lebensmittel redlich und 'organisierten' gemeinsam, was wir kriegen konnten; dazu gehörte auch Brennmaterial, denn längst war die Heizung durch zwei kleine Öfen ersetzt worden. Tatjana lebte nicht mehr wie eine Hausangestellte mit uns, sie gehörte zur Familie.

Mit Kriegsende wurden in unmittelbarer Nähe polnische Kriegsgefangene entlassen, sie zogen oft plündernd durch unsere Gegend, und unser Haus war verständlicherweise ein Anziehungspunkt für sie. Immer, wenn solche Gefangenen an der Tür erschienen, trat Tatjana ihnen energisch entgegen und verwehrte ihnen den Eintritt. Sie stritt und diskutierte mit ihnen und übersetzte uns später, sie hätte gesagt, wo ein russisches Mädchen es gut gehabt hätte, sollten sie uns verschonen. Schließlich schleppte sie sogar einen entfernten Verwandten an, der in der Nähe bei einer Mühle arbeitete und uns eine Menge Mehl mitbrachte. Mutter gab ihm im Gegenzug eine Dynamo-Taschenlampe und die letzten Flaschen Wein, die noch im Keller lagen.

Als schließlich die Aufrufe kamen, ehemalige Ostarbeiter sollten sich für Sammeltransporte zur Heimreise zusammenfinden, zögerte Tatjana ihren Reisetermin immer wieder hinaus: 'Alle Tatjana brauchen', sagte sie, wenn Mutter ihr zuredete, doch bald zu fahren. Schließlich nahm der allerletzte Transport in unserer Stadt sie auf. Beim Abschied vor unserem Haus, diesmal trug Tatjana einen der Koffer unseres Vaters, gefüllt mit eigener Kleidung und Dingen für ihre Lieben daheim, gab es Tränen auf allen Seiten. 'Doswidannia (so habe ich dieses Wort in Erinnerung) – auf Wiedersehen, du für mich wie Mutti, viel danke!', das war ihr letzter Satz für meine Mutter. Uns Kinder umarmte sie herzlich und meinte: 'Ich nur zu Hause gucken, aber dann wiederkommen – bestimmt!'

Wenn ich an Tatjana zurückdenke, habe ich nur gute Erinnerungen. Gerade durch die gemeinsam durchlebten schweren Zeiten war sie für uns Kinder wie eine Schwester geworden, die wir lange vermißten. Wir haben von Tatjana nie mehr etwas gehört, aber wir waren immer ganz sicher: Sie hätte uns ein Lebenszeichen gegeben, wenn sie dazu Gelegenheit gehabt hätte!«

(schriftliche Aufzeichnungen)

Michael A. (1936 geb.):
Erinnerungen an Katja N. aus der Ukraine

M. A.: »Die Kinderfrau, die wir mit der Koseform Katja nannten, muß wohl 1942 oder '43 zu uns gekommen sein. Ich weiß es nicht genau, wann sie kam. Ich habe das auch im Gespräch mit meiner heute noch lebenden Mutter nicht mehr genau datieren können. Natürlich war es nach Beginn des Rußlandfeldzuges, und es war wohl mit einiger Sicherheit vor Stalingrad. Also, ich schätze mal, im Laufe des Jahres 1942.

Ich will erst mal unsere Familiensituation beschreiben: Wir lebten damals in Berlin, im Stadtteil Wilmersdorf, in der B.-Straße.«

(Michael A. und ich waren Nachbarn in dieser Zeit, lebten vier Straßen voneinander entfernt, hätten miteinander spielen können. Obgleich ich Michael A. jahrelang kenne, wußte ich dies nicht. Wir hätten uns mit Ljubica und Katja auf einem öffentlichen Spielplatz oder im Park treffen können. Vielleicht haben wir uns getroffen?)

M. A.: »Mein Vater, Jahrgang 1908, sehr christlich erzogen in einem protestantischen Pfarrhaus, war damals bereits bei der Wehrmacht. Er war Offizier bei der Abwehr und fand durch diese Tätigkeit auch Anschluß an den Offizierswiderstand – was ich als Kind aber erst nach dem Krieg erfahren habe. Meine Mutter war ebenfalls sehr christlich, sehr protestantisch erzogen, in der evangelischen Jugend und in der Weimarer Zeit aktiv gewesen; meine Mutter war damals Hausfrau, Jahrgang 1913, war also ca. 30 Jahre alt. Der Vater war fünf Jahre älter, also 35. Bei der Abwehr Offizier, ich glaube, damals Leutnant.

Ich selbst, 1936 geboren, war der erste Sohn, mein Bruder Rainer kam 1939 auf die Welt. Als Katja in unseren Haushalt kam, war ich wahrscheinlich sieben Jahre alt und grade eingeschult, mein Bruder war dreieinhalb. Ich muß sagen, daß wir schon vorher Erfahrungen mit ausländischen Kindermädchen hatten, was vielleicht in diesem Zusammenhang doch nicht unwichtig ist. Das heißt, wir hatten als Familie und auch als Kinder eine gewisse Übung im Umgang mit nichtdeutschen Hausgenossinnen, denn alle diese Mädchen haben bei uns in der Etagenwohnung in Berlin gewohnt, in einem sogenannten Mädchenzimmer, das aber in der Wohnung selber lag, am schmalen Gang hinter der Küche, hinter dem großen Berliner Zimmer. Es war ein integriertes kleines Zimmer mit einem eigenen Eingang, auch mit einem eigenen Fenster. Es war also nicht fensterlos, aber klein, ein

Waschbecken war nicht drin. Und es lag auch direkt neben dem Kinderzimmer. Wir waren also Nachbarn. Und wir hatten, bevor unser ukrainisches Mädchen kam, ein holländisches und davor ein österreichisches Kindermädchen.

So, die Situation 1942 / 43: Bomberangriffe in Berlin bereits im Gang. Ich war grade eingeschult, Judenverfolgung natürlich auch schon im vollen Gang. Und auch für uns als Kinder bereits sichtbar. Mit dem Judenstern.«

A. M.: »Und mit den gelben Bänken für die Juden und den weißen für die Nichtjuden im Park von Schöneberg.«

M. A.: »Also, für mich am deutlichsten eben mit dem Judenstern. Ja, und dann kam also unser ukrainisches Mädchen – ich weiß nicht, unter welchen rechtlichen Bedingungen. Ich kann nur vermuten, daß es sich um eine Zwangsverpflichtung handelte, aber, ich glaube, so habe ich mich inzwischen auch mit meiner Mutter unterhalten, daß sie irgendwie übers Arbeitsamt zugewiesen wurde. Wie? Das weiß ich alles nicht genau, da habe ich keine Ahnung. Also, die Modalitäten, unter denen eine Familie überhaupt so ein Mädchen haben konnte, und auf welchem Weg diese Mädchen nach Deutschland kamen, die sind mir damals nicht bekannt gewesen.

Meine Mutter hat nichts darüber erzählt, ich kann mich nicht erinnern. Kann ich mich nicht erinnern. Ich weiß nur, daß meine Mutter uns angehalten hat, freundlich zu sein, wenn dieses Mädchen zu uns käme. Und da gibt es eine ganz amüsante Begebenheit. Ich bin nicht nur sehr christlich erzogen worden, sondern auch ein bißchen aristokratisch. Mein Vater hatte eine aristokratische Mutter, und von daher war also das Bestreben meiner Familie, ein bißchen die Umgangsformen des deutschen Adels zu kultivieren. Ich glaube, daß das auch eine Rolle spielte im Leben meines Vaters. In der Zeit jedenfalls – ich war sechs, sieben Jahre – war meine Mutter grade schwer dran, mir beizubringen, mit Messer und Gabel zu essen und zum Beispiel auch, feinen Damen einen Handkuß zu geben. Ich habe das immer störrisch verweigert und fand das eigentlich unangemessen. Und meiner damaligen Männlichkeit vollkommen zuwider. Dann kam also Katja die Treppe hoch in unsere Wohnung, das heißt, es klingelte an der Tür, ich machte auf, und da stand eine junge Frau mit schwarzen Haaren, mit Kopftuch, mit roten Backen, mit einer dicken Wattejacke, einen Beutel über der Schulter (später erfuhr ich, daß da trockenes Brot drin war). Und diese Frau war die erste im Leben, der ich einen Handkuß gegeben habe. Wahrscheinlich, weil ich so konsterniert war. Weil ich solche Frauen noch nie gesehen hatte. Ich hab vermutlich gedacht, das muß was ganz Besonderes sein, und ich war ja dazu angehalten worden, ganz besonderen Damen einen Handkuß zu geben. Wahrscheinlich hatte meine Mutter es nicht so gemeint, aber so ist es gekommen.

Ja, dieses Mädchen hat, soweit ich mich erinnere, sehr schnell einen guten Anschluß an unsere Familie bekommen, obwohl ja das vom System nicht so vorgesehen war. Es gab die Vorschrift, daß diese Ostarbeiterinnen erstens das OST-Abzeichen an der – meistens wattierten – Jacke, jedenfalls deutlich sichtbar, so wie die Juden den Judenstern, den Davidstern, tragen mußten. Es gab wohl auch die Anweisung, daß man nicht gemeinsam essen solle. Daran haben sich meine Eltern auch in der ersten Zeit gehalten. Aber in dem Maße, wie ein Vertrauensverhältnis sich entwickelte, wurde das aufgegeben, und wir haben dann auch manchmal zusammen gegessen. Aber, in der ersten Zeit hat Katja in der Küche gegessen, Mutter und Kinder aßen im Eßzimmer.

Was hat Katja in unserer Familie gemacht, und wie war unser menschliches Verhältnis? Soweit ich mich erinnere, hat sie mit meiner Mutter zusammen die häuslichen Arbeiten gemacht. Das fing an morgens: Milch holen beim Milchmann. Dann Öfen einheizen – wir hatten ja damals keine Zentralheizung –, wir hatten Ofenheizung in jedem Zimmer. Wäsche ohne Waschmaschine waschen. Aber ich muß dazu sagen, daß Katja alle Arbeiten mit meiner Mutter gemeinsam erledigt hat. Die arbeiteten also gemeinsam oder im Wechsel. Wie das organisiert war, daran kann ich mich nicht mehr erinnern.

Katja durfte auf die Straße. Und sie hat sich manchmal geweigert, dort dieses Ost-Abzeichen zu tragen. Meine Mutter hat sie zwar auf die Gefahren hingewiesen, aber es wurde von unserer Familie toleriert, daß sie das unterlassen hat. Hier muß ich wirklich betonen, daß ich vermute, daß unsere Familie wirklich zu den Ausnahmen gehörte, was den Umgang mit einer Ostarbeiterin anlangte. Und ich denke, das hat viel zu tun mit dem sehr christlichen Hintergrund der beiden Eltern. Die also eine erhebliche Distanz zum NS-System hatten. Vor allem mein Vater hatte eine sehr große Distanz. Er hatte 1931 in Hessen die erste deutsche Dissertation geschrieben über den Nationalsozialismus. Gegen den deutschen Nationalsozialismus, mit deutlicher Warnung vor Judenverfolgung. 1931 in Hessen schrieb er diese Arbeit. Er ist ja dann auch später von der Gestapo festgenommen worden, und er hat die Haft überlebt, weil meine Mutter – als sehr junge Frau damals – Naziverbindungen besaß und über ihre Kontakte den Vater retten konnte. Diese frühe Nazibindung meiner Mutter, die etwas zu tun hatte mit großer Arbeitslosigkeit in der mütterlichen Familie um 1930 / 32, war schon um 1940 (jedenfalls für mich) nicht mehr wahrnehmbar. Und mein Vater, wie gesagt, hatte diese sowieso nicht.

Also, das eigentlich Prägende in der Familie ist eine sehr protestantische Haltung, vom großväterlichen Pfarrhaus und von der bündischen Jugend her, und so war auch, wie ich mich erinnere, der Umgang mit dem russischen Mädchen. Meine Mutter hat – das sind so ein paar Dinge, an die ich mich erinnere – unserer Katja sehr geholfen: Zum Beispiel durfte Katja einmal einen Nachbarn aus ihrem ukrainischen Heimatdorf, der ebenfalls ins Reich verschleppt worden war, wiedersehen. Irgendwie hatte meine Mutter erfahren, daß es ein Straßenbauprojekt gab, ich glaube in Hamburg oder im Ruhrgebiet. An diesem Projekt war ein Trupp ausländischer Arbeiter beteiligt, unter ihnen war einer, der aus dem gleichen Dorf wie unsere Katja kam. Meine Mutter hat geholfen, daß unsere Katja – was schon sehr schwer war – dorthin fahren und mit diesen Straßenbauarbeitern sprechen konnte und ihren Dorfbekannten wiederfand. Das muß wohl ein ganz toller Tag gewesen sein im Leben der beiden, denn unsere Katja kam dann sehr beseelt nach Hause und war sehr glücklich über das Wiedersehen.

Meine Mutter – ja, ich muß immer sagen: meine Mutter, nicht meine Eltern, denn mein Vater war nicht zu Hause – meine Mutter hat auch ermöglicht, daß Katja in eine Kirche ihrer Orientierung gehen konnte, am Hohenzollerndamm. Es ist eine russisch-orthodoxe Kirche, die nicht dem ukrainischen, sondern dem russischen Ritus folgt. Unsere Katja hat sehr bald entdeckt, daß es diese Kirche gab, und meine Mutter ließ immer zu, daß Katja dahin gehen konnte. Ich glaube, es hat ihr sehr viel bedeutet, in die Kirche zu gehen und dort ihre Sprache zu hören.

Ich erinnere mich, daß wir mit Katja als Kinder sehr gute Erfahrungen gemacht haben. Wir haben nicht sehr viel mit ihr sprechen können. Sie sprach etwas Deutsch, aber so doll war es nicht. Ich schiebe mal ein, daß ich später, nach 1945, fünf Jahre in der sowjetischen Zone gelebt habe, in Thüringen, und Russisch als erste Fremdsprache lernte. Ich hatte keine Aversionen gegen Russisch. Vielleicht hat das was mit Katja zu tun. Also, ich habe, im Gegensatz zu den meisten Leuten, die wegen der politischen Zustände in der sowjetischen Zone das Russische abgelehnt haben, nie eine Sperre gegen Russisch gehabt. Ich will nicht sagen, daß mir das Spaß gemacht hat, aber ich hab's gemacht, und ich hab auch die russischen Lieder gesungen. Einige kann ich bis heute, die habe ich aber nicht von Katja gelernt. Das muß ich also leider auch sagen, daß ich mich nicht daran erinnere. Die russischen Kinderlieder, an die ich mich erinnere, die habe ich 1945, '46, '47, '48 im Russischunterricht gelernt, nicht von Katja.

Wir waren, wie ich sagte, in Berlin. Im August 1943 kam, wie ich glaube, ein Erlaß, daß Mütter mit kleinen Kindern aus Berlin herausgehen sollten. Ja, und so sind wir auch damals – Mutter und Katja und mein Bruder und ich – nach Schlesien, in den kleinen Ort Weigersdorf gegangen. Wir landeten da in einem Pfarrhaus, das wir wohl über die Pfarrervergangenheit meines Vaters aufgetan hatten, und haben dort, in der Lausitz, wo man zum Teil gar nicht Deutsch sprach (wo man heute auch nicht Deutsch, sondern Sorbisch oder Wendisch spricht), in einem kleinen Dorf gelebt. Dort, in dem Pfarrhaus, gab es andere Hausmädchen. Dies bedeutete, daß wir die Katja nicht behalten durften. Denn damals gab es ja auch Personalrationierung und -kontingentierung, und es mußten wohl bestimmte Bedingungen erfüllt sein, damit eine Familie ein Hausmädchen oder eine Ostarbeiterin haben durfte. Jedenfalls mußte Katja abgegeben werden. Das weiß ich nun nicht aus eigener Erinnerung, sondern das hat mir meine Mutter berichtet. Die hat die Katja dann dort in einen adeligen Haushalt gegeben, zur Gräfin W. Bei ihr hat sich Katja, den Berichten zufolge, sehr wohl gefühlt, und sie wurde sehr schnell zur Vertrauensperson der Gräfin W. Was eine Denunziation wegen Fraternisierung durch andere Angestellte im Hause zur Folge hatte. Mit der Konsequenz, daß Katja fortgehen mußte aus diesem Adelshaushalt. Allerdings war die Gräfin W. auch Halbjüdin, wie man damals sagte, und hat vielleicht auch die Nähe zu einem Menschen gesucht, der eben nichts mit 'arischer Herkunft' zu tun hatte.

Kurzum, Katja wurde aus diesem gräflichen Haushalt herausgeholt und kam zum Ortsgruppenleiter, der gleichzeitig Bürgermeister war, NS-Bürgermeister. Dort hat sie sich sehr unwohl gefühlt. Sie war siebzehn Kilometer entfernt von dem Pfarrhaus, in das wir evakuiert waren. Dennoch kam Katja aus großer Anhänglichkeit die siebzehn Kilometer gelaufen von diesem Ortsgruppenleiter, wenn sie mal fort durfte. Es hatte sich eine richtige Freundschaft zwischen ihr und meiner Mutter schon in Berlin entwickelt. Die Ostarbeiterinnen hatten wohl auch mal Anspruch auf ein paar Stunden Freizeit oder so. Sie kam also gelaufen und ist vielleicht auch irgendwo mitgenommen worden und kam zu uns nach Hause. Ich erinnere mich, daß sie einmal, das muß so 1944 gewesen sein, zu uns kam und in ihrer dicken

Wattejacke kramte und eine ganze Handvoll Weißbrotmarken auf den Tisch legte und grinsend oder lachend sagte: 'Geklaut!' – Ja, genauso hat sie gesagt: 'Geklaut!' Mutter sagte, 'Katja, das darfst Du doch nicht machen', aber irgendwie haben die beiden dann doch noch einen Weg gefunden, die Brotmarken umzusetzen und sich Brot und Brötchen zu teilen. Also, auch diese Freundschaft in unserer Familie und diese Gesten zeigen, daß die Beziehung zwischen Katja und meiner Mutter sehr untypisch war für das übliche Klima.

Nun der Abschied von Katja: Januar, Februar 1945. Da kam in diesem schlesischen Dorf die Front immer näher, und die Rote Armee rückte heran. Wir mußten damals mit einem Pferdeschlitten zur nächsten Eisenbahnstation und sind mit dem letzten Güterwagenzug, in einem offenen Güterwagen dann vorbei am brennenden Dresden nach Leipzig und Thüringen, wo später dann der Russischunterricht stattfand, gekommen. Ich selbst erinnere mich nicht an den Abschied von Katja. Ich glaube, ein förmlicher Abschied war gar nicht möglich. Meine Mutter hat nur später dieses Dorf wieder aufgesucht nach dem Krieg. Das Dorf liegt im Osten der früheren DDR, es ist ja im sorbischen Gebiet, hinter Bautzen und Niesky, diesseits der Oder-Neiße-Grenze, grade an der Neiße, es ist ja noch nicht Polen, sondern es war DDR, und insofern konnte sie relativ leicht hinreisen damals in der sowjetischen Zone. Sie hat das Dorf wieder besucht und hat dann von Dorfbewohnern erfahren, daß, als die Rote Armee einrückte, die zahlreichen russischen Gefangenen, die Ostarbeiterinnen, auch andere DPs, also, was weiß ich, belgische Kriegsgefangene, französische, polnische und so weiter, sich zusammentaten, zum Teil natürlich sehr fröhlich ihre Befreiung feierten und dann mit russischen Einheiten den Ort verlassen haben. Was weiter geworden ist aus Katja, ist uns nicht bekannt. Wir haben von ihr auch, soweit ich weiß, keine persönlichen Souvenirs, es gibt, glaube ich, ein paar Postkarten, die sie erhalten hat aus der Ukraine, von ihrer Familie, die meine Mutter irgendwo verwahrt hat, die ich aber nicht ausgegraben habe und nicht beibringen kann.

Wir haben die Befürchtung, daß ihr unter Umständen später in der Sowjetunion oder in der Ukraine noch Ärger entstanden ist, weil, wie wir ja heute wissen, gerade ein Teil dieser ukrainischen Zwangsverpflichteten anschließend wegen Kollaboration oder Fraternisation mit den Deutschen zur Rechenschaft gezogen worden ist. Gerade unter den Ukrainern waren ja etliche, die mit der Wlassow-Armee sympathisierten. In diesen ukrainischen Dörfern soll es ja angeblich beim Einmarsch der deutschen Wehrmacht auch Sympathiebekundungen gegeben haben, weil man unter dem Stalinismus so entsetzlich dort gelitten hatte. Bekanntlich hat aber die deutsche Wehrmacht niemals angeknüpft an diese Sympathien, sondern die Sondereinheiten und die SS haben dort auch gewütet, ebenso wie auch die Wehrmacht sich mies verhalten hat: mit nackten Brutalitäten und Beteiligungen an SS-Aktionen.

Meine Mutter ist Anfang der achtziger Jahre mal in Kiew gewesen, der Hauptstadt der Ukraine. Sie hat mir dann hinterher erzählt, sie habe jeder Frau dort ins Gesicht geguckt, jeder Frau, die ungefähr in dem Alter war, in dem Katja gewesen wäre. In der Hoffnung, es könnte vielleicht die Katja sein. Sie hoffte, man könnte sich erkennen.

Aber Katja stammte ja nicht aus Kiew, sondern aus einem kleinen Dorf, bei Gomel, und dahin haben wir den Faden nie wieder gespannt.«

A. M.: »Wißt Ihr den Nachnamen von ihr?«

M. A.: »N. oder N. oder so ähnlich.«

A. M.: »Vielleicht auf den Karten zu finden, die sie von zu Hause bekommen hat?«

M. A.: »Ich habe mir im Laufe dieses Gesprächs auch vorgenommen, es mal zu versuchen. Also, Katja muß etwa aus dem Jahrgang 1925 sein. Das hab ich grade mal gerechnet. Denn sie war achtzehn, neunzehn Jahre alt, als sie kam, und dann wäre sie jetzt so irgendwie in den Sechzigern. Unser Gespräch gibt mir den Anstoß, nach den alten Karten zu suchen und nach ihr zu recherchieren. Ob sie noch lebt; wenn ja, wo sie lebt. Und ob man sich mal schreiben oder sogar sehen kann. – Also, wir haben nur gute Erinnerungen, und wir können nur hoffen, daß auch Katja gute Erinnerungen an uns hat.«

A. M.: »Gestatte mir bitte noch einige Fragen über Alltagsdinge: Hast Du eine Ahnung, welche Kleider Katja im Haus getragen hat? Gekommen ist sie mit der Fufeifka, dieser dicken Steppjacke, und diesen Filzstiefeln und dem Sack mit trockenem Brot.«

M. A.: »Ich glaube, diese Steppjacke hat sie außer Haus immer getragen. Und ein Kopftuch hat sie, glaube ich, auch fast immer getragen. Und zu Frauen mit Kopftüchern habe ich bis heute eine große Sympathie. Aber auch meine Mutter hat im Krieg ein Kopftuch getragen. Allein schon wegen des Bombenstaubs und so weiter. Sonst trug Katja Hauskleider, Buntbedrucktes, einfache Sachen, wie ich glaube.«

A. M.: »Bekam sie die Sachen von Deiner Mutter?«

M. A.: »Ja, von der Mutti.«

A. M.: »Habt Ihr Kleiderkarten für sie gehabt?«

M. A.: »Weiß ich nicht.«

A. M.: »Habt Ihr eine Lebensmittelkarte für sie gehabt?«

M. A.: »Weiß ich auch nicht.«

A. M.: »Hat sie Geld bekommen für ihre Arbeit?«

M. A.: »Ich weiß aber auch gar nicht, ob wir selber 'ne Lebensmittelkarte hatten. Dafür ist meine Erinnerung zu schwach.«

A. M.: »Ist sie ins Kino gegangen?«

M. A.: »Ja, das durfte sie.«

A. M.: »Was ja bedeutet, daß sie auch Straßenbahn fahren durfte.«

M. A.: »Aber in der Straßenbahn hat sie oft ihr Ostarbeiterzeichen nicht getragen. Da hat ihr meine Mutter immer vorher eingeschärft: 'Du darfst aber nicht reden. Du darfst nicht reden!'«

A. M.: »Was ja heißt, daß Deine Mutter und Katja dann doch auf deutsch kommuniziert haben.«

M. A.: »Ja, sie haben auf deutsch gesprochen. Und – sie haben wohl auch miteinander konspiriert. Soweit das irgend ging.«

A. M.: »Hatte Katja Deutschunterricht bekommen?«

M. A.: »Einen formalen Unterricht habe ich nicht in Erinnerung. Aber daß Mutter sie ständig anhielt, möglichst korrekt zu sprechen, das weiß ich noch. Sie hat ihr korrekt vorgesprochen, sie hat sie auch korrigiert. Gewisse Deutschkenntnisse brachte Katja mit. In der Ukraine fand wohl, allen ökonomischen Schwierigkeiten zum Trotz, Deutschunterricht in Schulen statt. Soweit ich mich erinnere, hatten die Ostarbeiterinnen fast alle ein Minimum an Deutschkenntnissen erworben, und zwar nicht erst in Deutschland, sondern schon zu Hause. Katja konnte auch Deutsch schreiben.«

A. M.: »Kannst Du Dich erinnern, daß Katja irgendwann einmal krank war?«

M. A.: »Nein, daran erinnere ich mich nicht. Ich erinnere mich aber an eine Geschichte. Katja hatte auch eine Freundin. Eine andere Ukrainerin, die in einem anderen Stadtteil auch in einem Haushalt tätig war. Und bei dieser anderen Freundin blieb die Regel aus. Und dann bestand also große Sorge, daß sie schwanger sei. Durch wen auch immer. Und sie sollte zum Frauenarzt. Da hat Katja sehr rebelliert und gesagt, das sei unmöglich! Mit neunzehn Jahren. 'Wir ukrainischen Mädchen sind mit neunzehn Jahren – wenn wir nicht verheiratet sind – nicht schwanger. Das gibt es bei uns nicht.'«

A. M.: »Die Freundin hatte wahrscheinlich psychosomatische Störungen.«

M. A.: »Wahrscheinlich. Psychosomatische Störungen durch die Verschleppung und – einfach so.«

A. M.: »Es ist ja auch häufig gewesen, daß Frauen in KZs keine Menses mehr hatten. – Diese Geschichte zeigt mir aber, daß man in Eurem Haus über intime Dinge sprechen konnte, und daß Du als Junge von diesen Gesprächen nicht ausgesperrt warst.«

M. A.: »Naja, für einen Jungen war das natürlich besonders interessant.«

A. M.: »Ja, aber von der Information warst Du auch nicht ausgesperrt.«

M. A.: »Nein, es war in unserer Familie ein ziemlich offenes Klima. Es gab Situationen, wo die Eltern auf französisch miteinander gesprochen haben. Und ich weiß heute, daß es meistens dann um Dinge ging, die – also, meinetwegen die Tätigkeit meines Vaters, Widerstand, den Tod, lauter Sachen, die man vor den Kindern irgendwie verdecken wollte – an denen man die Kinder nicht beteiligen wollte in der Familie. Aber sonst wurde relativ offen gesprochen in der Familie. Wir wußten auch ziemlich genau über den Krieg Bescheid, wir wußten, wo die Front ist und wie es weitergeht. So ungefähr. Vater wußte vorher, welche Bündnispartner vom Reich abfallen würden, wo der nächste sowjetische Vorstoß erfolgen wird und so weiter. Die Abwehr hat ja überall vorher über diese Dinge auch das Oberkommando informiert. Nur, es wurden nicht die entsprechenden Konsequenzen gezogen!«

A. M.: »Erinnerst Du Dich, ob Dir Katja ein bißchen Russisch beigebracht hat?«

M. A.: »Daran kann ich mich nicht erinnern. Außerdem würde sich das wahrscheinlich überlagern, denn kurz danach begann für mich der förmliche Russischunterricht, daher kann ich es nicht sagen. Wenn ich versuche, in mich reinzuhorchen: Was hat Katja für Spuren hinterlassen in mir? Dann ist das sehr schwer auszumachen. Ich hatte, wie ich vorhin schon erwähnte, keine Probleme mit dem Russischlernen. Ich besaß eher eine Sympathie für Russisch als Sprache. Vielleicht hat diese im Prinzip positive Haltung zum Russischen etwas mit Katja zu tun. Meine positive Haltung zum Ausländischen könnte ich nicht alleine auf Katja zurückführen, denn wir hatten auch eine Holländerin, wir hatten auch eine Österreicherin in der Familie. Wir waren ein offenes Haus in Berlin, das ja eben nicht 'Provinz' war. Daß ich jetzt ein ausländisches Kind adoptiert habe? – Ich habe nach dem Krieg auch ein Jahr in einer amerikanischen Familie gelebt – von daher habe ich auch noch andere ausländische Bindungen. Das addiert sich wahrscheinlich. Aber irgendwo spielt da Katja auch eine Rolle. Das denke ich schon.«

A. M.: »Was hat Katja für Euch Kinder getan? Viele meiner Informanten berichten, daß die jungen Mädchen den Kindern beispielsweise die Haare gewaschen, sie gebadet und ins Bett gebracht haben. Daß sie mit den Kindern auch beteten oder aus dem Gebet ausgesperrt wurden.«

M. A.: »Das weiß ich leider nicht mehr. Ich glaube nicht, daß ich von ihr gebadet wurde. Soweit ich mich erinnere, nein. Vielleicht mein wesentlich jüngerer Bruder. Das mag sein, aber ich erinnere mich nicht. Das Nachtgebet und die Gutenachtgeschichte, die hat sich meine Mutter im wesentlichen vorbehalten, soweit ich mich erinnere.«

A. M.: »Wenn Ihr am Tisch gesessen und gebetet habt, betete Katja mit?«

M. A.: »Ja.«

A. M.: »Erinnerst Du Dich an Weihnachten '42 / 43 und '43 / 44?«

M. A.: »Sie war dabei beim Feiern.«

A. M.: »Hast Du ihr was geschenkt damals?«

M. A.: »Weiß ich nicht. Ich weiß auch nicht, was ich meiner Mutter oder meinem Vater geschenkt habe. Meine Erinnerung ist da schwach. Ich glaub – ich glaub, die traumatischen Kriegserlebnisse waren so überwuchernd, mit Ausgebombtwerden, mit zweimal Flucht, Flucht von Schlesien nach Thüringen, von Thüringen dann später in den Westen, also, das war zuviel. Vergewaltigung der Mutter. Verlust des Vaters. Da ist zuviel zusammengekommen. Auch die Trennung vom Bruder.«

A. M.: »Der Kleine kam weg?«

M. A.: »Ja. Wir wurden dann getrennt. Das war bei ihm eines der traumatischsten Erlebnisse. Der kam mit sechs Jahren zur Großmutter, und die Großmutter sprach mit ihrer Freundin auch nur Französisch. Er war das einzige Kind im Haus.

Ich kann mich zum Beispiel erinnern, daß in unserer Familie ein Klima herrschte, in dem wir uns als Kinder schon für Juden eingesetzt haben. Insofern ist unsere Familie bestimmt nicht so typisch. Ich hab den Hitlergruß verweigert, 1945, da war der Gauleiter Sauckel in Thüringen. Und ich hab nicht den Arm gehoben, weil ich das alles so mies fand. Das habe ich nur der Tatsache zu verdanken, daß ich einigermaßen informiert war, obwohl ich ja erst neun Jahre alt war. Aber ich hatte Anfang '45 die Deportation von jüdischen Frauen erlebt, und das hat mir dann, glaube ich, den Rest gegeben.«

A. M.: »Wo war das?«

M. A.: »Das war auch in diesem schlesischen Dorf. Im sehr kalten

Winter 1944 / 45 wurde eine große Gruppe von Frauen in der Eises-
kälte im Winter von bewaffneten Deutschen, von denen ich nicht
sagen kann, ob es Soldaten oder SS-Männer waren, durchs Dorf
getrieben, und die Frauen, die waren erschöpft, und manchmal fiel
eine hin, und dann wurde sie mit dem Gewehrkolben gestoßen. Und
das haben wir Kinder vom Straßenrand aus gesehen, erst waren wir
nur neugierig, und dann bin ich nach Hause gerannt und wollte die
Pistole meines Vaters holen, die meine Mutter versteckt hatte für alle
Fälle. Aber meine Mutter hat mich daran gehindert und gesagt, 'Tu
das nicht, sonst kommen wir dran'.

Insofern würde ich sagen, ich glaube, das ist untypisch. Wer hat
schon einen Vater, der 1931 eine Dissertation gegen die Nazis geschrieben hat. Insofern habe ich zu meinem Elternhaus ein viel
weniger gebrochenes Verhältnis als die meisten in unserer Generation.«

A. M.: »*Du brauchst Dich ihrer nicht zu schämen.*«

M. A.: »Ja. Und ich weiß, diese Anti-Haltung kam nicht vom
Sozialismus. Sie war christlich-bürgerlich, protestantisch. Das war
das Klima. Aber, eben unbedingt auch durch diese aristokratische
Connection zum Widerstand hin. Die Vorgesetzten meines Vaters –
die sind noch gefangengenommen worden nach dem 20. Juli 1944.
Und das war auch kein linker Widerstand. Das war preußisch-pro-
testantischer Widerstand. Sie waren unzufrieden, die waren empört
über die Verletzung von ethischen Normen.«

A. M.: »*Wann hast Du Deinen Vater wiedergesehen?*«

M. A.: «Den hab ich nicht wiedergesehen. Doch, 1944. Zum letzten
Mal. In Thüringen. Da waren wir schon – nee. Da waren wir schon in
Thüringen. 1945 – ja. Ja.«

(*Wieder wundere ich mich über die Ähnlichkeit unserer Lebensläu-
fe. Ich sah 1943 meinen Vater zum letzten Mal; auch ich bringe die
Jahreszahlen aus dieser Zeit durcheinander, habe kaum Fix-Punkte
für die Erinnerung.*)

A. M.: »*Wir können konstatieren, daß wir eine Generation sind,
die, vaterlos geworden, aber durch die ausländischen Kinderfrauen
oder durch slawische Hausmädchen eine Art zweiter Mütter bekommen hat.*«

M. A.: »Also, bei mir ist das auch so, aber ich hab noch mehr
Mütter. Ich hatte noch eine amerikanische Pflegemutter nach dem
Krieg, eine Schüleraustauschmutter und eine Großmutter. Ich hatte
mehrere Mütter. Das verteilt sich sozusagen. Bei aller Bindung zu
meiner leiblichen Mutter verteilt sich also die Mutterschaft noch auf

mehr Frauen. Und Katja zählt mit dazu. Wir lebten ja immerhin eineinhalb, zwei Jahre mit ihr.«

Luise B. (1930 geb.):
Erinnerungen an Anja, Elisabeth, Maria und Katharina aus der Ukraine

»Als Zeitzeuge freue ich mich, etwas beitragen zu können, das diesen braven, treuen Frauen zu ihrem Andenken und ihrer Ehre dient!

Mir ist vieles noch recht gut erinnerlich, denn ruhig und eintönig, ohne daß Ereignisse von draußen in unser kleines Bauerndorf im Chiemgau drangen, verlief das Leben. Stark sehbehindert, so schärften sich vielleicht meine anderen Sinne und beobachtete ich genau. Angetan auch durch meinen Vater, der in seiner Jugend 1903 – 1907 durch Eigeninitiative nach Amerika ging und auch nach Rückkehr und Hofübernahme – Reisen nach Rom usw. unternahm!

Vier dieser jungen Frauen aus der Ukraine – Raum Kiew – erlebte ich sehr direkt: Anja, Elisabeth, Maria und Katharina arbeiteten in der nächsten Nachbarschaft; die Hofsöhne waren meine Klassenkameraden!

Einen Teil dieser Zeit, ca. ein Jahr, verbrachten noch Ivan, Nicolai, Lore und Marian (Mutter und Sohn) sowie ein Offizier (Assistenzarzt noch ohne Promotion) als Landwirtschaftshelfer im Dorf.

Da nun die Söhne der Höfe, später auch Ehemänner, zum Kriegsdienst eingezogen waren, konnte man beim 'Ortsgruppenleiter' (SA-Mann) über den Bürgermeister und 'Kreisleiter' (Parteifunktionär) Hilfskräfte anfordern. So kamen diese armen DEPORTIERTEN auf Lastwägen der Milchsammelfahrzeuge (Lkw mit Holzvergaser-Motor) in das Kirch- und Gemeinde-Dorf!

Der Bürgermeister verlas nach dem Sonntags-Gottesdienst, vor den versammelten Bauern auf dem Kirchplatz die Aktualitäten – gemeindliche Dinge und politische Anordnungen!

Ein tiefgreifendes Erlebnis war, als die Kruzifixe aus den Klassenzimmern entfernt und an Stelle des Herrgotts – das Führerbild Adolf Hitlers kam! Unser 'Ortsgruppenleiter' wurde unter diesem Bild getraut und der Sohn des Maschinenbau-Betriebes, der bald nach der Inbetriebnahme 1939 Rüstungsbetrieb wurde, ist unter der riesigen Hakenkreuzfahne getauft worden.

In dieser Zeit wurden die ersten Männer unserer Gemeinde, wegen ihrer offenen Kritik und Meinung der NSDAP gegenüber, nach Dachau ins KZ gebracht. Es war kaum bekannt, was dort geschah!

Weil ich nun gern beobachtete, neugierig war, so entging mir nicht, daß sich öfters mehrere Männer – es waren dies keine ganz 'gewöhnlichen Bauern' – zu Austausch und Beratung in unserer Wohnstube trafen, am späteren Abend! Die Fenster aller Häuser waren auf strengste Anordnung hin zu verdunkeln, und wir hatten innen schwarze Papier-Rollos an den Fenstern und außen Holztafeln! Wir waren vier 'Dirndln' vom Hof, unsere Anja, die Ukrainerin, wurde zu Bett geschickt, Ivan und Nicolai verbrachten die Nacht im Kirchdorf im Lager. Ich sah, die Gesichter von unserem Vater und seiner Runde wurden immer ernster und besorgter! Dazu kam in unserer Familie der 'Heldentod' des jüngeren Bruders. 1943 starb die Mutter bei der Geburt des sechsten Kindes: Sie war die dritte Ehefrau vom Vater – sie gebaren ihm zusammen fünfzehn Kinder, jede Frau starb im Kindbett! Die erste Frau mit 29, die zweite mit 36, meine Mutter mit 43 Jahren!

Zu der Zeit mußte bereits alles 'abgeliefert' werden: Die Pferde von jungem Alter und guter Konstitution, die Autos, das heißt private Pkw (es gab fünf in unseren zwölf Dörfern der Gemeinde) – aber der Ortsgruppenleiter durfte seinen Wagen behalten! Des weiteren mußte abgeliefert werden: Getreide, Heu, Flachs, Tiere, Kartoffeln. Kurz: alles, was dem 'Reichsnährstand' diente, war erfaßt und streng kontrolliert und kontingentiert!

So waren denn unsere Hilfskräfte aus dem Feindesland sehr brauchbar. Betonend muß ich sagen, die von mir persönlich erlebten Frauen waren alle sehr fleißig, ließen sich gut in die Familien integrieren, sie waren geradezu dankbar, hier in unserem schönen kultivierten Oberbayern zu sein – mit wenig oder keiner Kriegseinwirkung, wenig spürbarer Härte! Sie wurden ja überraschend von ihrem Arbeitsplatz in den staatlichen Kolchosen ihrer Heimat – eines Tages nicht mehr abends nach Hause, sondern einer ungewissen Zukunft entgegen – in ein für sie feindliches Land gekarrt!

Unsere Anja war sehr bemüht, die an sie gestellten Erwartungen zu erfüllen, und war im Stall und auf dem Feld, bei den Arbeiten in der Scheune wie im Wald eine Magd, wie sie der Vater in seiner 45jährigen Zeit als Bauer kaum besser erlebt hatte. Die Entlohnung wurde an die Behörde entrichtet, und nur ein knappes Taschengeld bekamen diese Menschen in die Hand. Unsere Zufriedenheit mit Anja wurde ihr auch deutlich gemacht durch unsere Behandlung und Anteilnahme ihres Zwangsaufenthaltes. Wir freuten uns sehr mit ihr, wenn ab und zu eine Nachricht (Postkarte) von ihrer Mutter aus der Heimat kam!

Anja ging mit uns zum Sonntagsgottesdienst, und der Tod unserer Mutter war auch ihr ein großer Schmerz! Eine überwiegend gute

Behandlung dieser Ausländer-Helfer muß man auch den anderen Hofbesitzern bestätigen – obgleich man anderswo traurige Vorkommnisse als Ausnahme hörte!

Im Kirchdorf und im erwähnten Rüstungsbetrieb waren ca. 60 Russen, Gefangene, beschäftigt. Die Behandlung durch die Vorgesetzten und Aufseher war nicht immer gerecht und menschlich entsprechend. Die Folgen davon waren nach Kriegsende deutlich genug... Als nämlich mit fortschreitender Zeit und bei erkennbarer Lage an den Fronten die Aussichtslosigkeit des Krieges klar und klarer wurde, der 'Endsieg' und der Traum vom 'Tausendjährigen' Reich sich als Trugbild erwies, drang dies auch an die Ohren und in die Seelen der Zwangsarbeiter! Sie benahmen sich dem zur Folge natürlich freier, lockerer, die Zusammenkünfte am Abend und Samstag und Sonntag mit den Fabrikrussen wurden nach Lust und Laune ausgedehnt! Die Bekannt- und Liebschaften wurden intensiv! Ließ Anja ihren Schatz anfangs durch die Scheune in ihre Schlafkammer, so wurde ihm, dem Fedor, nun die Haustüre geöffnet, und gar bald legte sie ihm nun Besteck und Teller zu ihrem Platz an unseren Tisch! Sie wie auch Maria waren inzwischen guter Hoffnung, und Anja gebar Anfang März 1945 ein gesundes Buberl! Marias Mädchen war schon ein halbes Jahr alt! Ebenso kerngesund und munter!

Obwohl Babynahrung, Mullwindeln und entsprechende Pflegemittel nicht zur Verfügung waren, half die Natur mit reichlich Mutterkost in der ersten Zeit, auch schonte man die jungen Mütter und hielt sie warm! Sie fingen ohne Druck des Bauern gar bald an, ihren Aufgaben wieder so halbwegs nachzugehen. Mir oblag die Aufgabe, die Windeln (ausgediente Bettücher voller Flicken übereinander) zu waschen, das heißt mit immer wieder neuem Wasser und Kernseife zu bürsten. Im fließenden Bach gespült, und Rasenbleiche durch Mutter Sonne tat das ihrige!

Als die Zeit vorrückte und es dem Kriegsende zuging, hatten diese Frauen verständlicherweise Angst um ihre Zukunft. SA-Leute wurden noch einmal gefährlich, andere Parteigenossen fürchteten sich auch mit gutem Grund vor dem Umsturz – je nach ihrem bisherigen Verhalten zu ihren Untergebenen!

Als nun Anfang Mai 1945 der Krieg zu Ende war, befanden sich in meiner Heimat in der Scheune vierzig deutsche Soldaten. Es waren Landser, Teil einer Infanterie-Einheit und bewaffnet. Ihre Feldküche war in der Ortsmitte plaziert und gut getarnt. Jedoch einige Soldaten waren auf der Hochtennbrücke unseres Hofes und hielten Ausschau. Sie wurden jedoch von plötzlich vorbeifahrenden Amis gesehen, und von der 150 Meter entfernten Straße kamen die nun mit ihrem LKW zum Hof, und bald folgten vier Panzer nach. Die deutschen Soldaten wurden entwaffnet, auf dem Hofgelände versammelt und ohne jegliche persönliche Habe wie Waschzeug und dergleichen gemeinsam mit den anderen im Ort untergebrachten Kameraden – so ca. 120 Mann – als Gefangene zu Fuß in das Lager nach Mühldorf gebracht!

Die Amerikaner – auch ein Inder war dabei – machten sich nun breit in unserem Haus – in Küche und Keller –, brieten Ham und Eggs und holten den ganzen grünen Salat aus dem Frühbeet! Dem Vater und seinen vier Töchtern wurden zwei Zimmer belassen – Anja durfte ihres behalten!

Die anderen Ukrainerinnen im Dorf und die Russen aus der Fabrik waren nun frei und genossen ihre neue Lage. Doch sie versahen wie bisher ihren Dienst im Stall, der ja zeitgebunden ist. Unsere Art, wie wir mit Anja bisher lebten und sie gut behandelten, kam uns nun zugute, wir erlebten keinerlei Grobheiten von Seiten der Ausländer! Dem Fabrikbesitzer, besonders einigen Übereifrigen erging es doch schlechter! Einer wurde mit Schlägen zu Tode getrieben!

Auch der Umstand erwies sich als günstig, daß Vater sich mit den Amerikanern gut verständigen konnte. Sein Amerika-Aufenthalt in der Jugend gab ihm gute Sprachkenntnisse. So konnte er sich für unser Dorf einsetzen, und die weißen Fahnen waren schon ausgehängt! Die Amerikaner blieben zehn Tage in unserem Dorf und zogen dann ab!

Der Frühsommer kam, und allmählich trat die Frage auf, ob Anja und die anderen zurück in ihre Heimat gehen oder hierbleiben. Sie hätten durchaus die Möglichkeit gehabt, hierzubleiben. Anja mit ihrem Söhnchen hätte das Verhältnis zu Fedor, dem Vater des Kindes, durch Heirat legalisieren und ansässig werden können. Ich kenne einige Familien dieser Art in unserer Umgebung!

Doch wie könnte man die Sehnsucht nach der alten Heimat mißverstehen! Gleichwohl zu hören war, daß Stalin und sein Regime mit den Menschen, die in Deutschland Dienst taten, unbarmherzig und grausam verfuhr!

So entschlossen sich denn auch unsere Anja und die meisten ihrer Landleute, zurückzukehren in die UdSSR. Anfang August war es dann soweit, und Anja packte ihre Sachen – es waren für sie kleine Kostbarkeiten –, die sie der 'Mamatschka' zeigen wollte. Auch konnten wir ein Kinderwagerl für den kleinen Sohn gegen Lebensmittel eintauschen und Baby-Sachen von einer Flüchtlingsfamilie dazugeben.

Der Abschied war schmerzlich – der Vater war sehr skeptisch über ihr weiteres Schicksal, denn auch der inzwischen zurückgekehrte

Bruder erkannte die Problematik – er war vier Jahre lang Rußland-Krieger gewesen!

Anja und alle anderen Frauen, die Maria, die Katharina und die Elisabeth, versprachen, uns zu schreiben und über ihre Rückkehr zu berichten! Doch wir warteten vergebens! Die Menschen kamen auf Lkw zum Bahnhof, doch man hörte, daß bereits an der Grenze der Sowjetunion die Mütter von den Kindern getrennt wurden – die Erwachsenen zur Zwangsarbeit in düstere Gegenden verschleppt wurden.

Könnte ich durch meine Mithilfe das Schicksal von unserer Anja, das ja sicherlich vergleichbar mit vielen anderen ist, etwas durchsichtiger werden lassen, wäre mein Jugenderinnern entlasteter.

Könnte man jenen Menschen – vielleicht in einem Werk – 'EHRE und ANDENKEN' zuteil werden lassen!«

(schriftliche Aufzeichnungen)

Hanna B. (1934 geb.):
Erinnerungen an Katharina L. aus der Ukraine

»Die Haushaltshilfe kam zu uns im Juni 1942. Sie hieß Katharina L., war 18 Jahre alt und kam aus der Ukraine. Mein Vater holte sie in Niederlahnstein mit seinem Motorrad ab. Er war zu dieser Zeit auf Urlaub daheim. Sie sollte Haushaltshilfe sein, und diese Aufgaben erfüllte sie gewissenhaft. Sie war sehr schüchtern und ängstlich, hatte einen roten Rock an und ein rotes Kopftuch auf. Die Haare waren zu einem langen Zopf geflochten. Sie aß nichts, bevor wir es nicht selbst gegessen hatten. Wir sprachen mit Gesten, Händen und Füßen, wie man sagt. Ja, sie lernte später von uns Kindern fließend Deutsch, auch lesen und ein wenig schreiben.

Nach einigen Monaten ihres Aufenthaltes in unserer Familie, die genauen Zeiträume sind verwischt, bekam Katja, so wurde sie bei uns genannt, einen Brief von daheim. Sie war gerade mit der Wäsche beschäftigt. Da trocknete sie ihre Hände ab, war wie gelähmt, ging in die Küche und weinte und weinte und war fast nicht imstande, den Brief zu öffnen. Ihr ganzes liebes Gesicht war so tränenüberströmt, daß sie ihn auch kaum lesen konnte. Von da an gab sie sich ganz ihrem übergroßen Schmerz und dem Heimweh nach der 'Mame' hin. Es war das einzige Wort, was wir verstehen konnten, und es ist ja auch international. Sie wurde dann auch zusehends apathischer, blieb oft im Bett liegen. Eines Tages sagte meine Mutter ganz lieb zu ihr: 'Wenn du nix mehr ißt und immer weinst, siehst du die Mame nie mehr wieder, dann mußt du sterben.' Und sie deutete zum Kirchhof, der ja bei kleinen Dörfern nicht weit ist. 'Komm, hab' wieder Mut.' Später lehrte sie die Mutter singen: 'Es geht alles vorüber, es geht alles vorbei...' So faßte sie sich wieder. Noch viele Briefe folgten, und sie schrieb deren viele zurück.

Die Beziehungen der jungen Frau waren zu allen Familienmitgliedern, deren neun an der Zahl, sehr gut, jedoch stand die Mutter ihr am nächsten. Sie lebte in unserer Familie, Vater, Mutter, sechs Geschwister und Opa mit in unserm kleinen Bauernhaus. 1942 waren wir Kinder dreizehn, elf, zehn, neun, acht und vier Jahre alt. Ich war das vierte Geschwister und neun Jahre alt. Mein Vater war bei der Organisation Todt (OT) im Bereich Berlin verpflichtet.

Im Mai 1945 brach Katharina auf, um sofort heim zu ihrer Mutter und ihren Brüdern zu reisen. Wir vermuten, daß sie nicht zu Hause angekommen ist. Noch jetzt sprechen wir oft von ihr und würden uns

Stoffabzeichen, das polnische ZwangsarbeiterInnen an der Kleidung
tragen mußten (Originalgröße)
(Umrandung und P sind im Original lila, die Innenfläche ist gelb.)

Arbeitskarte für eine Zwangsarbeiterin im besetzten Poznañ
(Originalgröße. Der Name ist für diesen Abdruck unkenntlich gemacht.)

Erste Umschlagseite eines Arbeitsbuches
(Originalgröße. Die Farbe des Originals ist Braun.)

Arbeitsbuch

(Gesetz vom 26. Februar 1935, RGBl. I S.311)

453/Schri/ 27275

(Vor- und Zuname, bei Frauen auch Geburtsname)

Nicht Reichsdeutscher

Wehrnummer:

(Eigenhändige Unterschrift des Inhabers)

Erste Innenseite des Arbeitsbuches
(Originalgröße. Der Name ist für diesen Abdruck unkenntlich gemacht.)

1	Geburtstag	28. Juli 1905
2	Geburtsort	Mülheim
	Kreis	Gebrinn
3	Staats-angehörigkeit	**Schutzangehöriger (Pole)**
4	Familienstand a led., verh., gesch., verw.	verheiratet
	b Geburtsjahre der minder-jährigen Kinder	1927 1928
5	Wohnort und Wohnung	Dolzig Feldstr. 1
		Fortsetzung nächste Seite

2

Zweite Innenseite des Arbeitsbuches
(Originalgröße)

Innenseiten eines Werkausweises der »Deutschen Waffen- und Munitionsfabriken AG. Werk Posen« vom 8. August 1942
(Originalgröße. Der Name ist für diesen Abdruck unkenntlich gemacht.)

*von links: Rainer A. (4 Jahre), Katja N. (19 Jahre), Mutter A. (30 Jahre),
Michael A. (7 Jahre) im April 1943*

Eine Zwangsarbeiterin aus der Ukraine mit zwei deutschen Kindern

Die beiden Zwangsarbeiter Ivan M. und Nikolai J. mit dem deutschen Offizier, von denen Luise B. in ihren Erinnerungen schreibt

Zwangsarbeiterin (links) und Hoftochter beim Torfstechen, 1942

Zwangsarbeiterin (links) und Hoftochter beim Torfstechen, 1942

Bauernhof im Chiemgau
Anja H. (von der Luise B. schreibt) in hellem Kleid und dunkler Jacke im
Hauseingang

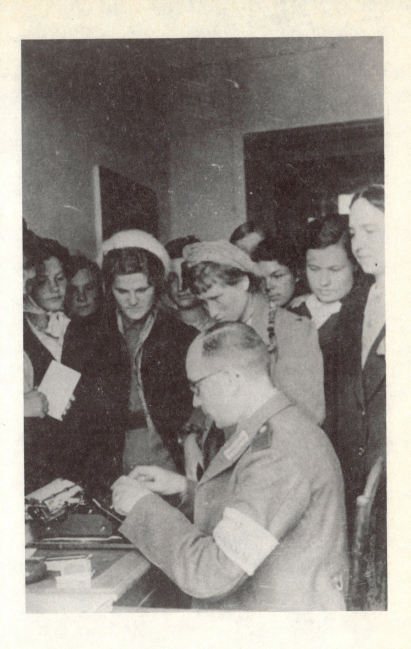

Offizielles Propaganda-Foto von 1942, mit dem ukrainische ArbeiterInnen angeworben werden sollten

Offizielles Propaganda-Foto von 1942, mit dem ukrainische ArbeiterInnen angeworben werden sollten

*Offizielles Propaganda-Foto von 1942, mit dem ukrainische
ArbeiterInnen angeworben werden sollten*

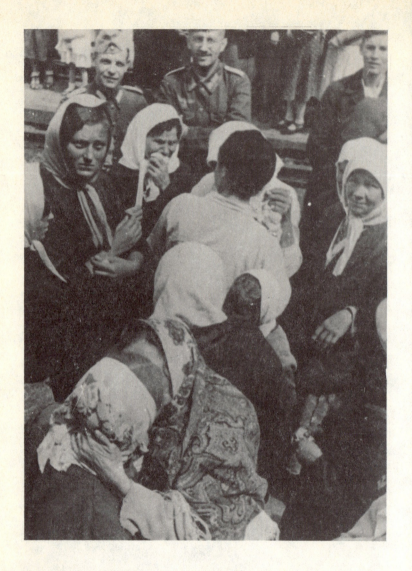

Offizielles Propaganda-Foto von 1942, mit dem ukrainische ArbeiterInnen angeworben werden sollten
Original-Bildunterschrift: »Ukrainische Arbeitskräfte fahren nach Deutschland. 'Katjas' Abschied von der Mutter. Tränen bleiben natürlich beim Abschied nicht aus, doch mit den Gedanken an das Neue, das sie erwartet, verschwinden diese Augenblicke der Schwere rasch. Bald sind sie in den kleinen deutschen Städten und Dörfern und können sich dort geborgen fühlen.«

freuen, etwas über ihr Schicksal zu erfahren. Leider haben wir bisher keine Nachforschungen angestellt. Mein Mutter besitzt noch ein altes Foto von ihr. Es sind nur ganz karge Informationen, die ich Ihnen hier gegeben habe. Aber unsere liebe Mutter lebt noch. Sie ist 84 Jahre alt, sehr rüstig und lebhaft und könnte Ihnen später noch aus dem reichen Schatz ihrer Erinnerungen berichten.«

(schriftliche Aufzeichnungen)

Else S. (1928 geb.):
Erinnerungen an Uljana aus der Ukraine

»Vorausschicken muß ich, daß es in meinem Fall keine Kinderfrau war, deren Hilfe wir in Anspruch nahmen.

Mein Heimatort war in Thüringen, wo unser Vater in einer großen optischen Firma arbeitete. Da wir eine kinderreiche Familie waren, hatten wir Anspruch auf eine Haushaltshilfe. In den ersten Kriegsjahren wurden uns vom Reichsarbeitsdienst junge Frauen zugewiesen, die späteren Kriegshilfsdienst-Maiden (KHD-Maiden), die täglich ca. acht Stunden da waren. Später entfiel dies, denn sie kamen in Betriebe zum totalen Kriegseinsatz.

In dem Werk, wo mein Vater arbeitete, waren mehrere junge Russinnen, die zum Putzen eingesetzt waren. Eine junge Ukrainerin fiel ihm auf, die sehr jung und zierlich war und recht ausgehungert wirkte. Wie sich herausstellte, gab es ein Lager für ausländische Arbeiter verschiedener Nationalitäten, die in dem optischen Betrieb arbeiteten, und ein spezielles Lager für die russischen Arbeitskräfte.

Mein Vater holte Erkundigungen ein, ob die jungen Russinnen auch im Haushalt eingesetzt werden könnten; dies war leider nicht der Fall. Intern war es ihm aber gelungen, zusammen mit anderen Kollegen eine Vereinbarung zu treffen mit der Lagerleitung.

So kam die junge, damals 20 / 21jährige Ukrainerin Uljana zu uns und war nach Feierabend und am Wochenende von 1942 – 1944 bei uns. Zu diesem Zeitpunkt war ich 14 Jahre alt, meine Geschwister waren sechs, vier, zwei Jahre und fünf Monate alt. Zunächst wurde Uljana einmal 'gefüttert', denn sie war in Größe und figürlich wie ich mit 14 Jahren. Sie wurde von uns wie ein Familienmitglied behandelt und war an jeder Arbeit beteiligt, sie war also keine Putzhilfe. Im Gegenteil, da wir sie auch das Essen zubereiten ließen und sie im Garten mit uns spielte oder auch Wäsche reparierte, während meine Mutter im Haus putzte, brachte uns dies große Unannehmlichkeiten. Die Nachbarn beschwerten sich, und dies bedeutete für Uljana dann immer einen Ausgangsstop aus dem Lager.

Vermutlich gab es unter den Lagerinsassen einen verständlichen Neid, da sie es bei uns besser hatte als manches andere Mädchen. Meistens durften diese nicht am Tisch mitessen und bekamen auch nicht das gleiche Essen. Ja, man beschwerte sich massiv, daß wir Uljana den Kartoffelsalat zubereiten ließen, während meine Mutter die Treppe putzte, was eine Nachbarin zufällig miterlebte. Aber meine

Mutter verteidigte dies energisch, denn Uljana war sauber, und warum sollte sie nicht das Essen richten, auch das war für uns ja eine Hilfe. (Man konnte damals nicht sagen, daß wir sie zu körperlicher Arbeit zu schwach fanden und daß sie diese ohnehin kaum in der Firma bewältigte.) Uljana erhielt stets ein Paket mit belegten Broten bzw. Kuchen für Sonntag und Obst mit, wenn sie abends ins Lager zurück ging. Dergleichen bekam sie diverse Kleidungsstücke, die sie an Lagerinsassen und andere verteilte.

Mit Uljana hatte ich ein sehr freundschaftliches Verhältnis, und da sie auch vieles in Deutsch verstand und etwas sprechen konnte, so brachte ich doch einiges in Erfahrung. Sie war 19 Jahre alt, als sie mit noch weiteren Mädchen so gut wie 'eingesammelt' wurde. Nur mit der Kleidung, die sie am Leib trug, und mit einer Tasche ist sie mit einem Lkw-Transport nach Deutschland geschafft worden. Zu Hause waren noch kleinere Brüder, der Vater war in der Armee.

Im Lager ging es so einigermaßen, nur das Essen reichte nicht aus. Zum Glück gab es eine Familie in J., von der die 'Ostarbeiter' offiziell mehrmals in der Woche mit russischer Volksmusik erfreut wurden. Die Familie des Malermeisters Streich bemühte sich sehr um die Lagerinsassen. Frau Streich war gebürtige Russin und eine gute Pianistin, als ihr Mann sie in der Gefangenschaft nach dem ersten Weltkrieg kennenlernte, später mit nach Deutschland nahm und heiratete. Die Tochter Rita ist die leider schon verstorbene Opernsängerin.

Ich habe diese Familie damals leider nicht persönlich gekannt, aber viel von diesem starken Engagement gehört und erfahren, unter wieviel Schwierigkeiten sie diese musikalische wie emotionale Betreuung bis zum Kriegsende durchführten.

Da ich mit Uljana ein sehr vertrauliches Verhältnis hatte, so verstand ich auch ihren Wunsch, einmal einen schönen Kinofilm zu sehen, zugelassen unter 16 Jahre, denn ich war erst knapp 15 Jahre alt. Sie sagte, man zeigt im Lager nur die Wochenschau und somit das Kriegsgeschehen in Rußland, mit der damals noch siegreichen deutschen Armee.

Uljana war, wie schon erwähnt, genau so groß und hatte eine Figur wie ich. Auch das blonde Haar und das nicht 'slawische' Aussehen ließen keinen Verdacht aufkommen, sie sei eine Russin. Nur das Emblem O, das sie tragen mußte, ließ sie als Zwangsarbeiterin erkennen.

Ihr Wunsch wurde immer größer, und es war für mich als Hitlerjugendmädel eine gefährliche Sache, zumal in der Nachbarschaft ein

Ortsgruppenleiter wohnte und uns vermutlich beobachtete. Trotzdem schafften wir es, in die 17-Uhr-Kinovorstellung zu gelangen. Uljana wurde mit einem blau-weiß-gepunkteten Kleid und einer roten Bindeschleife sowie mit weißen Kniestrümpfen eingekleidet – da es Sommer war, ging das gut. Leider waren ihr meine Schuhe zu klein, aber da paßten die meiner Mutter. Letztere hatten wir doch eingeweiht, aber sie war natürlich voller Angst; mein Vater erfuhr es nicht. Wir fuhren mit der Straßenbahn, allerdings getrennt, und in letzter Minute – schon im Dunkeln – ließen wir uns die Plätze anweisen.

Uljanas eigene Kleidung hatte ich in einer Tasche mitgenommen. Nach dem Kino zog sie sich auf einer Toilette um. Meine Kleidung verblieb in ihrem Besitz. Wir trennten uns sofort, und sie ging ins Lager. Es war sehr aufregend, und nach dem zweiten Mal gaben wir das Kinogehen auf. Sie hatte wohl im Überschwang einer Lagerfreundin etwas verraten, und da wurde es dann doch zu 'heiß'.

Ab und zu hatte sie Ausgangssperre, und wenn es ging, versuchte sie dies meinem Vater in der Firma mitzuteilen. Im Sommer 1944 war sie noch vereinzelt da, aber es wurde seltener. Mein Vater war bis zu diesem Datum bei der Heimatflak auf dem Hochhaus der Firma, also bis dahin nicht eingezogen zur Wehrmacht. Dann aber kam der Bescheid doch noch, und da war schon abzusehen, daß die Sowjetunion den Krieg gewinnen wird.

Ich sehe Uljana noch deutlich in der Küche stehen und weinen, als sie mithörte, wie mein Vater den Einzugsbefehl mitteilte. Sie verstand nicht, daß ein Vater von vier noch so kleinen Kindern in den Krieg ziehen muß und äußerte dies halb weinend, jedoch auch vorwurfsvoll in ihrem gebrochenen Deutsch. Der Krieg sei ohnehin bald aus; und mit leicht freudigem Gesicht betonte sie, daß sie – die Sowjetunion – bereits so gut wie gewonnen habe.

Ja, sie hatte recht, aber wir waren sehr betroffen, weil dies so untypisch für sie herauskam.

Nachdem nun mein Vater zur Ausbildung nach Hessen einberufen war, kam sie noch einmal zu uns, dann hörten wir nichts mehr von ihr. Für mich war etwas zerbrochen, jedoch später begriff ich ihr Verhalten. Sicher glaubte sie an eine freiwillige Meldung meines Vaters, in den Krieg gegen ihr Land zu ziehen. Sie wußte nicht, daß er als Konstrukteur bis dato gebraucht wurde und keine eigene Entscheidung treffen konnte. Wie auch immer, ihr Verhalten war 'feindselig', und es machte mir Angst.

1945, Kriegsende, kamen zuerst die Amerikaner für knapp drei Monate nach J. Ein Teil der nun vorwiegend mit Amerikanern beleg-

ten deutschen Kasernen wurde von allen in J. und Umgebung lebenden Zwangsarbeitern bewohnt. Es waren Sammellager für den Heimtransport geworden. Wir wohnten in dem Nordviertel und somit in
großer Nähe der Kasernen, was bei jedem Wechsel entsprechende
Folgen hatte.

In dieser Zeit – Ende April – lag ich mit zwei meiner Geschwister
mit Scharlach und Diphtherie für neun Wochen im Krankenhaus in
der Nähe, also auch in diesem Viertel, wo man Isolierstationen eingerichtet hatte. Nachts zogen die Fremdarbeiter aus und plünderten
die umliegende Gegend, besonders die Schrebergärten: denn da hatten viele Deutsche ihre Wertsachen verstaut wegen der Bombenangriffe. Ich erlebte vom Klinikfenster aus jede Nacht mit, wie die amerikanische Militärpolizei mit Scheinwerfern die 'Banden' abtranspor-
tierten, wieder in ihr Sammellager in der Kaserne. Voller Angst dachte
ich an meine Mutter, als ich hörte, daß auch in unserem Wohngebiet
nachts randaliert wurde.

Meine Mutter konnte ich nach einigen Tagen vom Fenster aus
sprechen, aber sie durfte nicht in die Isolierstation. Sie bestellte mir
Grüße von Uljana, die sie plötzlich besucht hatte, um sich zu verabschieden. Sie brachte verschiedene Nährmittel, vor allem Linsen mit,
die wir gern aßen, und war traurig, daß ich nicht zu Hause, sondern
in der Klinik war. Als sie hörte, daß meine Mutter voller Angst mit
den zwei kleinen Kindern allein jede Nacht angezogen hinterm Fenster saß, wegen der Plünderungen, blieb sie zwei Nächte bei ihr.
Nachdem am ersten Abend die Hauslampe eingeschlagen worden
war, ging sie vor die Tür und sprach mit den Fremdarbeitern. Von da
an war Ruhe, und meine Mutter war ihr sehr dankbar. Uljana sagte
meiner Mutter ihre Heimatadresse – Name und Stadt – leider nicht
schriftlich und bat darum, daß ich ihr später einmal schreibe!

Von da an hörten wir nun nichts mehr. Sie sagte, daß sie nicht weiß,
ob sie in die Heimat zurückkehrt! Danach hatten wir inzwischen russische Besatzung. Da wir bei uns Offiziere – teils mit ihren Frauen –
einquartieren mußten, nahm ich zur besseren Verständigung russischen Unterricht für kurze Zeit.

Mit der russischen Offiziersfrau setzte ich einen Brief auf an
Uljanas Anschrift. Leider habe ich nichts gehört. Es war ja noch Stalin
an der Macht, und er verurteilte sehr, daß die Mädchen in Deutschland
arbeiteten, sie hätten sich lieber umbringen sollen. Wie ich erfuhr,
wurden fast alle russischen Zwangsarbeiter, die zurückkamen, zur
Strafe in sibirische Internierungslager gebracht.

Um dies zu vermeiden, sind einige Russinnen von Freunden aus anderen Nationalitäten in deren Heimat mitgenommen worden. Ein größerer Teil hat sich mit den einmarschierenden Offizieren liiert, um dann als deren 'Frau' unterzutauchen.

Ich habe trotzdem mit Hilfe einer sehr cleveren Offiziersfrau erneut den Versuch unternommen, etwas über Uljana zu erfahren. Sie schrieb den Brief entsprechend, gab sich als Verwandte aus. Als Absender gab sie ihre bzw. die Militäradresse ihres Mannes an, der General war.

Nach Monaten soll sie Bescheid erhalten haben von der Stadt in der Ukraine, und die Antwort lautete, Uljana sei nicht wieder im Heimatort angekommen. Daraufhin sagte auch diese Russin Vera, daß Uljana sicher in ein Lager gekommen sei, und ich solle diesbezüglich nichts mehr unternehmen.

Im Jahre 1947 kam mein Vater aus russischer Kriegsgefangenschaft, in die er noch während der letzten Kriegstage geraten war, nach Hause. Mein Vater glaubte, Uljana in einem sibirischen Lager gesehen zu haben, als sie an ihm vorbei zur Arbeit laufen mußte. Sie habe ihn auch eventuell erkannt. Uljana hatte eine markante Narbe auf der Backe, ähnlich wie die von der Mensur meines Vaters. Deshalb sei sie ihm unter den vielen Frauen aufgefallen.

Da ich durch die russische Besatzungszeit in meiner Jugend sehr viel weniger Erfreuliches erlebt habe und die Jugendzeit in keiner guten Erinnerung bleibt, habe ich mich mit dem besagten Thema nicht mehr direkt befaßt. Seit Weihnachten 1957 lebe ich mit meiner Familie in der Bundesrepublik, wo wir uns wieder eine neue Existenz aufgebaut haben.

Leider leben meine Eltern nicht mehr, um mit ihnen nochmals über die Kriegsjahre und Einzelheiten betreffs Uljana zu sprechen. Meine Brüder waren zu klein und können sich nur schwach, so wegen der Narbe auf der Backe, an sie erinnern.«

(schriftliche Aufzeichnungen)

Edith P. (1943 geb.):
Erinnerungen an Franziska aus Slowenien

E. P.: »Ich bin im September 1943 geboren, und Franziska kam kurz vor meiner Geburt in die Familie. Wahrscheinlich zu meiner Geburt, damit meine Mutter Hilfe hatte. Meine Mutter lebte damals bei ihren Eltern, ich bin im Haus der Großeltern geboren worden. Mein Bruder ist zwei Jahre älter. Ich dachte, Franziska kam zu meiner Geburt. So ganz genau weiß ich das natürlich nicht, denn so richtig offen konnte ich auch nie mit den Eltern sprechen.

Franziska war, so glaube ich, 1922 geboren, sie kam aus einem Bergdorf Sloweniens, aus der Nähe von Ljubljana. Da gibt es sehr viele Wälder, und dort gab es Partisanenkämpfe. Ihre Familie hatte wohl einen Partisanen im Haus gehabt über Nacht. Am nächsten Tag kam die SS und hat die Leute verhört und anschließend sie, ihre Schwester und den Vater mitgenommen. Ich weiß nicht, warum. Die Schwester und der Vater sind wieder freigelassen worden, und Franziska kam dann nach Deutschland, nach Ravensbrück.

Ich weiß nicht genau, wie lange sie da war. Jedenfalls im Sommer oder Herbst 1943 kam sie zu uns. Da war sie zweiundzwanzig Jahre alt. Sie war nun in der Familie, hat im Haushalt gearbeitet und sich besonders um uns Kinder gekümmert.

Ich habe keine direkten Erinnerungen an Franziska, ich habe nichts ganz Direktes zu erinnern, aber indirekt um so mehr. Das Wichtigste, glaube ich, ist eine Geschichte, die man sich und auch mir immer erzählt hat. Man hat ja nicht so viel gesprochen, aber manches wurde doch gesprochen und manches eben gar nicht. Meine Mutter hatte mit uns die Wohnung unten, wir hatten ein schönes großes Haus, und in dieser Wohnung unten ging der Übergang zum Keller. Hinter dem Badezimmer, das auch als Waschküche benutzt wurde, war so ein kleiner Raum, in dem hat die Franziska gewohnt.

Meine Mutter war ziemlich hart in ihrer Erziehung, in ihrem Umgang mit uns. Ich muß sicher noch sehr klein gewesen sein, in den ersten Monaten, nehme ich an, da hat Mutter nachts, wenn ich geschrien habe, mich rausgeschoben, und Tür zu. Das hat sie wohl auch mit meinem Bruder gemacht. Und so hat sie mich ins Badezimmer geschoben: Tür zu! Und dann ging von nebenan die Kellertür auf, und Franziska hat mich in den Arm genommen. Und hat mich nachts geschuckelt. Das ist immer wieder erzählt worden. Das ist wohl meine wichtigste direkte Erfahrung, woraus vieles andere sich ableiten läßt.

Ich denke, so ähnlich war es dann in andern Dingen auch. Sie hatte einen anderen Umgang mit mir als meine Mutter. Wenn die hart und ablehnend war, dann war Franziska für mich da. Es gibt auch Bilder, wie sie mich badet und pflegt und füttert. Da fangen meine Erinnerungen an sie an, ab da war ich immer auf der Suche nach ihr. Das passierte so: Sie starb 1946. Sie hatte Bauchtuberkulose, die konnte man damals tatsächlich noch nicht diagnostizieren. Ob man sie behandeln konnte, weiß ich nicht. Nach dem, was meine Mutter erzählte, hatte sie hier oben ein großes Loch *(sie zeigt auf ihr rechtes Schlüsselbein)*, hier war eine offene Stelle, so daß ich annehme, sie hatte TBC. Ich denke, daß da irgendein Zusammenhang ist, daß sie dann Bauchtuberkulose kriegte. Und daran ist sie dann gestorben.

Ich habe keine direkten Erinnerungen an sie, aber später – und das sehe ich jetzt sehr in dem Zusammenhang – habe ich sie immer gesucht. *(Hier verfällt Edith P. stark in ihren Heimat-Dialekt.)* Ja, ich habe in den Schränken geschnüffelt, auf dem Boden gesucht. Ich habe auch von ihr was gefunden, eine kleine Kiste, eine Pralinenschachtel mit einer Rose drauf, in der ein Rosenkranz, ein paar Haarnadeln, ein paar Briefe und Bilder lagen. Ein paar Bilder in dieser Schachtel! Das war ganz toll, daß ich die gefunden habe. Obwohl ich alles nicht so ganz genau wußte, denn man hat mit mir nie darüber gesprochen. Man wußte: Franziska lebt nicht mehr. Und man hat sehr liebevoll von ihr gesprochen, aber keine Einzelheiten. Auch meine Mutter hat sehr liebevoll von ihr gesprochen, ja, sehr. Die mochten sie sehr gern. Und ihr ging es ja auch im Verhältnis dazu, wo sie vorher war, auf jeden Fall sehr viel besser bei uns.

Als der Krieg zu Ende war, war sie ja eigentlich befreit. Da kamen ja die Russen. Wir wohnten in einem kleinen Dorf. Und nun waren die Männer alle weg. Nur die Frauen und der Großvater waren im Haus. Erst mal haben die Russen natürlich Sachen gesucht, die sie brauchen können. Und dann waren sie auch hinter den Frauen her, das ist ja auch kein Geheimnis. Ich meine, es waren Antworten auf das, was denen angetan wurde.

Es war da nun so, daß die Franziska sich schützend vor uns gestellt hat. Vor die ganze Familie! Nicht nur vor uns Kinder. Und dann hatte sie die Idee, und das ist eben die zweite Sache, die auch immer wieder besonders erzählt wurde: Sie hat gesagt, alle Frauen mit den Kindern gehen rauf in eine Stube, Tür zu und abschließen! Und wenn die Russen kommen, dann kneifen wir die Kinder! Damit die schreien! – Das haben die Frauen dann gemacht. Und die Russen sind tatsächlich wieder weggegangen, weil sie sehr kinderlieb sind. Die sind bis an die Tür gekommen, haben die Kinder schreien hören und sind alle wieder weggegangen! Das war die Idee von Franziska. Aber das habe ich jetzt erst von meiner Mutter erfahren. So hat Franziska auch die deutschen Frauen geschützt!

Und dann war es so, daß die Russen meine Großmutter vergewaltigt haben – ich weiß nicht, ob vor den Augen meiner Mutter oder vor denen des Großvaters, vielleicht ging es auch um meine Mutter? Ich weiß es nicht genau. Also irgendwie haben die Russen die erwischt, und auch da hat sich Franziska vor uns gestellt, also auch vor die Erwachsenen, und hat den Russen gesagt, 'Erschießt mich! Erschießt mich – ihr geht hier nicht einen Schritt weiter. Ihr könnt mich hier umbringen.' So hat sie uns geschützt. Nicht, daß sie gesagt hat: 'Jetzt kommen meine Befreier', sondern gesagt hat sie: 'Denen tut ihr nichts!' Und so bin ich mir, ehrlich gesagt, auch nicht ganz klar, warum sie in der Konsequenz dann so krank werden mußte. In dem Moment, wo sie nach Hause gehen konnte, gehen, wohin sie wollte, konnte sie dann gar nicht mehr gehen. Ob da einerseits eine Bindung entstanden war? Oder auf der anderen Seite: ob sie den Konflikt Freund-Feind für sich nicht lösen konnte?«

A. M.: »Wahrscheinlich wußte Franziska, wenn der Krieg zu Ende ist, kann es sein, daß sie als Kollaborateurin von den sowjetischen Truppen umgebracht wird.«

E. P.: (Staunt.) »Wieso?«

A. M.: »Die Sowjets haben im Krieg Gefangene, auch Zwangsarbeiter, die für die Deutschen gearbeitet haben, umgebracht oder zu vielen Jahren Lagerhaft verurteilt, weil sie sich nicht selbst getötet, sondern für die Deutschen gearbeitet haben.«

E. P.: »Ah, ja, das kann natürlich sein. – Nun waren aber auch die anderen Züge in meiner Familie: Sie haben immer sehr gut von ihr geredet. Franziska war ein gutes Mädchen, und sie sei für ihren Vater ins KZ gegangen, weil er sehr krank war. Aber ich bin sicher, daß sie eben trotzdem nicht so gut zu ihr waren. Daß sie sie gerne hatten, weil sie fleißig war und auch liebevoll. Das konnten sie alles gut annehmen. Aber daß man im Geben doch knapp war. Franziska mußte doch im Verschlag im Keller schlafen! Warum konnten sie sie nicht heimbringen? Ich meine, für meine Familie wäre es doch möglich gewesen, sie nach Hause zu bringen! Oder ihr was zu geben. Sie zu unterstützen, daß sie wieder zu ihren Eltern kann. Aber die hatten, scheint's, auch Angst. Die hatten eben auch Angst, daß sie nach Hause kommt. Sie hätten ihr erst mal etwas mehr geben können, und zum andern hätten sie ihr auch ein gutes Begräbnis geben können. Ich war in K. auf allen Ämtern, und ich hab rausgefunden, daß sie ein Armenbegräbnis hatte. Mein Großvater war nicht arm, er war relativ wohlhabend gewesen für die Verhältnisse. Der hat's eben nicht für nötig gehalten, für sie ein Grab zu zahlen oder eine Grabstelle zu kaufen.« *(Sie schluchzt während dieser Passage.)* »Nichts hat er getan. Obwohl sie sich bei uns so engagiert hatte.

In M. ist sie gestorben. Das war eine kleine Stadt, dort kam sie ins Krankenhaus – ich weiß gar nicht, wie lange sie da lag. Meine Mutter hat sie besucht, es gab auch einen Briefwechsel. Ich weiß, daß Franziskas Familie geschrieben hat. Ihr Vater hat geschrieben, auch an meine Familie, und sie selbst hat wohl auch den Eltern geschrieben, daß sie es sehr gut hätte bei uns, und daß sie auch die Kinder sehr lieb hätte. Ihre Eltern haben sich dann in den Briefen auch dafür bedankt. Es war zum Teil sicher auch etwas übertrieben, aber natürlich im Verhältnis zum Lager – da ist klar, daß es ihr bei uns schon gut ging. Aber, sie war nach wie vor eine Gefangene. Sie war nicht freiwillig da, und sie hatte ja auch wahrscheinlich kaum Rechte. Also, sie wird sicher zu Essen gekriegt haben und ein Dach über dem Kopf, aber ob sie zum Beispiel mit am Tisch gesessen hat, weiß ich nicht. *(ganz leise)* Franziska...

Mein Bruder ist älter als ich, spricht wenig über Franziska. Als ich ihm mal sagte, 'Die kam ja zu mir', da sagte er, 'Nein, die kam zu mir!' Also, sie sei schon sein Kindermädchen gewesen. Er hatte sie auch sehr gern. Wahrscheinlich war sie ja doch ein bißchen früher vor meiner Geburt da. Auf jeden Fall hat er sie auch gut in Erinnerung, aber er hat nicht so gesucht wie ich. Aber er hat natürlich auch mehr von meiner Mutter gehabt, auch war er der Liebling vom Großvater, zu ihm hatte er seine stärkste Beziehung. Der Opa war ihm so wichtig. Aber bei mir, glaube ich, war die Franziska so sehr wichtig in den ersten Jahren. Wie gesagt, meine Mutter war teilweise so hart.«

A. M.: »*So hattest Du zwei Mütter?*«

E. P.: »Ja, ich habe zwei Mütter!«

A. M.: »*Die richtige Mutter, die Deine Gefühle nicht ertragen hat, die Dich raussperrte – und in dem Augenblick, in dem sie Dich raussperrte, kam die andere.*«

E. P.: »Hm, ja. Ja.« *(Sie wirkt sehr traurig.)* »Meine Mutter ist sehr ich-bezogen. – Ich habe über meine Mutter ein bißchen nachgedacht in den letzten Tagen, und es ist mir immer noch schwer zu sagen, wer sie ist. Wenn ich sage, sie ist unselbständig, so stimmt das nicht. Sie ist schon auch sehr praktisch und selbständig, und sie kann sehr herzlich sein, sie kann auch liebevoll sein, es geht immer darum, wann sie so ist. Und sie kann aber auch sehr hart sein. Und die hat gesagt, 'Wenn man merkt, daß bei einem kleinen Kind der eigene Wille durchkommt, merkt man am Schreien, ob es jetzt aggressiv ist, wie sie sagt, böse oder zornig, oder ob was weh tut.' Und sie sagt, 'Wenn man dies merkt: gleich eins vor den Arsch.' Ja, 'daß der Säugling, das Baby gleich merkt, wer hier der Herr, der Bestimmer ist! Und wer nicht.' – 'Und wenn ein Kind schreit, kräftigt sich die Stimme'; und alle diese Geschichten redet sie. Ja. – Aber sie kann auch sehr liebevoll sein, sicherlich, auch körperlich. Sie ist nicht unkörperlich. Aber eben fast dann wieder überwältigend. Dann greift sie über, guckt auch gar nicht, wie es dem Kind jetzt geht. – Nur jetzt ein Beispiel: Wenn ich früher nach Hause kam, dann war nie genau zu wissen, was einen erwartet. Kam ich rein und dachte, *(Pause)* heute ist es schwierig, dann konnte es passieren, daß sie einen umarmt und küßt und sagt: 'Ach, es ist ja alles wunderbar.' Und gerade da dachte ich jetzt, ich hätte etwas Schlechtes gemacht, und es wär bestimmt angemessen, jetzt Ärger zu kriegen, vielleicht ein paar hinter die Ohren oder so. Und ein andermal, da ist alles in Ordnung, und plam, plam, gleich rechts und links ein paar Backpfeifen. Also sie – so war sie, so war sie eben schon, als wir noch ganz klein waren. Und ich hab sicher auch einiges gefunden, warum und wieso, aber das ist jetzt im Verhältnis zu Franziska egal: Da war eben die dann da und ist durch die Hintertür gekommen. Und hat mich dann in den Arm genommen.«

A. M.: »*Mich wundert, daß Franziska das alles machen durfte. Deine Mutter muß das doch gemerkt haben, daß, wenn Du für sie unerträglich geschrien hast und sie Dich raussperrte, daß Du dann in kurzer Zeit schwiegst!*«

E. P.: »Ja, wer weiß, ob sie es gehört hat. Es gab ja die Türen; sie hat ja extra die Türen zugemacht. Es waren zwei Türen zwischen mir und ihr. Wer weiß, ob sie es gehört hat! Die Geschichte hat nicht meine Mutter erzählt, sondern die Omi, also die andere Großmutter, die Mutter vom Vater, die kam manchmal zu Besuch. Und die hatte eine andere Art. Sie hätte die Kinder nicht so schreien lassen. Und die hat dann immer erzählt: 'Ja, stell Dir vor, Deine Mutter, bom, bom, und dann kam die Franziska und hat Dich in den Arm genommen.' Dabei muß die das gemerkt haben. Ja, ich weiß gar nicht, ob meine Mutter sich das richtig hat erzählen lassen. Denn, wenn die nicht will, dann macht sie auch dicht und versteht nicht mehr! Also in der Nacht hat sie's nicht mal gemerkt. Auf der anderen Seite – ja, da spricht sie schon auch sehr liebevoll von Franziska. Nur sie traut sich nicht recht. Meine Eltern – ich meine, der Vater war eben schon sehr engagiert und – die haben immer Angst, die haben immer noch Angst. Auf jeden Fall können sie deshalb nicht offen sprechen, hm...«

A. M.: »War Dein Vater Nazi?«

E. P.: »Ja, sicher. Sonst wäre Franziska ja nicht bei uns gewesen. Ich glaube, anders kamen die Mädchen gar nicht in die Familien, als daß einer eben so dabei war, daß sie ihm sozusagen zustand als Privileg.«

A. M.: »Ich glaube das auch. Ich habe in meinen Gesprächen danach gefragt und habe festgestellt, daß die Eltern meiner Informanten, die auch Ostarbeiterinnen als Kindermädchen hatten, in der NSDAP waren. Andere bekamen anscheinend diese Mädchen nicht. Es dürfte also ein Privileg gewesen sein, solche Mädchen im Haus zu haben.«

E. P.: »Und dann – ich kann mich erinnern, als ich dort war – wann bin ich hingefahren? 1979 glaube ich, nein, nicht '79 – ha, ja das ist jetzt... '79 war ich in Jugoslawien und bin ganz nah an ihrem Heimatort vorbeigefahren. Wußte es aber nicht. Ich hatte irgendein Gespür und war schon innerlich auf der Suche. Ich habe 1980 eine Rundreise gemacht und war bei Franziskas Eltern. Nein, bei den Eltern nicht – der Vater lebt nicht mehr, aber ich habe ihre 90jährige Mutter getroffen. Ich war auch in dem Dorf. Also, das geht jetzt ein bißchen durcheinander.

Als ich Schülerin war, kam ca. 1959 ein Brief von einem Arzt in Braunschweig, der meine Eltern fragte, ob noch irgendwas da war von Franziska. Der Arzt war als deutscher Kriegsgefangener in S.; weil die Nazis ja so viele jugoslawische Ärzte umgebracht haben, mußte er dann die Bevölkerung mitversorgen. Und der kam dann ins Bergdorf S. – das ist ein kleines Dorf, da gibt's nicht mal einen Laden –, und er hat die Familien behandelt und hat die so liebgewonnen. Und sie ihn aber auch, so daß er dann jahrelang dort seine Ferien verbracht hat, da er eine ganz enge Bindung hatte an das Land und an diesen Ort und eben mit den Leuten im Gespräch war – wahrscheinlich sprach er auch die Sprache. Und dann haben die wohl mal gesagt, 'Kannst Du nicht mal', oder 'Können Sie nicht mal nach Franziska suchen?'

Es kam sein Brief und ich kriegte mit, daß man sich unterhält: Ja, was ist denn das? Gibt's denn da was? Nein, da haben wir nichts – bis meine Großmutter eben dann von der Kiste sprach, die ich gefunden habe. Meiner Meinung nach hat die Großmutter die Kiste mitgebracht oder der Opa; die haben sie dann eben rübergeschickt. Entweder zu dem Arzt oder direkt nach Slowenien. Im nachhinein habe ich jetzt zu Hause gefragt, aber da kann sich keiner mehr dran erinnern. Die Mutter von Franziska kann sich auch nicht dran erinnern, ob die Kiste wirklich angekommen ist. Also, das liegt eben alles weit in der Zeit verborgen. Das ist mir nicht so bewußt, da war ich eben noch jugendlich. Bloß mit hellen Ohren hatte ich das so mitbekommen. Ich weiß nicht, ob die Briefe nun tatsächlich verlorengegangen sind oder nicht.

Nun war jedenfalls der Kontakt da. Irgendwann habe ich den Namen gesehen von ihr – wahrscheinlich durch den Brief – und dachte noch, ach, die heißt ja so ähnlich wie wir, B., und mein Mädchenname ist B. Die Großeltern hießen B., und da dachte ich, das ist ja irgendwie alles ähnlich. Dann ist es eben wieder verschwunden, lange Jahre, und als ich dann so direkt auf die Suche ging, hab ich lange nachgedacht und nachgedacht und bin nicht drauf gekommen. Dann hab ich noch einen Onkel angerufen und hab gesagt, war denn da nicht ein Urlauber, den Du kanntest? Oder irgendein Sportkollege? Nein, es war alles nichts, und ich fand es nicht heraus, und doch habe ich eines Tages dann die Briefe gefunden aus der Zeit. Und dann hatte ich den Namen! Und dann fuhr ich rüber nach M. – ich wußte, daß sie in M. gestorben ist, das hatten sie ja auch erzählt. In M. war ich in dem Krankenhaus, aber da gab's natürlich keine Akten mehr. Ist ja klar, nach zehn Jahren werden die weggeschmissen. Da bin ich dann vorher mal zum Pfarrer gegangen. Ja. Ich war zwar auf dem Friedhof gewesen, fand aber ihr Grab nicht, weil ich ihren Nachnamen nicht wußte. Der Pfarrer in M. sagte, ja er müßte mal die Bücher raussuchen von '45/46. Ihr genaues Sterbedatum wußte ich ja auch nicht. Ich hatte ja nun den Namen! Also, bei mir hieß sie Franziska B. Und dann hat der Pfarrer gesucht. Ich sagte, ich komme wieder, und es gab diesen Eintrag, und später haben wir die Grabstätte auf dem Friedhof gesucht und gefunden. Dann bin ich nach Ravensbrück gefahren. Und, da sind dann die einzelnen Gefängniszellen – da hat jede Nation Gedächtnis-Tafeln – und da steht sie drauf. Da heißt sie Franziska B. Da hab ich sie gefunden unter den vielen Toten, unter Jugoslawen. Obgleich sie dort nicht gestorben war! Sie ist da nicht gestorben. Aber sie ist eben Opfer.«

(Es entstehen lange Gesprächspausen. Edith P. weint.)

A. M.: *»Ist sie dort heimlich rausgeholt worden?«*

E. P.: »Ja, ich muß mal nachgucken, ob ich das rausfinden kann, wie lange sie da war.«

A. M.: *»Da kannst Du in Ravensbrück auf den Stein-Gedenktafeln einen Strich machen, so wie die tschechischen Juden aus den Namens-*

listen der Gedenksteine auf dem jüdischen Friedhof in Prag die
Namen von Menschen, die nicht umgebracht worden waren, wieder
herausschlugen.«

E. P.: »Das habe ich jetzt nicht richtig verstanden. Wie haben die das gemacht?«

A. M.: *»Sie haben die Namen aus den Totenlisten der Menschen, die nicht in Ravensbrück umgekommen sind, wieder herausgenommen.«*

E. P.: »Die nicht dort umgekommen sind. – Ich meine, nun, Franziska ist ja 1946 gestorben!«

A. M.: *»Ja, aber nicht im KZ.«*

E. P.: »Nein, aber für mich war das eigentlich wichtiger, daß sie wirklich da gewesen ist. Daß sie das miterleben mußte. Daß sie eben tatsächlich im Lager war. Ich weiß, je weiter die Zeit fortgeschritten ist, desto schlimmer war es dort. Aber es war sicher in ihrer Zeit schlimm. Ich weiß nicht, ob sie den Ofen schon anhatten? Aber die Baracken waren ja vollgepfercht und so unwürdig. Sie war nun kräftig und jung, ich meine, sie war zweiundzwanzig, als sie zu uns kam, und sie war fünfundzwanzig, als sie starb, sicher auch an den Folgen dieser Zeit.

Ich weiß nicht genau, wie lange sie im Lager war, aber ich glaube, ich kann schon nachgucken. Ich kann's auch rausfinden. Wenn ich mich nicht irre, ist sie '41 hingekommen; ob sie '41 gefangengenommen worden ist, weiß ich nicht. Vielleicht war's auch später, aber ich gucke noch mal nach.

Ich denke immer, aber vielleicht ist es auch ein Wunsch, daß sie nicht so lange da war. – Später, als ich in Slowenien war, hatte ich den Eindruck, daß sie doch länger im Lager war, als ich dachte. Dann wieder hab ich jemanden gesprochen, der – ach, es ist mir aber doch schwer. Es ist mir besonders schwer, über die Leute zu sprechen, die da, die da mitbeteiligt waren, ja. Ich hab eine Frau gesprochen, die auch daran beteiligt war, daß Franziska zu uns kam, die sagt, die war nicht lange da!«

A. M.: *»Ist sie rausgeschmuggelt worden?«*

E. P.: »Geschmuggelt eben nicht, aber sie ist, also die Intention derer, die da dran beteiligt waren, war schon, sie solle es jetzt ein bißchen besser haben, tja, ja. Aber, es ist auch ganz schwer für mich, das richtig auszusprechen. Also richtig weiß ich es auch nicht. Es ist für mich immer ein Problem, weil es eine Mischung ist zwischen Beteiligtsein und dem, was die Nazis gemacht haben, darum auch ein Leiden. Ja, aber ein Leiden der Leute, die sie da auch direkt zu uns gebracht haben. Das ist sicher eine Mischung. Es sind keine Sadisten, aber es sind auch keine, die sich direkt rausgehalten hätten.«

(Edith schweigt sehr bedrückt. Ich kann die Pause nicht aushalten:)

A. M.: *»Meinst Du, daß dadurch, daß einem jungen Mädchen das Weiterleben ermöglicht wurde, deren Schuld minimiert wurde?«*

E. P.: *(Sehr leise)* »Auch, vielleicht auch. Ich weiß, daß die Leute, die sich daran beteiligt haben, auch sehr drunter gelitten haben, unter den ganzen Verhältnissen. Aber daß das eben auch minimal war, was sie gemacht haben, aber umgekehrt auch irgendwie, wie gesagt, bin ich so richtig überzeugt davon, auch von dem, was ich objektiv erfahren habe – obwohl, so richtig geforscht hab ich nicht, aber es ist mein Empfinden, daß sie sich nicht in der Weise beteiligt haben, wie es ja manche Leute auch direkt genossen haben und ganz brutal waren.«

A. M.: *»Ich merke Dir an, irgendetwas tut Dir sehr weh, was mit Ravensbrück, mit Franziska zusammenhängt. Vielleicht bist Du damit einverstanden, daß ich diese Thematik bei Dir belasse. Ich fühle mich hier nicht berufen, Dir irgendetwas zu entreißen, was dir großen Schmerz macht.«*

E. P.: »Hm, nein, aber ich kann da schon was sagen.«

A. M.: *»Vielleicht blenden wir in diesem Gespräch diese Thematik aus und lassen sie bei Dir. Für später. Daß Du noch ein wenig darüber nachfühlen kannst, bis Du später frei bist, darüber zu sprechen. Denn ich merke Dir an, Du quälst Dich sehr.«*

E. P.: »Nein, nein, ich kann schon noch was dazu sagen. Ich kann schon was dazu sagen: Es hat mit meinem Vater zu tun.«

A. M. *»Ach, Gott.«*

R. B. »Das ist das Problem. Daß ich mich eben auch scheue, darüber zu sprechen. Ja. Oder mir selber zuzugestehen.«

A. M.: *»Hab ich das eben hervorgeholt?«*

E. P.: »Ja. Hm, das ist eben, weil ich – «

(Ich halte hier die Spannung nicht mehr aus, bitte um eine kurze Unterbrechung, um eine Zigarette zu rauchen. Dann finde ich meine Haltung wieder und meine:)

A. M.: *»Dir ist, wenn ich das so ausdrücken darf, zweierlei passiert: Einerseits hast Du quasi zwei Mütter. Eine reale, die oft hart war, und eine andere, die warmherzig und freundlich und weich zu Dir war und die Dich vor der wirklichen Mutter auch geschützt und behütet hat. Und die Dir die Wärme und Leuchtkraft und Neugier mitgegeben hat. Und die Dich so weit motiviert hat, daß Du sie später*

gesucht, und nicht nur gesucht, sondern auch gefunden hast. Ande-
rerseits hast Du quasi auch zwei Väter. Diese zwei Väter aber in einer
Gestalt. Den einen, der Schlechtes tat, und den anderen, der Gutes
tat.«

(Edith entspannt sich, kann meine Gedanken annehmen und folgert
mit ganz leiser Stimme:)

E. P.: »Hm, hm, denn der hat sie ja auch geholt und zu mir
gebracht.«

A. M.: »Und diese zwei Vaterbilder zusammenzufassen, zu begrei-
fen, das war sicherlich schwer.«

E. P.: »Ja! Ja. Diese Verdoppelung. Die wiederholt sich in meinem
Leben auch so. Im Körperlichen hat sich das so ausgewirkt: Ich glaube
1945, nein, es muß 1946 gewesen sein, ja, also, ich war ungefähr drei
Jahre alt, der Krieg war zu Ende: Mein Vater war versteckt, da hat
meine Mutter ihn gesucht. Sie hat mich mitgenommen, wahrscheinlich aus verschiedenen Gründen, und ist mit mir nach Westdeutschland gefahren. Sie wollte, daß er zurückkommt. Er wollte vielleicht
nicht wiederkommen. Vielleicht. Ich weiß es nicht. Jedenfalls ist sie
mit mir weggefahren und hat mich von Franziska weggeholt. Ich weiß
nicht genau den Zeitpunkt. Ungefähr, als ich drei Jahre alt war. Da
hab ich plötzlich über Nacht geschielt. Und bin morgens aufgestanden
und habe geschielt. Nachher bin ich operiert worden. Das ist also mit
dem Messer korrigiert worden. Und das sind ja meine beiden Mütter.
Ich hab geschielt, um sie wieder zusammenzukriegen!«

A. M.: »Um die beiden Mütter in ein Bild zu kriegen.«

(Wir lachen gemeinsam laut. Unsere Spannung löst sich etwas.
Edith zeigt mir, daß sie nach innen geschielt hatte.)

E. P.: »Also, nicht nach außen, sondern nach innen habe ich
geschielt. – Jaja, und das muß 1946 gewesen sein. Mutter und ich sind
weggefahren, ich hab geschielt, und dann ist Franziska gestorben.
Und möglicherweise sind wir wiedergekommen, und – sie war nicht
mehr da? Und meine Mutter ist auch wieder weggefahren, und ich
hatte dann gar keine Mütter mehr, denn die ist ja nun ewig hinter
meinem Vater hergefahren, damit der nun endlich wiederkommt.
Oder – ich weiß nicht, was sie wirklich zu tun hatte. Jedenfalls war
sie ja nie so eng an uns gebunden, daß sie sich nun selber gekümmert
hätte. Sie hat uns ja auch gerne bei den Großeltern gelassen. Und da
fing eine ganz andere Zeit an. Nämlich die sogenannte Familienzu-
sammenführung. Die war für uns ja auch ganz neu. Denn wir haben
ja so nie gelebt. Wir sind bei den Großeltern geboren, und das ist auch
eigentlich mein Zuhause während meiner ersten drei Jahre, und da-

nach waren wir sozusagen auf Wanderschaft. Mal hier ein Jahr, mal dort – das hat sicher auch positive Seiten, das ist keine Frage, da hab ich sicherlich auch einiges erlebt, was auch gut war. Aber vieles, eben diese Einschnitte immer, und die Verwurzelung, entweder immer wieder gelockert oder auch immer auf der Suche und wieder zurück.«

(Jetzt beginnt sie zu frieren und holt sich ein Paar Socken.)

A. M.: »Ich hab das Gefühl, als hättest Du, als Du dann auf die Suche nach Franziska gingst, nach Deiner wirklichen Mutter gesucht. Daß Franziska viel tiefer in Dir wurzelte und mütterliche Wurzeln geschlagen hat.«

E. P.: »Ja, *(sehr schnell)* das ist wahr!«

A. M.: »Es wirkt auf mich aber auch, als hättest Du heute noch eine Art Schuldempfinden. Als ob die Suche Deiner Mutter nach dem Vater – mit Dir als Lockvogel auf dem Arm, wie ein Falkner, der seinen Falken auf den Arm nimmt –, als ob dies der Franziska den größten Schmerz gebracht hätte und ihr dann die Kraft genommen hätte zu leben. Ich fühle es so, als ob Dich noch keiner freigesprochen hätte von diesem Dich so quälenden Schuldgefühl. Als ob Du aktiv teilgehabt hättest an dieser Vatersuche. Aber das konntest Du doch gar nicht – Du warst doch so klein! – Und Du hast wohl sicherlich auch erfahren, wenn Du Dich sehr an Franziska festklammertest, hast nicht nur Du Schläge bekommen, sondern Franziska auch.«

E. P.: »Ja, die Franziska, die hat's bestimmt nicht so leicht gehabt, in der Familie, bei uns. Die haben viel beschönigt. Denn sie haben sich um sie nicht gut gekümmert. Sonst hätten sie sie nicht auch mit einem Armenbegräbnis irgendwo unter die Erde bringen lassen. – Wer ist denn da hinter dem Sarg hergegangen? Ich kann mir nicht vorstellen, daß sie mitgegangen sind, daß jemand sie begleitet hat auf dem letzten Weg.

In dem Zusammenhang finde ich, das, was sie Gutes reden, stimmt nicht in dem Ausmaß! Na sicher, meine Vatersuche – ich hab ja sicher als Dreijährige auch meinen Vater gesucht. Grade! In dem Alter ja! Und die Mischung zwischen meinem Großvater und meinem Vater und einer Mutter, und also, der Vater, der die liebevolle Mutter schickt, und der dann aber eigentlich ein böser ist, und die Mutter, die ihre Kinder dann eigentlich den Großeltern gibt, wo wir dann Geschwister werden, das ist alles durcheinander –«

A. M.: »Ja. Es sind alles wichtige Versatzstücke und punktuelle Erlebnisse, die Du versuchst, in ein stimmiges Bild hineinzubekommen. Mit allen Widersprüchen. – Darf ich Dich was fragen? Ist Dir bewußt, daß Du heute noch in der Sprache von Franziska sprichst?«

E. P.: »Ist mir nicht so bewußt, so, aber ich denke, daß irgendwas in mir so ist.«

A. M.: »Als ich das erste Mal mit Dir telefonierte und Du Dich am Telefon meldetest, da hatte ich das Gefühl, Du verstandest mich nicht. Ich meinte, Du seiest ein jugoslawisches Hausmädchen. Ich bat Dich noch zweimal, mit Frau B. zu sprechen, und dann sagtest Du, 'Das bin ich doch selber!' Du hattest vorher mit der Stimme von Franziska gesprochen!«

E. P.: »Ach, da wird mir ja was klar. Ich rede manchmal so Sonderton, ich hab manchmal eine Art, nicht so zu sprechen, wie man schreibt.«

A. M.: »Du hast von Franziska die serbokroatische Sprache gehört. Erinnerst Du irgend ein Wort? Einen Satz?«

E. P.: »Nicht direkt, aber indirekt schon. Indirekt schon. Aber nicht direkt... Da kommt dazu, daß ich auch in Widerspruch geraten bin mit meiner Familie! Die das sicher nicht so gerne hatten.«

A. M.: »Aber so lebt Franziska heute noch in Dir, über den Sprechton.«

E. P.: »Ja, die lebt in mir!«

A. M.: »Als wir uns vor vier oder fünf Wochen das erste Mal unterhielten, habe ich das schon gehört. Ich weiß selbst viel über diese Thematik: Früher wunderte ich mich, warum laufe ich denn slawisch sprechenden Frauen hinterher wie eine junge Katze, die ihrer Mutter hinterherläuft? Bis ich später merkte, deren Sprechweise geht mir tief in die Seele. Ich habe Ljubicas Kinderlieder gehört, und ihren Klang, ihren Brummelklang, wenn sie mich betreut hat. Bei Dir hab ich's am Telefon gehört. Ich dachte, dort ist Franziska, in Dir, im Sprechton.«

E. P.: »Da hast Du's schon gehört, ja. Das stimmt, das ist ja toll! Ich meine, ich habe früher schon herausgefunden, daß es wichtig war, wie sie zu mir gesprochen hat. Daß sie eine Reimsprache sprach. Aber bewußt hab ich's noch nicht begriffen. Jetzt, wo Du das sagst, ist es da. Ich leide auch manchmal darunter, daß ich mich nicht richtig ausdrücke oder schwer was formuliere. Daß da was durcheinandergeht. Daß jeder sagt, 'Sag doch mal, was du eigentlich meinst.'«

A. M.: »Ich denke, daß diese Phasen kommen, wenn Du persönlich sehr stark angesprochen bist, daß Du dann in diese Mischsprache kommst und da eigentlich richtig sprichst!«

E. P.: »Hm, ach, das ist ja schön, ja (lacht zufrieden) – Und wenn...«

A. M.: »Hat Dir das noch nie jemand erzählt?«

E. P.: »So direkt, nein! Ich weiß nur, daß manche Leute bei mir grammatikalische Fehler anmerken. Das jetzt ist mir nun wirklich neu. Aber ich, ich empfinde es sofort. Ja. Hm. Das stimmt. Das ist ja schön. *(Jetzt spricht Edith P. sehr sanft.)* Ich weiß vor allem, daß ich als Kind soviel gesungen habe. Ich habe immer Schwierigkeiten mit der Sprache gehabt. Übrigens: immer, immer, immer! Und Aufsätze schreiben und überhaupt eine Meinung zu haben – naja, bei den Verhältnissen – mit meinem Vater – wie soll man da eine Meinung haben! Und ich durfte ja auch zu Hause keine Meinung haben. Das war es ja eben, daß man gleich eins vor die Schnauze gekriegt hat. Ja. Wenn man überhaupt was gesagt hat. Wenn ich sagte, ich möchte dies oder jenes – 'Nein!' Nur wenn man eine günstige Gelegenheit fand – es war alles so, daß man sich durchwursteln mußte, auch lügen, ja lügen und versuchen, das Beste rauszuholen... daß ich es sowieso schon als Kind und später... immer schwer gehabt habe mit der Sprache.«

A. M.: »*Weil Dir Deine Muttersprache verlorengegangen war.*«

E. P.: »Ich hab sowieso immer Schwierigkeiten gehabt, weil ich dachte, ich bin irgendwie doof. Das ist sicher ein Problem, wenn man sehr viel erkennt, daß man damit entweder dumm wird oder sich dumm stellen muß! Weil das Erkennen einfach zu gefährlich ist. Sei es für einen selber, sei es für die anderen! Wer weiß. Ich meine den Aspekt, wie Du sagst, ob ich mich auch mitschuldig fühle. Für meinen Vater fühle ich mich immer schuldig. Ich meine, nicht mehr soviel wie früher, aber irgendwo immer ist es mir bewußt. Bei Franziska war es mir nicht so bewußt. Da war ich ja noch so klein. Aber sich zu äußern und eine Meinung haben und überhaupt die deutsche Sprache – das war mir immer schwer, immer schwer. Ja.«

A. M.: »*Weil sie Dir diese Sprachmutter weggenommen haben.*«

E. P.: »Ja! Das ist mir schon mal aufgefallen, daß ich über andere Sprachen, über Französisch zum Beispiel, zurückgekommen bin zum Sprechen. Ach so, über die Lieder wollte ich noch was sagen: Ich habe als Kind so viel gesungen. Und ich habe immer gesungen, immer gesungen, und das muß auch mit Franziska zu tun haben! Also das ist die direkte Verbindung. Das ist ein sehr starkes Gefühl, aber ich kriege das nicht bewußt zusammen!«

(Nun sprechen wir ein wenig über unsere unbewußten Berufswahlmotive: Wir sind beide Therapeutinnen, von verschiedenen therapeutischen Schulen geprägt. Unsere Motive hängen, wie wir beide verstehen, sehr stark mit unserer frühen Doppel-Bemutterung zusammen. Beide versuchen wir, Fäden zusammenzuknüpfen, Unbewußtgewordenes mit dem Bewußtsein zusammenzuweben.)

A. M.: »Ich glaube, wir haben großes Glück gehabt, daß wir von diesen Kindermädchen betreut worden waren. Wir hatten Glück, daß sie imstande gewesen sind, eine Beziehung zu uns zu entwickeln.«

Anna D. (1910 geb.):
Erinnerungen an Maja aus Lodz

»Im Sommer oder Herbst 1942 kam Maja zu uns. Ich erinnere mich
nur an ihren Vornamen Maja. Ich kann mich nach so vielen Jahren
noch gut an sie erinnern. Sie stammte aus Lodz, war etwa 20 bis 22
Jahre alt. Ihre Mutter war Witwe. Zu uns kam Maja von Kassel aus,
wo sie mit zwei jüngeren Schwestern zusammengewesen war. Wie sie
zu uns kam, das weiß ich nicht mehr. Mein Mann hatte sich darum
gekümmert. Wir bewohnten mit vier Kindern ein kleines Einfamilienhaus mit Garten. Zur Unterstützung bei Hausarbeit und Kindererzie-
hung kam Maja in unser Haus. Ich teilte diese Aufgaben mit ihr. Für
die Wäsche hatten wir eine Wäscherin.

Bei Majas Ankunft war ich von ihrem Aussehen überrascht. Sie sah
nicht wie eine Fremdarbeiterin aus, sondern wie eine junge Dame, die
zu Besuch kommt, mit Koffer und gut gekleidet. Zuerst sprach sie
kaum und äußerte sich nur durch Gesten. Ich nahm an, sie könne kein
Wort Deutsch. Nach einer Woche änderte sich ihr Verhalten. Sie bat
mich um ein Gespräch und erklärte mir in perfektem Deutsch, daß sie
ihre anfänglichen Fluchtgedanken aufgäbe und bei uns bleiben möchte. Von dieser Stunde an faßten wir Vertrauen zueinander in einer
zerrissenen, unglücklichen Zeit.

Maja erzählte uns, wie sie und ihre Schwestern der Mutter wegge-
rissen wurden. Innerhalb weniger Stunden mußten sie ihre Koffer
packen zur Deportation in ein feindliches fremdes Land. Der Abschied von den Schwestern hatte Maja ganz besonders erschüttert, sie
war die Älteste und hatte sich für die Jüngeren mitverantwortlich
gefühlt. Eine von ihnen kam mal zu Besuch zu uns. Maja ist auch
verschiedentlich nach Kassel gefahren, einmal zu einem schrecklichen Anlaß, die jüngste Schwester hatte sich die Pulsadern aufge-
schnitten. Maja saß oft lange und schweigend in ihrem Stübchen unter
dem Bild der schwarzen Madonna von Tschenstochau, jammern und
klagen, das mochte sie nicht. Sie hatte keinen Kontakt zu ihrer verlassenen Mutter, zu uns sind keine Briefe gekommen. Wir wohnten
damals ziemlich im Abseits mit unserer Familie, lebten fast wie in
einer Enklave. Mein Mann war viel unterwegs im Außendienst. Maja
kam manchmal zum Einkaufen ins Dorf, sie machte nicht den Eindruck eines verschleppten Mädchens.

Die Mädchen, die ich vorher beschäftigt hatte, waren Landmäd-
chen. Maja wirkte städtisch, Lodz – ja, das war ja eine große Stadt

mit einer Universität und Kunsthochschule. Maja hatte sich gut bei uns eingelebt, zu uns allen war sie gleichmäßig freundlich. Zu meinem Mann und mir immer ein wenig distanziert. Maja hatte bald zu unserer ganzen Familie einen guten Kontakt. Am liebsten beschäftigte sie sich mit Helmut und Volker, den jüngsten Kindern, mit ihnen war sie so richtig glücklich, besonders wenn kein Erwachsener dabei war, da haben sie gespielt, getollt und gelacht. So gern hat sie Volker in seinem Sportwägelchen spazierengefahren, hat ihn zum Ausflug feingemacht und ihm mit einem Lockenwickler eine Tolle in sein glattes Haar gedreht. Helmut hat das beste Gedächtnis und kann sich noch an vieles erinnern.

Die idyllische Zeit in M. ging zu Ende. Mein Mann wurde nach Posen versetzt. Maja bat uns, sie mitzunehmen, und es wurde dafür ein Antrag gestellt. Dieser wurde aber abgelehnt.

Es wurde uns genehmigt, Maja zur Hilfe für den Umzug und das Einleben in Posen für sechs Wochen mitzunehmen. Und so geschah es dann auch. Wir sind gemeinsam nach Posen gefahren und wohnten am Stadtrand auf einem Bauernhof.

Wir hatten vom ersten bis zum letzten Tage dort ein bestes Verhältnis mit den dort verbliebenen Polen. Aber Majas Verhalten war mysteriös und rätselhaft. Warum und wieso sie mit keinem Polen ein Wort sprach – ob es ihr verboten war, ob sie es heimlich tat?

Nach sechs Wochen fuhr sie nach Kassel zurück. Wir haben nie wieder von ihr gehört. Ein Lebenszeichen von ihr – das wäre wie ein Wunder. Ich würde mich freuen.«

(schriftliche Aufzeichnungen)

Franziska F. (1907 geb.):
Erinnerungen an Ilka W. aus der Ukraine

»Als Mutter von vier Kindern stand mir auch ein Pflichtjahrmädchen zu. Das waren Schulabgänger, die sich verpflichteten, ein Jahr in eine kinderreiche Familie zu gehen. Mein letztes Pflichtjahrmädchen war Rosa, ein rothaariges, unbeschriebenes Blatt aus wohl ziemlich schwachen häuslichen Verhältnissen. Ich behielt sie gar nicht ein ganzes Jahr und stand plötzlich da ohne Hilfe. Auch da kam mir wieder zunutze, daß unser Vater an der vordersten Front war. Ich weiß nicht mehr genau, ob August aus dem Krieg ans Arbeitsamt in S. geschrieben und um sofortige Abhilfe gebeten hatte, jedenfalls bekam ich plötzlich einen Anruf, daß ich sofort zum Arbeitsamt kommen sollte, um mir von zehn Russenmädchen, die erwartet wurden, eine auszusuchen. Ich denke, es muß 1942 gewesen sein, jedenfalls war es wohl nicht lange vor Weihnachten, denn es war kalt. Da warteten also zehn bestellte Frauen im Flur des Arbeitsamtes auf die zehn russischen Ankömmlinge, die so 'unter dem Ladentisch' an deutsche Familien verhökert werden sollten. Wie so ein paar verjagte und verängstigte Schäflein standen die zehn Mädchen in einer Ecke des Flures, schüchtern zu uns hinüberblickend, in ihren armseligen Steppjacken, den dicken hohen Stiefeln und dem unverkennbar russischen, um den Kopf gebundenen warmen Kopftuch, aus dem nur noch wenig Gesicht hervorlugte. Es hatte geheißen, 'aussuchen' sollte ich mir eine. So sah ich natürlich auch zu dem armseligen Grüppchen hinüber und beobachtete sie. Den meisten von ihnen war das Weinen wohl näher als das Lachen. Aber eine war dabei, die so ganz standfest auf ihren Füßen zu stehen schien, sonst äußerlich nicht unterschieden von den anderen, aber aus ihrem roten, verwaschenen Kopftuch blitzten zwei flinke, aufmerksame, blaue Augen, die in einem ganz wohlgenährten runden Gesicht saßen. Diese Augen nahmen alles wahr, was um sie vorging, und man hatte das Gefühl, daß das Mädchen diese Situation eigentlich ganz lustig fand oder daß sie sich darüber lustig machte. Ich wurde also ins Dienstzimmer hineingerufen, jede von den Frauen einzeln, und wir wurden belehrt, wie wir mit den Mädchen umzugehen hätten: Als erstes sollten sie gleich an der Haustür ihre dicken Stiefel abstellen, dann ihre Jacken und Tücher, und dann sollte ich sie, das 18jährige Mädchen, in die Badewanne kriegen und eigenhändig gründlich baden, inklusive Haarewaschen, denn sie würde ja wahrscheinlich Läuse haben, wenn sie aus dem finsteren Rußland käme. Essen dürften sie nicht mit uns am Tisch, und in allem sollte man strenge Distanz wahren. – Ich durfte ja aussuchen, also wurde die mit dem roten Kopftuch, den roten Backen und den blitzenden Augen hereingeholt. Die wurde mir also zugeschrieben: Ilka W., 18 Jahre alt, aus S. bei D., Ukraine.

Schweigend ging das verhökerte Mädchen also nun willig mit. Sie verstand ja nichts von dem, was gesprochen und geschrieben wurde, es war eine fremde, nicht ihre geliebte, angeborene Muttersprache. Als einzige deutsche Worte hatte man ihr eingebläut: 'Ja', 'Danke', 'Bitte'. Alle andere Verständigung mußte vorläufig durch Gestik geschehen. Die Kinder nahmen staunend zur Kenntnis, welch neuer Mensch da in unsere Familie einbrach, der nicht so sprechen konnte wie wir und überhaupt anders zu sein schien. Ich befolgte die Anweisungen des Arbeitsamtes strikt, selber etwas unsicher geworden durch die Belehrungen und beiläufigen Äußerungen auf dem Arbeitsamt. Die Stiefel und ihre Wintervermummung an der Haustür sie ablegen zu lassen, das ging ja noch an und berührte mich nicht so sehr. Dieses große und schöngewachsene Mädchen aber eigenhändig in der Badewanne zu baden und ihren langen Zopf zu lösen, um die wunderbaren dunklen, dichten Haare zu waschen und angeblich von den russischen Läusen zu befreien, das ging schmerzlich in mein Gewissen, und ich schämte mich. Ich schämte mich mit Recht vor diesem sauberen Geschöpf mit dem makellosen jungen Körper und der beneidenswerten Haarpracht. Sie wurde in Wäsche und Kleider von mir eingekleidet. Das paßte ihr auch ganz gut. Sie hatte so gut wie nichts an Kleidung mitgebracht, nur Sonnenblumenkerne hatte sie mit in ihrer armseligen Reisekiste. Die Kerne knackte sie und aß sie, wohl in Angedenken an ihre Heimat. Wir aßen immer in der Küche, da war es warm und bequem zum Herd. Da stand auch der kleine Kindertisch, an dem die Kinder aßen, denn sie waren ja auch noch klein. So setzten wir Ilka mit an den Kindertisch die erste Zeit, laut Befehl, und sie fühlte sich an dem Platz bald sehr wohl. Meine Kinder waren damals vier, sieben, acht und zehn Jahre alt.

Als Ilka erst ein paar Tage bei uns war (vor unserem Haus ging die Straßenbahn vorbei), sah sie aus dem Fenster und sah auf der Straße arbeitende Zwangsarbeiterinnen, auch wahrscheinlich Russinnen, an den Straßenbahngleisen. Ilka hörte, die sprachen Russisch. Und diese Straßenbahnarbeiterinnen, die erzählten nun hin und her. Von der Straße nach oben. Und Ilka weinte und weinte und weinte. Und hat drei Tage geweint, und ich konnte es mir nicht erklären. Und da hat sie von den Ostarbeiterinnen gehört, daß sie nie wieder in die Heimat kommt. Daß sie nie wieder nach Hause kann. Die Achtzehnjährige. Ihr war in der Ukraine gesagt worden: ihr arbeitet für ein halbes Jahr in Deutschland, und ihr kriegt viel Geld, und ihr kriegt davon ein bißchen ausbezahlt, aber wenn ihr wieder nach Hause kommt, dann habt ihr hier ganz viel Geld auf der Sparkasse. – Diesen Traum haben ihr dann diese Arbeiterinnen an der Straßenbahn nehmen müssen. Auch, daß sie bald wieder nach Hause könne.

Ilka hat wohl nur noch die Mutter gehabt, der Vater war im Krieg. Und man hatte sich in der Ukraine darauf gefreut, wenn die Deutschen kommen, dann ist die Ukraine frei von den Russen. Was ihr Vater gewesen ist, weiß ich nicht. Aber das Mädchen ging auf die höhere Schule – wo sie auch Deutsch zu lernen begann –, da muß sie ja schon aus einer guten Familie gekommen sein.

Da Ilka ein kluges und sprachbegabtes Mädchen war, ging die Verständigung bald recht gut. Sie sprach alles nach, was sie als Wortklang aufnahm und mit den Dingen des Alltags verbinden konnte. Sie eignete sich die deutsche Schrift an und schrieb so 'richtig', wie sie es als Klang hörte. Das ergab wunderbar amüsante Brief- und Postkarten-Dokumente, wovon noch einige bestehen! Ich bin 'Panja', Vati ist 'Pan', 'Upapé und Umamé' = 'Opapa und Omama'. 'Fron lizabet' = 'Fräulein Elisabeth'. Ilka griff im Haushalt nun kräftig zu – fast mehr als gewünscht, denn 'Schleiflack'-Küchenschränke und polierte Möbel war sie wohl nicht gewohnt. Trotzdem war ich froh, solche zupackende Hilfe zu haben, die sich von Tag zu Tag mehr bewährte und zur Familie gehörte.

Es gab natürlich mit der Zeit auch Schwierigkeiten mit Ilka, z. B. 'Ich immer arbei, arbei – nix Strümpfe'. Sie war ja völlig von uns und vom Bürgermeisteramt abhängig. Vor dort bekam sie auch, spärlich, Bezugscheine für ihre nötigste Kleidung. Mit den Kindern ging sie liebevoll und immer ausgleichend um, die Kinder integrierten sie voll in unsere Familie, und ich konnte sie ruhig ihr allein überlassen. Ihre Cousine Frosja arbeitete irgendwo in oder bei S. und besuchte sie öfter bei uns auf dem R.-Berg. Dann saßen sie in der Küche, erzählten teils lächelnd, teils weinend, besonders ging es mir aber zu Herzen, wenn sie anfingen zu singen! Diese klaren, vollen Mädchenstimmen und dazu die warmen, rhythmisch so wechselvollen russischen Volksmelodien, das war schon was! Und es nahm uns, die wir es hörten, gefangen. Den Mädchen aber liefen die blanken Tränen dabei über die Wangen vor Sehnsucht nach der Heimat und ihren Lieben.

Ilka zog 1943 mit uns bei G. aufs Dorf. Da ging es ihr schon besser, erstens weil sie sich da schon bei uns eingelebt hatte, zweitens weil sie andere Russenmädchen und 'Woina-Plennis' = Kriegsgefangene dort fand, die bei den Bauern eingesetzt waren. Auch sie arbeitete oft bei den Bauern mit. Das war zwar mehr und schwerere Arbeit als bei uns, aber sie tat es gern und war begehrt in der Arbeit als immer arbeitsfreudiger und munterer Helfer. Ich mußte dann natürlich auf ihre Hilfe in Haus und Garten verzichten, aber das schadete nichts – im Haus sah man sowieso über Staub und ungemachte Betten hinweg, und wenn man auf dem Lande lebt, weiß man, daß die Draußenarbeiten den Drinnenarbeiten vorgehen und daß in den schweren Zeiten auch den Bauern alle Hilfe zuteil werden mußte, wo in dieser Kriegszeit nur eigentlich alte Männer und Kinder zur Verfügung standen. Außer den Frauen, die großenteils die schwere Männerarbeit mit übernehmen mußten. Es gab ja damals noch nicht so viele arbeitserleichternde Maschinen. So waren oft Ilka und auch ich mit auf dem Felde, hatten dann aber den Vorzug, daß die Kinder nach der Schule auf das Feld kommen konnten und dort mit uns Mittagessen kriegten. Abends kamen wir dann meist auch mit etwas Besonderem, Wurst oder Schmalz oder Wolle oder Futter für unser Vieh, nach Hause. Das war das Gewünschteste.

Ilka lernte Jürko kennen, der im Dorf bei den Bauern war und sich als junger Gefangener eigentlich dort recht gut etabliert hatte. Daß die Russen nicht mit am Tisch essen durften, war längst überholt und bei den Bauern sowieso indiskutabel. So hatte sich im Dorf – und nicht nur bei uns – richtig eine kleine festzusammenhaltende Gruppe der russisch-ukrainischen Landsleute gebildet. Als es an den Fronten immer ernster und trüber wurde, fürchtete man sich vor diesen Gruppen, die sich im Lande gebildet hatten. Und plötzlich, 1944, kam der Befehl von oben, daß alle Gefangenen und die weiblichen Hilfskräfte den Familien entzogen werden sollten, um sie geschlossen in Fabriken und Fabrikationen einzusetzen. Welch ein Verlust für uns und vor allen Dingen auch für die Bauern! Ilka kam zur 'Phywe' nach G. und wohnte im Lager, wo sie sehr kurz gehalten wurden. Zum Glück wohnten ja 'Upapé und Umamé', meine Eltern, im nahen G. Da konnte sie öfter hingehen, und Omama und Opapa hatten für sie immer was zu essen und was zum Erfreuen, z. B. auch eine warme Stube und freundliche Ansprache. Mutter wäre ihretwegen fast ins KZ gekommen: Ein Gestapo-Mann ('Kettenhund' genannt) kam zu ihr und stellte sie zur Rede, daß sie einer Russin Unterkunft und Zuwendungen gegeben habe, ob sie nicht wüßte, daß das unter strenger Strafe stände? 'Doch', hat Mutter gesagt, 'aber ich bin Christ und handle nur als Christ, also werde ich weiterhin für das Mädchen sorgen.' Da hat der Gestapo-Mann gesagt: 'Dann wissen Sie ja auch, daß Sie die Konsequenzen zu tragen haben.' – Es ist nichts mehr danach gekommen.

Ilka hat Jürko geheiratet. Als der Krieg aus war, kamen sie in ein Lager nach Northeim. Dort wurde ihr Kind Stefania geboren. Von dort gingen sie bald nach Mons in Belgien, nahe bei Brüssel, wo Jürko in den Kohlengruben arbeitete und wohl ganz gut verdiente. Dort habe ich sie besucht – im Jahre 1957 war das wohl, also zu meinem 50. Geburtstag.

Sie war in Mons auf dem Bahnhof, und um es mir ganz schön und empfangsgerecht zu machen, winkte sie einer Taxe, die uns zu ihrem roten Reihenhaus brachte in einer Siedlung der Kohlengrubenarbeiter. Es war alles wie geleckt. Die breiten gescheuerten Eichendielen auf dem Fußboden waren blitzblank und mit Sand bestreut, wie in ihrer Heimat. Der Herd blinkte wie Silberstahl, und einige hübsche, antike Möbel hatten sie sich schon angeschafft. Ich schlief ganz allein in dem großen Ehebett, und keiner litt es, daß ich mich dagegen wehrte, ihnen ihr Schlafzimmer zu nehmen während meines Besuchs, denn ich kam als ihre Mutter und wurde so geehrt. Jürko empfing mich auf der Straße und nahm mich in den Arm und küßte mich, eben wie er es mit seiner Mutter wohl getan hätte. Im Laufe der Gespräche sagte ich zu Ilka, sie solle doch ruhig einen Brief an ihre Mutter oder ihre Geschwister schreiben, ich nähme ihn mit, schickte ihn an eine Adresse in der DDR, die ihn dann anstandslos nach Rußland weiterschicken könnten. Dann wüßte doch ihre Mutter wenigstens, daß sie lebt und einen Mann und schöne Kinder hat. Sie verneinte nur wehmütig und sagte: 'Meine Mama is tot. Ich ein Weihnachten über Hof nach Toilette und so schöne dunkle Himmel und so schöne Sterne. Und ich hier in Rücken habe gefühlt, jetzt is Mama tot.' Nun wußte sie, daß Mama gestorben sei. An die Geschwister könnte sie ohnehin nicht schreiben, denn die hätten darunter zu leiden, wenn das raus käme, wo sie wäre und welchen Schicksalsweg sie genommen hatte.

Wir verabredeten bei meinem Abschied, daß sie im nächsten Jahr zu Pfingsten zu mir nach L. kommen sollten und freuten uns darauf. Als ich ihr im nächsten Jahr rechtzeitig schrieb und sie noch einmal alle zusammen einlud, kam der Brief zurück mit dem Vermerk: Verzogen nach Kanada. Ich schrieb daraufhin an den maître von Mons und bat um die Adresse. Es war eine Anschrift in Buffalo. Auch von dort kam mein Brief als unzustellbar zurück. Dann wandte ich mich an verschiedene Suchstellen, die damals ja sehr aktiv und auch sehr fündig waren für die Millionen von Flüchtlingen, die noch wieder zueinanderfinden wollten. Auch das blieb erfolglos. Alles ohne Erfolg. Auch mein Russisch, was ich zum guten Teil Ilkas wegen angefangen hatte zu lernen – die herrliche!, aber ach so schwere Sprache –, in dem ich dann versuchte, einen Brief zustandezubringen – nichts – alles blieb stumm, bis auf den heutigen Tag. Unsere liebe Ilka mit ihrer Familie ist für mich verschollen. – Ich hoffe und sehne es herbei, daß wir uns in irgendeiner Form drüben in der geistigen Welt wiederfinden, denn sie ist uns ein lieber Freund gewesen, und sie hat mit den Kindern und mir getrauert, als die Nachricht kam, daß 'Pan' gefallen war. Sie hatte ein warmes Herz, eine echte Russin!!«

(schriftliche Aufzeichnungen)

Von Ilka existieren noch drei Postkarten, die sie an Frau F. schrieb, als sie bei deren Eltern aushalf. Eine davon ist vom 3. 7. 1943:

»Lieber Panja, Du alles für mich kommen, nur meine kleinen Strümpfe im Keller Mantel und dann im Mantel Strümpfe, Du, komen Lieber Panja, vielen Dank alles meine Wesche ist angekommen. Lieber Panja meine Schuhe ischon kaputt. Meine keine Schuhe nur Holz-Schuhe zum Sonntag und Kleid zum arbeiten. Lieber Panja Du für mich und Schuhe für mich es 7 Monate keine Kleid alles Mädchen von Saksahau Kleid bekommen nur für mich nichts. Poltawaska Marija auch kaufen Kleid an mich schreiben zum Kleid. Für mich nichts, ich auch 7 Monate arbeiten. Marija auch arbeiten ischon Marija kaufen, ich nicht. Lieber Panja, ich vergessen Deinen Geburtstag Brief schreiben. Lieber Panja für mich Almuth hat geschrieben Postkarte. Ich Almuth habe nichts geschrieben. Ich heute Abend Almuth schreiben. Lieber Panja, Du kommen zu Opape ich zu Frosja O Panja ganz schlimm niks Frosja. Lieber Panja schönen Gruß für Dich und Frl. F. und Frau alle Leute Wiedersehen«

Jörg B. (1940 geb.):
Erinnerungen an Mariza V. aus Poznañ

»Mein Vater nahm 1941 in Posen eine Stelle bei einem Freund an, den er aus seiner Zeit im Baltikum in den frühen 30er Jahren kannte. Die ortsansässigen Polen waren weitgehend evakuiert, die Stadt war meiner Erinnerung nach menschenleer. Meine ältere Schwester (1939) und ich (1940) waren in Plauen geboren. Am 7. 8. 1943 kam unser jüngster Bruder zur Welt. Bei drei Kindern wurde wohl den deutschen Familien die Möglichkeit geboten, ein Kindermädchen zu bekommen.

Im Herbst 1943 kam Mariza V. zu uns. Sie war damals 15 oder 16 Jahre alt, war also zwischen Ende 1927 und Anfang 1929 geboren. Ihre Schwester Hedwig arbeitete schon bei einer uns ebenfalls bekannten Familie Marx als Dienstmädchen. Über diese Verbindung wurde der Kontakt zur Mutter V. hergestellt, die ihre jüngere Tochter zu uns begleitete. Die Mutter war gebürtige Polin und wohnte in Jarotschin, südlich von Posen. Ihr Mann war Deutscher und als Soldat im Zweiten Weltkrieg gefallen.

Mariza schlief in einem separaten Zimmerchen, in dem auch mein jüngster Bruder lag. Mariza hing an meinem Bruder (der nicht mehr lebt), war also insofern Kindermädchen. Aber sie hatte auch bei allen andern im Haushalt anfallenden Arbeiten mitzuhelfen. Wie ich meine Mutter kenne (sie lebt leider auch nicht mehr), wird sie sich nicht wie eine Diva bedient haben lassen.

Die Familie V. war über den Vater in der Gruppe der sogenannten Volksdeutschen eingruppiert. Mariza sprach relativ gut und fließend Deutsch, sprach aber meine Eltern nie mit Namen an. Auf der Flucht sagte sie z. B. einmal: 'Ich bleibe bei Frau, bis Herr wieder da ist.'

Unsere erste Wohnung lag in der Samterstraße 41. Um auch seinen Vater unterbringen zu können, erhielt mein Vater eine größere Wohnung am Niederwall 1, in dem auch die Geschäftsräume seiner Arbeitsstätte lagen. Das Haus gehörte einer Polin, die unter dem Dach wohnte.

Am 20. 1. 1945 flohen meine Mutter, Mariza und wir drei Geschwister von Posen mit dem Zug über Küstrin, Berlin in die Nähe von Magdeburg. Wir waren auf einer Domäne in Gröningen bei einer Frau Wiersdorf untergebracht. Im Juli / August 1945 boten die Alliierten allen fremden Staatsangehörigen an, in ihre Heimat zurückgeführt zu werden. Mariza entschied sich auch, zu ihrer Mutter zurückzufahren.

Mein Vater kam im September 1945 schon aus britischer Gefangenschaft, hat Mariza aber nicht mehr gesehen.

1949 / 50 hat mein Vater von Krefeld aus versucht, mit Hilfe eines polnischsprechenden Drogisten Kontakt zu Mariza wieder herzustellen. Wir haben nie eine Rückmeldung erhalten. Vielleicht war das damals auch zu früh und von den polnischen Behörden auch noch nicht gewünscht. Mariza hat ja möglicherweise nach dem Krieg geheiratet und trägt heute einen anderen Namen.

Mir ist klar, daß die Angaben, die ich zu Mariza V. machen kann, sehr dürftig sind. Trotzdem möchte ich die Hoffnung nicht aufgeben, Mariza wiederzufinden und den Kontakt zu ihr wieder herzustellen. Ich glaube nicht, daß ich dies mit einem schlechten Gewissen tun muß. Ich kann mir nicht vorstellen, daß meine Eltern Mariza schlecht behandelt haben. Sie wurde für ihre Arbeit auch bezahlt, wie gut, weiß ich nicht zu sagen.

Aber selbst wenn meine Familie ihr kein unmittelbares Unrecht zugefügt hat, kann sie natürlich erhebliche Schwierigkeiten bekommen haben, als sie nach Hause zurückkehrte. Die Polen, von denen man wußte, daß sie sich zu Volksdeutschen erklären ließen, wurden möglicherweise als Vaterlandsverräter angesehen. Die Arbeit für Deutsche galt vielleicht als unpatriotisch.«

(schriftliche Aufzeichnungen)

Andreas G. (1935 geb.):
Erinnerungen an Nastasja G. aus der Ukraine

A. M.: »Ich war sehr aufgeregt, als Du mir berichtetest, Du habest auch ein nicht-deutsches Kindermädchen während des Krieges gehabt. Daß auch Dich eine Ostarbeiterin ein Stück Deines Lebens begleitete und positive Eindrücke bei Dir hinterlassen hat. Könntest Du mir – falls Du Dich erinnerst – erzählen, wie das Mädchen zu Euch kam? Wie hieß sie, wie alt war sie? Welche Erfahrungen hast Du mit ihr gemacht?«

A. G.: »Ja, sie kam etwa 1943, und zwar wurde sie von meinem Vater, der damals in Rußland im Krieg war, zu uns nach Hause geschickt. Nachdem uns die deutschen Dienstmädchen weggenommen worden sind und meine Mutter offenbar ohne eine Hilfe nicht mehr zurechtkam, da wurde uns Nastasja G. geschickt. Eine Russin oder Ukrainerin, ich bin mir da nicht mehr ganz sicher, ich glaube eher, daß es eine Ukrainerin war. Nastasja war noch sehr jung, 14 oder 15 Jahre. Sie wirkte auf mich sehr fraulich, schon sehr erwachsen. Sie kam damals zu uns, so, wie man sich bei uns Osteuropäerinnen vorstellte. In sehr derben Kleidern, mit Zöpfen, sehr scheu, sehr schüchtern. Ich glaube, als wir sie zuerst sahen, haben wir sehr gelacht. Wir hatten ein Mädchenzimmer, und in diesem Zimmer, das sehr einfach eingerichtet war, stand ein Bett, eine Waschkommode und ein Schrank – und auf dieses Bett hatte meine Mutter ihr ein Nachthemd hingelegt, das sie fortan tragen sollte. Nastasja war von diesem Nachthemd begeistert; sie hielt das für ihr neues Sonntagskleid und wollte es unbedingt sonntags auch anziehen – was uns alle sehr erheitert hat.

Was mich beeindruckt hat, von Anfang an, das waren ihre Augen. Sie war ein dunkler Typ und hatte braune Augen, sehr warme Augen: Sie war sehr fröhlich, sehr warmherzig und – im Unterschied zu allen vorangegangenen Dienstmädchen, die wir so hatten – hatte ich von Anfang an einen sehr guten Draht zu ihr. Wir verstanden uns auf Anhieb. Sie war etwa ein Jahr bei uns, ein gutes Jahr wohl. Ich kann mich noch erinnern, daß sie versuchte, mir Russisch beizubringen. Was ihr auch ganz gut gelungen ist: Ich konnte mich mit ihr über Alltagsdinge auf russisch unterhalten.«

A. M.: »War das eine 'Geheimsprache' für Euch beide?«

A. G.: »Ja, es war eine Art Geheimsprache. Es hat ihr auch sehr viel Freude gemacht, daß ich sie gelernt habe und Spaß dran hatte.

Ich bin oft zu ihr hingegangen und sagte, 'Komm Nastasja, wir machen Russisch.' Es hat ihr wohl auch Spaß gemacht, weil sie da mal von der Hausarbeit wegkam. An einige Begebenheiten erinnere ich mich noch, die mit dem Krieg zusammenhingen. Mein Vater hatte mir mal sinnigerweise einen roten Stern geschenkt, den die Kommissare an den Mützen trugen. Einen Sowjetstern. Und ich fand den sehr schön und war auch sehr stolz, so ein Beutestück zu haben. Nur meine Mutter hat mir eingeschärft, 'Zeig den ja nicht vor Nastasja, das sieht sie wahrscheinlich nicht gerne!' Und ich hab den Stern auch immer versteckt; sie hat ihn aber eines Tages dann doch entdeckt – ich hatte ihn irgendwo liegengelassen! – und, na ja, ich hab ihr dann auch gesagt, woher ich den habe. Sie hat keine Stellung dazu genommen...

In diesem Zusammenhang habe ich auch mal gesagt, 'Na ja, wir werden den Krieg ja gewinnen!', und da schaute sie mich nur groß an und schüttelte den Kopf und sagte, 'Nein, Stalin gewinnt den Krieg!' Und ich mochte das nicht glauben, und wir diskutierten, und sie wiederholte nur ganz ruhig, in ihrer ruhigen Art: 'Nein, Stalin gewinnt den Krieg!'

In allen diesen Unterhaltungen sagte ich, das wäre doch ganz furchtbar, wenn Stalin gewänne, wenn die Russen herkämen. Und da sagte sie, 'Ach, Euch nichts tun. Euch nichts tun die Russen! Aber – mir!' Und da machte die diese Geste vom Halsabschneiden!

Nastasja blieb etwa ein Jahr bei uns, und dann wurde sie uns weggenommen, das heißt, sie kam in ein Fremdarbeiterlager, irgendwo in der Nähe wurde sie in der Industrie beschäftigt, aber der Kontakt zwischen uns blieb bestehen, das heißt, sie kam recht oft zu uns sonntags. Da hatten Ostarbeiter im Lager auch frei, einige Sonntage jedenfalls. Dann war sie also bei uns zu Gast den ganzen Tag. Sie kam morgens schon nach dem Frühstück, blieb zum Mittagessen und Abendessen und mußte dann zu irgendeiner Stunde wieder im Lager sein. Und während sie vorher, als sie unser Dienstmädchen war, natürlich, wie sich das für Dienstmädchen gehörte, in der Küche essen mußte, war sie dann Gast und aß mit bei uns am Tisch. Ich kann mich erinnern, daß sie da immer sehr fröhlich war. Sie war fast zu einem Familienmitglied geworden.

Wann wir sie eigentlich zum letzten Mal gesehen haben, das weiß ich nicht. Wir sind aus der Stadt weggezogen. Seit Februar 1945 haben wir von ihr nichts mehr gehört und nichts mehr gesehen. Ich weiß nur, daß sie von allen Dienstmädchen, die wir hatten, mir die liebste war: Ich kann mich nicht erinnern, daß wir jemals Streit hatten. Sie hat mich betreut, was so Dinge anbelangt wie Kopfwaschen, und natürlich mußte sie auch für meine Wäsche sorgen. Wenn sie mir den Kopf gewaschen hat, war das sehr lustig. Wir haben viel Blödsinn gemacht in der Badewanne, so, daß meine Mutter manchmal eingreifen mußte, weil es zu lange gedauert hat oder weil es zu naß war. Wir hatten da sehr viel Spaß miteinander. Ich war sieben Jahre alt. Es war ein so mehr partnerschaftliches Verhältnis zwischen uns, sie war fast wie meine große Schwester. Ich kann mich vor allem erinnern, daß sie sehr lieb war. Man konnte mit ihr auch schmusen. Die hat mich da so in den Arm genommen und so rumgeschwenkt; ja, es war ein sehr herzliches Verhältnis gewesen.«

A. M.: »*In welcher Sprache habt ihr miteinander in der Familie kommuniziert?*«

A. G.: »Nastasja konnte gebrochen Deutsch sprechen: die Verben im Infinitiv; sie konnte sich verständlich machen, und sie hat auch verstanden, was man ihr sagte. Die Aufträge, die man ihr gegeben hat, hat sie verstanden, auf sie auch reagiert. Mit der Zeit hat sie besser Deutsch gelernt. Das war schon die Hauptsprache. Russisch war nicht die ständige Verständnissprache zwischen uns, aber öfter. Die Hauptsprache war Deutsch. Wir lebten damals in einem Offiziersghetto, und da gab es eine ganze Reihe russischer und ukrainischer Dienstmädchen. An eine habe ich noch Erinnerungen – ich war eigentlich immer froh, daß wir die nicht hatten. Ich weiß gar nicht mehr, wie sie hieß. Es war eine gebildete Frau, eine Lehrerin, die auch verschleppt worden war, und vor ihr hatte ich immer ein bißchen Angst. Sie war auch sehr unzugänglich. Die Frauen standen da manchmal zusammen und unterhielten sich, natürlich auf russisch, und ich hab es so mitgekriegt, daß das von meiner Mutter und auch von den übrigen deutschen Damen doch nicht so gern gesehen wurde, daß die also da miteinander lebhaft kommunizierten. Aber an diese eine Russin, an die erinnere ich mich noch recht gut. Im nachhinein würde ich sagen, die hat uns gehaßt, und die hat es auch gezeigt, daß sie das konnte, ohne was zu riskieren.«

A. M.: »*Aber vor Nastasja hattest Du keine Angst. Im Gegenteil, Du denkst heute noch mit warmen Gedanken an sie.*«

A. G.: »Ja, ja! Angst hatte ich nie vor ihr. Im Gegenteil, sie war was sehr Liebes für mich. Und ist es auch heute, wenn ich zurückdenke. Ich denke öfters mal an sie, was wohl aus ihr geworden ist.«

A. M.: »*Hast Du jemals nach ihr gesucht?*«

A. G.: »Nein, das hab ich nie getan!«

A. M.: »*Hat Dich schon mal jemand nach Nastasja gefragt?*«

A. G.: »Nein, keiner, nie. Du bist die erste. Ich kann mich auch nicht erinnern, daß ich mit meiner Mutter öfter noch mal über sie gesprochen hätte. Meine Schwester hat ohnehin wohl keine Erinnerung an sie – die war noch klein, die war damals vier Jahre, als wir weggingen.«

A. M.: »In dem Alter kann man aber doch schon sprechen, also sprachlich erinnern.«

A. G.: »Ja, ja, man kann schon sprechen natürlich, aber ich glaube, die hat wenig Kontakt mit ihr gehabt.«

A. M.: »Es scheint also eher ein Kontakt zwischen Dir und Nastasja gewesen zu sein. Was mich verwundert, ist, daß Du als deutscher Offizierssohn angefangen hast, Russisch zu lernen, was ja zur damaligen Zeit eine sehr ungewöhnliche Sache war. Dadurch bist du quasi in die Welt von Nastasja reingegangen. Vorhin, als Du spontan sagtest, Du habest Russisch gelernt, fand ich den Begriff 'Geheimsprache'. War das eine Kommunikationsweise, die Ihr Euch beide geschaffen habt, um gefühlsmäßig näher zu sein? Oder um vielleicht auch eine Grenze zu Deiner sonstigen Familie zu ziehen?«

A. G.: »Das hat sicher mitgespielt. Soweit ich mich erinnere – das war so was Konspiratives! Das hat sicher mitgespielt, daß ich da einen Bereich hatte, zu dem meine Mutter nicht unmittelbar Zugang hatte. Sie hat das ja mitgekriegt, und sie hat es mir nicht unterbunden. Sie hat es geduldet, würde ich sagen. Vielleicht hat es ihr sogar Spaß gemacht, das weiß ich nicht. Aber ich hatte auch damals schon ein primäres Interesse an der Sprache. Soweit ich mich erinnere, daß ich überhaupt ein Interesse an Sprachen hatte und habe. Und hier war es für mich eine exotische Sprache. Sie zu lernen und mich darin ein bißchen auszudrücken, hat mir einfach Spaß gemacht. Aber es war sicher auch so, daß ein Geheimcode lief zwischen uns beiden, weil ich ja auch bemerkt hatte, daß es Nastasja Freude macht, wenn sie da nun jemanden hatte, mit dem sie Russisch reden konnte. Und vielleicht hat sie sich auch geehrt gefühlt, daß sich da etwas entwickelte, was nur wir beide hatten.«

A. M.: »Daß sie als Sklavin, als Leibeigene – denn sie war ja von Deinem Vater aus Rußland geschickt – emotionalen Kontakt fand zu Dir als Kind, das ja, wenn man das mal so vereinfachen mag, auch 'leibeigen' war. Mir kommen da so Assoziationen zu schwarzen Sklavinnen, die den Kindern ihrer 'Herrschaft' ihre Musik übertragen haben. Ihr beide habt durch die Sprache Eure emotionale Beziehung entwickeln können?«

A. G.: »Das war sicher so. Die Verbindung war da, und die ist sicher durch die russische Sprache intensiviert worden. Wir besaßen etwas,

was nur wir beide hatten. Und das war schon für mich sehr schön. Ich glaube, ich habe auch nie mit Schulkameraden darüber gesprochen! Es war ganz einfach unsere Sprache.«

A. M.: *»Du sagst, Nastasja sei lustig und fröhlich gewesen. Hast Du Nastasja auch weinen gesehen?«*

A. G.: »Das hab ich wohl. Ja, das hab ich wohl. Ich hab sie sicher weinen gesehen, aber ich kann mich nicht daran erinnern, zu welchen Gelegenheiten das war. Ich kann mich erinnern – aber zu welcher Gelegenheit das war, weiß ich nicht mehr – da hatte sie geweint wegen meiner Mutter. Da hatte sie wohl irgendwas vergessen oder nicht richtig gemacht, und meine Mutter hatte, obwohl sie sehr freundlich war, sie wohl geschimpft, und darüber war sie traurig, und da hatte sie geweint. Ob es nur Trauer war oder ob sie auch wütend war, weiß ich nicht. Aber an konkrete Anlässe, warum sie geweint hat, kann ich mich nicht erinnern. Ich glaube, aber das sage ich mit allen Vorbehalten, sie hat geweint, als sie von uns wegkam. Als sie ins Lager mußte. Das war ja wohl auch objektiv ein anderes Leben dort. Mit viel mehr Repression und Qual verbunden.«

A. M.: *»Wie hast Du Dich gefühlt, als Nastasja wegging?«*

A. G.: »Das war ein Abschied. Es hat mir wehgetan. Ich habe schon um sie getrauert. Es war ein gewisser Trost, daß sie immer wieder kommen würde – das stand von Anfang an fest, meine Mutter hat ihr das auch gesagt, 'Du kannst immer kommen, wenn Du Sonntag frei hast; komm zu uns, wenn Du willst.' Und das hat sie ja auch oft getan, und das war für mich schon ein gewisser Trost, das Band war nicht ganz zerrissen.«

A. M.: *»Kannst Du Dich erinnern, wie das für Dich war, als Ihr aus J. weggingt und Du dann Nastasja gar nicht mehr sehen konntest?«*

A. G.: »Ach, da war schon Traurigkeit da, daß ich sie nicht mehr sehen konnte, nur muß ich sagen, daß ich dann, wir alle, ganz andere Gedanken hatten. Daß wir selber nicht wußten, was auf uns nun zukommt: die neue Umgebung und auch die kriegerische Entwicklung. Keiner wußte, wie alles so weitergehen wird, das heißt, man wußte das schon, nur ich wußte das nicht!«

A. M.: *»Nastasja hatte Dir aber gesagt, daß Stalin siegen wird.«*

A. G.: »Dennoch waren die anderen Einflüsse stark genug, immer noch stark genug, um zu glauben, 'Der Führer macht das schon.' Mit seinen Wunderwaffen. Und die neuen Divisionen, die angeblich immer wieder neu aufgestellt wurden. Das war ja so das Gesprächsthema bei uns. So viele neue Divisionen sind aufgestellt worden, die nun in den Osten kommen – und irgendwann wird sich das Blatt wenden.

Und diese Einflüsse waren schon stark genug, um, sagen wir mal, der Auskunft oder der Ansicht Nastasjas in diesem Punkt nicht unbedingt zu trauen und um sie als Wunschdenken zu verstehen.

Daß sie recht hatte, nun, das habe ich zumindest erst eigentlich am 8. Mai '45 richtig bemerkt.«

A. M.: »*Erinnerst Du Dich an Lieder von Nastasja?*«

A. G.: »Nein. Ich weiß nicht, ob sie gesungen hat. Ich glaube, daß sie mal mit ihren Landsleuten gesungen hat, aber eine genaue Erinnerung daran habe ich nicht.«

A. M.: »*Was hat Nastasja in ihrer Freizeit gemacht?*«

A. G.: »Nun, sie hatte Ausgang, wie ihn auch die anderen Dienstmädchen bei uns immer hatten, und sie hat sich dann mit ihren weiblichen Landsleuten, die da waren, getroffen. Wie ich schon sagte, man hat es nicht so gern gesehen, daß die da zusammenstanden, das war uns also irgendwie nicht ganz geheuer, weil man ja auch nicht verstehen konnte, was die sich da nun erzählen. Aber – es wurde nicht unterbunden. Nastasja durfte das, und sie ging dann weg oder sie war auf ihrem Zimmer – was sie da getan hat, das weiß ich nicht – oder sie hat sich auch mit mir beschäftigt. Aber sie ging weg, sie ging gerne weg. Das hat sie wohl vorwiegend getan, um sich dann mit ihren Leuten zu treffen.«

A. M.: »*Hat Nastasja Dir von ihrer Kinderzeit, von ihrer Lebensgeschichte erzählt? Oder hast Du sie gefragt?*«

M.W.: »Ich hab sicher gefragt, aber ich weiß kaum noch was davon. Sie hat es mir auch sicher erzählt. Soweit ich das noch in Erinnerung habe, hat sie immer betont, wie anders es bei ihr zu Hause ist. Es war für sie ein Kulturschock, als sie zu uns kam. Siehe die Geschichte mit dem Nachthemd. Aber trotz aller Entfremdung und dem Herausgerissensein aus ihrer heimatlichen Umgebung, die ja zum damaligen Zeitpunkt auch nicht mehr so lustig war, war es für sie schon auch etwas Schönes, bei uns zu sein. Sie hat das auch gesagt, daß sie sich so ein Leben zu Hause nie hätte erträumen können. Und sie hat auch erzählt, daß man ihr nie berichtet habe, daß es in anderen Ländern, zum Beispiel in Deutschland, Dinge wie Radios oder eigene Zimmer und so etwas überhaupt gibt. Das aber war für sie überwältigend! Zumindest am Anfang. Und sie hat das sicherlich auch genossen.

Was sie mir so von sich, über ihr Zuhause erzählte? Ja, daß bei ihr die ganze Familie, Eltern, Geschwister (wie viele, weiß ich nicht mehr) und dann wohl noch eine Großmutter, alle in einem Raum gelebt haben! In einem kleinen Haus, in einem Raum, und daß es da kein Badezimmer gab und kein richtiges Klo, wie wir es hatten, und daß es eben viel viel primitiver war. Das weiß ich noch, das hat sie erzählt. Und das war für mich im umgekehrten Sinne unverständlich.«

A. M.: *»Du erzähltest von Euren Freuden, wenn sie Dir zum Beispiel die Haare gewaschen und die Mutter sich darüber zeitweise geärgert hat, weil es zu lange dauerte oder die Badestube schwamm. Das sagt mir, daß Du relativ wenig Scheu vor Nastasja hattest, Dich zum Beispiel von ihr baden zu lassen. Hast Du auch an diese Szenen Erinnerungen?«*

A. G.: »Ja, gut kann ich mich erinnern, daß ich in der Badewanne saß und sie mir die Haare dann gewaschen hat, und das hat – wie das halt so ist, in den Augen gebrannt, und ich wollte das nicht, und dann hab ich mich gewehrt, halb im Spaß, halb im Ernst und hab ihr dann die Seife weggenommen, und sie mußte sie sich dann wiederholen, und das gab ein Riesengeplansche, und sie hat aber nie geschimpft und gesagt, nun benimm Dich anständig, oder so. Nein, sie hat halt mitgemacht, und irgendwie hat sie es halt doch geschafft, mir die Haare zu waschen. Ich hab dann geplanscht, ich hab mich überhaupt nicht vor ihr geschämt oder geniert, in keiner Weise. Ich kann mich erinnern, daß andere Dienstmädchen das auch tun mußten, bei denen hab ich mich auch nicht geschämt, aber ich wollte mich von denen einfach nicht anfassen lassen. Und das war für mich bei Nastasja überhaupt kein Problem. Ja, und es war eine Riesenplanscherei. Und – spaßig.«

A. M.: *»All dem entnehme ich, daß Deine Mutter offensichtlich auch gar kein schlechtes Gefühl hatte, einem so fremdem Mädchen – das ja Kind einer befeindeten Nation war! Ihr Mann, Dein Vater, stand gegen diese Nation im Krieg – ihr eigenes Kind anzuvertrauen.«*

A. G.: »Nein, das hatte sie nicht. Ich weiß nicht, welche Überlegungen da bei ihr eine Rolle gespielt haben. Nastasja war halt Dienstmädchen oder meinetwegen auch Sklavin, sie benahm sich gut und tat nichts Böses; im Gegenteil: sie war sehr anhänglich, und es war auch von meiner Mutter aus ein Vertrauen da. Es gehörte nun mal zu den Aufgaben eines solchen Dienstboten, diese Art Dinge zu tun.«

A. M.: *»Das heißt also: Kinderbaden ist so was wie Treppenscheuern?«*

A. G.: »Ja, vielleicht auch das. Ich kann mich nicht erinnern, ob mich meine Mutter in dieser Zeit irgendwie gebadet oder mir den Kopf gewaschen hätte. Solange wir Dienstmädchen hatten, hat sie das sicher nicht getan.«

A. M.: *»Also hat das Dienstmädchen für Deinen Körper etwas*

Gutes getan, was Deine Mutter verweigert hat. So warst Du bei Nastasja im besten Sinne des Wortes in besten Händen.«

A. G.: »War ich, ja. Sicher – so war es.«

A. M.: »Wann hast Du zum letzten Mal an Nastasja gedacht?«

A. G.: »Das kann ich nicht genau sagen, aber es ist noch nicht lange her. Ich denke öfter mal an sie. Grade, weil ich mir denke, was wohl aus ihr geworden ist. Und ich hatte mir auch schon mal ernsthaft überlegt, ob ich nicht mal an die sowjetische Botschaft schreibe und sie suchen lasse. Ich verspreche mir allerdings nicht viel davon, denn falls sie überhaupt das Kriegsende überlebt hat, ist sie nach der Eroberung durch die Rote Armee zurückgebracht worden und sofort weitergeschleust in den Archipel Gulag, wie das ja vielen sowjetischen Kriegs- und Zivilgefangenen ergangen ist, wegen 'Verrats', in Anführungsstrichen: Bei Stalin galten ja Kriegsgefangene, die sich ergeben hatten, als Feiglinge und Verräter und wurden dann auch zu Tausenden wie die Zivilgefangenen dort in Lager gesteckt. Wenn Nastasja da hinein gekommen ist, dann weiß die sowjetische Botschaft bestimmt nichts von ihr. Das ist ja leider immer noch ein Kapitel, das in der offiziellen sowjetischen Geschichtsschreibung nicht auftaucht. Und von daher hab ich mir gedacht, es ist sicherlich sinnlos, da mal anzufragen. Eine technische Schwierigkeit ist: ich weiß nicht mal, wie man ihren Nachnamen schreibt! Ich kann ihn aussprechen, ich weiß aber nicht, wie man ihn schreibt, und weiß auch nicht, wie häufig er da ist und ob er vielleicht wie Müller ist, dann gäbe es sicher viele Nastasja Müllers. Aber – ich habe öfter mit dem Gedanken gespielt und habe es aber aus diesen Gründen nie in die Tat umgesetzt.«

A. M.: »Mir fällt auf, mit welcher Warmherzigkeit Du an Nastasja denkst. Hast Du vielleicht noch andere Erinnerungen an Sie?«

A. G.: »Eine fällt mir noch ein: Ich war so erzogen, daß ich ein Abendgebet zu sprechen hatte, bevor ich einschlief, wenn ich im Bett lag. Und das wußte Nastasja. Aber für mich war das also ein intimer Bereich, den wollte ich ihr nicht zeigen. Sie wollte es aber unbedingt wissen, wie ich bete. Und sie hat immer versucht, mich zu überlisten; wenn sie dann plötzlich in die Tür kam, dann hab ich entweder abrupt aufgehört oder ich hab abgewartet, bis ich einigermaßen sicher war, sie kommt nicht mehr und hat es nicht geschafft. Was noch? Ich habe noch an Weihnachten Erinnerungen. Sie war Weihnachten natürlich auch bei uns, an Weihnachten 1943 auf 1944; ob sie 1944 / 45 bei uns war, weiß ich nicht, aber ich nehme es an. Sie ist auch beschenkt worden. Wie wir auch. Natürlich mit anderen Dingen, ich weiß jetzt nicht, womit, vielleicht hat sie von meiner Mutter irgendwelche abgetragenen, aber noch gut aussehenden Kleider bekommen, oder – irgendwas hat sie immer bekommen. Auch richtig schön verpackt, wie es auch bei uns, so wie das in deutschen Familien dann auch ist, am Weihnachtsbaum. Und dann wurde 'Oh du fröhliche' gesungen, da war sie auch dabei und hat sicherlich nicht mitgesungen, aber, sie war Weihnachten dabei und fühlte sich auch wohl. Sie war da – sie gehörte dazu.«

A. M.: »*Was hast Du damals gebetet?*«

A. G.: »Ach Gott, ja da gab es so ein Kindergebet. Ich kann es gar nicht mehr. Ich dachte, ich würde es nie vergessen, weil das also jeden Abend über Jahre geleiert wurde. Aber – irgendwas 'Schließ die Äuglein zu' und so.«

A. M.: »*'Vater, laß die Augen Dein über meinem...'*«

A. G.: »'Über meinem Bette sein.' Genau, dieses!«

A. M.: »*Hast Du leise gebetet? Oder hast Du laut gebetet?*«

A. G.: »Ich hab halblaut gebetet! Und ich wollte nicht, daß Nastasja das hört.«

A. M.: »*Das Gebet war für Dich sozusagen ein Geheimnis vor Nastasja, vor der Du sonst kaum Geheimnisse hattest. Das Gebet war also quasi Dein Refugium als deutscher Junge, als christlicher deutscher Junge: Dort hast Du Deine Grenze gezogen.*«

A. G.: »Ja, ich weiß nicht, ob ich mich da als christlicher deutscher Junge verstanden habe. So ein Gebet laut zu beten, war für mich schlicht ein intimer Vorgang, und ich wollte nicht, daß irgendwer das mitkriegt. Ich wollte bestimmt auch nicht, daß meine Mutter dann dazu kommt. Das hatte etwas mit Intimität zu tun. Ich glaube nicht, daß der christliche deutsche Junge da irgendwelche Grenzen gezogen hat. Für mich war es eigentlich auch eine Pflicht. Ich wurde sicherlich nicht von überschwenglicher Gottesliebe heimgesucht, als ich das tat; es war so eine Pflicht, die mußte man halt tun.«

A. M.: »*Erinnerst Du Dich an Spiele mit Nastasja?*«

A. G.: »Ich habe vorwiegend mit Soldaten gespielt. Das lag in der Natur der Sache. Ich habe Tausende von Soldaten in allen Ausführungen gehabt, ja, in der Tat, Zinnsoldaten und solche aus anderem Material, aus Bakelit! – Aus dem ersten Weltkrieg, aus dem laufenden Weltkrieg hatte ich sehr viele Soldaten einschließlich Geschützen und Panzerwagen. Und damit hatte ich vorwiegend gespielt.

Ich habe auch Brettspiele mit ihr gespielt: Mühle, Mensch-ärgere-dich-nicht. Ja, gerade Mensch-ärgere-dich-nicht, das hat uns viel Spaß gemacht, ihr vielleicht noch mehr als mir.«

A. M.: »*Warst Du bei ihr in der Küche?*«

A. G.: »Sicher war ich das, ja, sicher. Das war irgendwie selbstverständlich. Ich war öfter in der Küche, irgendwann wurde ich da rausgeschmissen, auch von Nastasja. Das störte ganz einfach, wenn da so ein Junge rumwurstelt, und da hat man mich rausgeschmissen. Ich habe das nicht übelgenommen, aber ich hab sicher mal da gesessen und hab zugeguckt oder mit ihr geredet, wenn sie gearbeitet hat. Sie muß alles so zur Zufriedenheit meiner Mutter gemacht haben. Meine Mutter schätzte sie – wie gesagt, sie war immer gut zu ihr.«

A. M.: »*Hast Du mit Deiner Mutter später noch über Nastasja sprechen können?*«

A. G.: »Ja, schon gelegentlich. Aber so – nach dem Motto: was aus ihr wohl geworden ist, und ob sie überhaupt noch lebt. Und beide haben wir halt gesagt, es war ein liebes Mädchen und – meine Mutter weiß auch, daß ich sie sehr gern hatte.«

A. M.: »*Nastasja ist also für Dich quasi verschollen?*«

A. G.: »Die ist verschollen, ja. Und, ich denke schon öfters an sie. So plötzlich ist die Erinnerung wieder da, wenn ich an die Stadt J. denke, da gehört sie einfach mit rein. Mehr als manche andere. Und dann, frage ich mich, wo ist sie eigentlich gelandet. Hat man sie gleich liquidiert oder ins Lager geschafft oder nichts dergleichen? Vielleicht lebt sie heute irgendwie glücklich verheiratet in Minsk oder wo sie herkam?«

A. M.: »*Welche russischen Worte erinnerst Du noch?*«

A. G.: »Ein sehr martialisches: 'Rukij werck'. Das heißt 'Hände hoch!' Und dann 'Sassiskij'. Das heißt 'Würstchen'. Was weiß ich noch? Mehr habe ich eigentlich nicht in Erinnerung. Ich hab seitdem nie wieder Gelegenheit gehabt, Russisch zu reden und hab alles wieder vergessen. Ich konnte es auch nicht lesen. Als Lehrgrundlage hatten wir, ich weiß nicht woher, so ein zerfleddertes deutsch-russisches Wörterbuch, und ich bin nur mit phonetischen Umschreibungen zurechtgekommen. Kyrillische Schrift kann ich nicht lesen. Und von daher war es wahrscheinlich auch nicht möglich, die Sprache lebendig zu halten.«

A. M.: »*Das Russische ist also Eure private Sache geblieben, und Du hast sie nicht in Dein Erwachsenenalter herübergebracht. Als Du Dich eben an den Ausdruck 'Rukij werck' erinnertest, da habe ich vermutet, daß Dir an diesem Wort irgend etwas klar geworden ist, was mit dem Lebensschicksal des Mädchens zusammenhing.*«

A. G.: »Ganz sicher, ja, ich glaube, als ich das gelernt habe – hat sie mir irgendwie zu verstehen gegeben, daß wir dieses Wort nicht allzu oft zu wiederholen brauchten. Sie hörte es nicht gern. Und ich hatte damals auch Verständnis dafür, weil ich wußte, daß sie einer befeindeten Nation entstammt, und so achtete ich drauf, ihre Gefühle in dieser Richtung nicht zu verletzen. Darauf haben wir alle geachtet. Und dieses 'Rukij werkch' – ist mir vielleicht nur in Erinnerung geblieben, weil es tabuisiert war.«

A. M.: »Kann es sein, daß ein Geheimnis zwischen Euch gewesen ist? Es spielte sich etwas ab, was mit Nastasjas Geschichte zusammenhing, die Du aber achtetest, da Du sie gern hattest.«

A. G.: »Ja, dies war auch der Hintergrund der dringenden Bitte meiner Mutter, ihr den Kommissar-Stern nicht zu zeigen. Weil der ja ganz offenbar einem getöteten russischen Kommissar gehört hatte. Und damit wollte man sie nicht konfrontieren.«

A. M.: »Wenn ich das höre, habe ich das Gefühl, daß, obwohl Dein Vater im Krieg gegen die Russen stand, in Eurer Familie durch Nastasja etwas Emotionales in Bewegung gekommen ist. Ich weiß nicht, ob ich Recht habe anzunehmen, daß dies mit der Persönlichkeit des Mädchens zusammenhängt – daß sie imstande war, auch Deine emotional harte Mutter weicher zu machen.«

A. G.: »Das war wohl so. Es ging sicher ein gewisser zähmender Einfluß von ihr aus. Gleichzeitig war aber auch in meinem Elternhaus ein Respekt vorhanden für Angehörige von Feindnationen. Ich weiß allerdings nicht, inwieweit das auch für Russen galt. Man behandelte sie anständig, nach dem Motto: Sie sind nun mal unsere Feinde, aber irgendwann, nach Friedensschluß, sind sie es nicht mehr. Und jetzt ist eben Krieg, und egal ob sie als Gefangene oder Freiwillige bei uns sind, behandelt man sie anständig und verletzt sie nicht mit Politik, sondern respektiert sie auch irgendwo. Ich denke, das hat man mit Nastasja getan. Vielleicht auch nur bestenfalls in der Phantasie – denn man hat sich nicht wirklich um sie gekümmert! Und um das Schicksal der russischen Kriegsgefangenen, die es bei uns in J. gab und denen es sichtbar schlecht ging, hat man sich auch nicht gekümmert. Das ging einen nichts an.«

A. M.: »Da gab es also eine Trennung. Die Kriegsgefangenen gingen Euch nichts an. Aber wer gemeinsam im Haus mit Euch lebte, der wurde nach Grundsätzen behandelt.«

A. G.: »...nach Grundsätzen der Haager Landgerichtsordnung. Ja, ja, unbedingt. Das war allgemein verbreitete Ideologie, soweit ich das damals sehen konnte, daß man sich auch Kriegsgefangenen gegenüber anständig benehmen sollte. Ich kann mich erinnern, daß ich auch mal frech, recht gefühllos gewesen war: Ich hatte französischen

Kriegsgefangenen die Zunge rausgestreckt. Meine Mutter wies mich zurecht: Dies wäre nicht sehr passend. Ich hätte mich diesen Menschen gegenüber – auch wenn sie unsere Feinde seien – anständig zu verhalten. Es seien Kriegsgefangene! Also, das war schon ein Prinzip.

Das galt sicher mehr für die französischen Kriegsgefangenen als für die russischen. Ich meine, da gab es schon Unterschiede. Das habe ich damals auch schon verstanden. Dies wurde mir nicht nur im Elternhaus, sondern auch in der Schule vermittelt. Ich meine, die 'bolschewistischen Untermenschen' – galten eben als 'bolschewistische Untermenschen'! Aber Nastasja galt nicht als Untermensch: weil sie im Haus war. Das war etwas anderes. Ich erwähnte vorhin diese ziemlich unzugängliche Lehrerin, die galt auch nicht als bolschewistischer Untermensch, sie war ja immerhin Lehrerin! Und das war schon was! Zu Menschen, die in der mittelbaren Umgebung lebten, mit denen man Kontakt hatte, entwickelte man ein anderes Verhältnis als zu denen, die irgendwo im Lager waren.«

A. M.: »Deine Mutter hat der kleinen Nastasja eine persönliche Beziehung angeboten. Sie legte der Nastasja, die sie ja damals noch gar nicht kannte, eines ihrer eigenen Nachtkleider hin. Ein Nachthemd ist ein sehr persönlicher Gegenstand. Ich stelle mir vor, daß Deine Mutter zu Nastasja eine menschliche Nähe hergestellt hatte, die das Fremde überwand. War es eine Vertrauensvorgabe von Deiner Mutter?«

A. G.: »Ja, das war es, ich sehe das auch so. Ich denke aber auch, daß hier ein Stück Verhaltenskodex Dienstboten gegenüber deutlich wurde. Wir wußten ja, daß Nastasja aus der Ukraine kommt und nichts besaß. Sie kam mit einem kleinen Köfferchen – ich weiß nicht, was sie da drin hatte –, und sie trug nur das, was sie am Leibe hatte. Mehr hatte sie nicht. Und sie war uns auch irgendwie anvertraut! Insofern trägt die Dienstherrin Verantwortung für die Kleider der Dienstbotin. Damit sich diese auch nachts anständig anziehen kann. Sicherlich hat sie nicht eins der schönsten Nachthemden meiner Mutter gekriegt. Die Verantwortung gegenüber dem Untergebenen, dem Anvertrauten, die war schon da.«

A. M.: »...und ist dann umgeschlagen, so höre ich aus Deiner Erzählung, in eine gewisse freundschaftliche Beziehung zu dem Mädchen, dann, als sie nicht mehr in Eurem Hause tätig war, als sie dann Euer Gast wurde und während der Woche in der Industrie zu arbeiten hatte.«

A. G.: »Ja, es entstand dann schon durchaus so etwas wie eine freundschaftliche Beziehung. Denn, obwohl, wenn ich das jetzt erinnere, sie dann auch, wenn sie sonntags kam, Dienstmädchenaufgaben erfüllte. Sie machte sich in der Küche nützlich und griff zu. Vielleicht hat sie auch gekocht? Das weiß ich nicht mehr, aber sie mußte nicht mehr in der Küche essen und saß dann mit am Tisch!«

A. M.: *»Erinnerst Du Dich an Essen, das Nastasja gekocht hat?«*

A. G.: »Sie hat keine heimatlichen Gerichte gekocht. Warum, weiß ich nicht. Ob sie es nicht konnte, oder ob es nicht erwünscht war, das weiß ich nicht. Sie hat gelernt, normale deutsche Gerichte zu kochen. Sie hat nie irgendwelche russischen oder ukrainischen Gerichte gekocht.«

A. M.: *»Erinnerst Du Dich, ob sie Näharbeiten gemacht hat?«*

A. G.: »Ja, das hat sie gemacht, Flickarbeiten. Richtig genäht mit der Maschine hat sie sicherlich nicht. Ich kann mich nur erinnern, daß sie oft da saß mit Bergen von Strümpfen, die sie stopfen mußte. Ausbesserungsarbeiten gehörten zu ihrem Job. Vielleicht hat sie auch gestickt oder gestrickt? Ich kann mich nur an ihre Ausbesserungsarbeiten erinnern.«

A. M.: *»Wie hat Nastasja die Haare getragen?«*

A. G.: »Sie hat lange Zöpfe getragen. Zwei Zöpfe, rechts und links einen. Und manchmal hat sie sie auch hochgesteckt. Ganz selten hatte sie die Haare ganz offen. Aber meistens trug sie ihre Zöpfe in einer Gretchenfrisur. Sie hatte sehr dichte und sehr lange Haare.«

A. M.: *»Erinnerst Du Dich an ihren Sprechton?«*

A. G.: »Ja, aber nicht so, daß ich ihn interpretieren könnte. Sie hatte diesen osteuropäischen Akzent, und in dem klang schon etwas sehr Warmes. Sie sprach zum Schluß sehr fließend Deutsch mit einer Menge Fehler darin. Es gab keine Verständigungsschwierigkeiten auf beiden Seiten. Sie konnte lesen. Ich weiß nicht, ob sie auch Deutsch lesen konnte. Sie hat mir diese russischen Wörter aus ihrer Schrift heraus vorgelesen. Das konnte sie. Sie war nicht mehr lange zur Schule gegangen, eben kriegsbedingt, aber lesen konnte sie. Ich kann mich erinnern, daß sie nicht lange in der Schule war. Und daß sie viel arbeiten mußte als junges Mädchen, bereits als Kind! Daß da die Schule wohl ab und zu auch ein bißchen zu kurz gekommen ist. Obwohl, und das sagte sie, die russische Schule auch sehr streng gewesen sei. Und – nun gut ja, sie war vierzehn, fünfzehn, als sie zu uns kam, und immerhin war da ja schon zweieinhalb Jahre Krieg in ihrem Land!

Sie hat auch schon mal geschimpft mit mir, gelegentlich, aber das war ein ganz anderes Schimpfen als mit den Deutschen. Es war kein giftiges Schimpfen; man hat gemerkt, sie ist jetzt sauer, aber sie lehnt dich nicht ab. Aber bei den deutschen Dienstmädchen habe ich immer gemerkt, daß ich denen auf den Geist ging und sie mich eigentlich lossein wollten. Das geschah bei Nastasja nie! Die hat schon mal losgepoltert, aber dann war es vorbei! Dann war die alte Freundschaft wieder da.

Nastasja hat mir gut getan. Nicht umsonst muß ich immer wieder an sie denken. Sie war eine wichtige Person in meiner Kindheit! Und eine wichtige, eine sehr erfrischende und wärmegebende Person in meiner Kindheit. Tja, wo die nur abgeblieben ist?«

A. M.: »*Diese Frage bleibt für uns offen.*«

A. G.: »Wohl für immer, leider.«

Peter Q. (1929 geb.):
Erinnerungen an Tanja E. aus der Ukraine

»Ich habe im Dorf E. in Oberhessen gelebt im Krieg. Wir hatten selber eine kleine, nebenberufliche Landwirtschaft. Die ersten Fremdarbeiter, die ich erlebt habe, waren polnische Kriegsgefangene, die bei Bauern eingesetzt waren. Und die dort zum Teil in den Familien lebten. Es waren erst keine Frauen da, sondern es waren anfänglich ausschließlich Männer. Es kam dann nach dem Frankreichfeldzug eine Welle von französischen Kriegsgefangenen, die ebenfalls, soweit sie Landwirte waren, in Deutschland in der Landwirtschaft eingesetzt wurden. Und denen begegnete man halt auf der Dorfstraße. Sie lebten in den Familien, zum Teil in den Bauernhäusern direkt. Nicht in den Lägern. Nein, es gab kein Lager bei uns im Dorf. Das nächste Kriegsgefangenenlager war ungefähr 10 km von uns entfernt. Allein wegen der Transportprobleme waren das 'ausgesuchte Fremdarbeiter', die eben in den Familien lebten.

Es gab wenig Kontakte zwischen uns und ihnen. Man sah die, die fuhren ja mit den Kuh- oder Pferdewagen zur Arbeit auf die Felder. Es gab natürlich Kontakte, wenn wir in der Erntehilfe waren, bei der Kartoffelernte, wenn der Fremdarbeiter den Pflug führte und wir hinterher haben lesen müssen, also die Arbeit der Bauersfrau leisteten. Wir hatten einen Polizisten im Dorf stationiert und ich erinnere, daß die Fremdarbeiter 'diszipliniert' werden mußten, wenn der Polizist die durchgedroschen hat. Ja, das ist mir also bewußt in der Erinnerung, daß das der Dorfbevölkerung bekannt war. Geschossen wurde nicht, nein, da wurde 'gedroschen'. Ich meine, die Ostarbeiter waren ja immer in Gefahr, ins Gefangenenlager wieder zurücktransportiert zu werden.

Was mir aber auch in Erinnerung ist, das ist das Verbot der Fraternisierung. Zwischen deutschen Frauen und ausländischen Männern – da gab es wohl irgendeinen Fall in unserem Dorf, daß eine Frau ein Kind gekriegt hat von einem Ausländer, aber was daraus geworden ist, das weiß ich nicht zu erinnern.

Als die ersten Polen kamen, war ich zehn Jahre alt; als die Franzosen kamen, war ich elf Jahre alt, und als der Krieg zu Ende war, war ich fünfzehn.

Die polnischen Arbeiter konnten alle ein paar Worte Deutsch, aber es war ja keine Kommunikation in dem Sinne möglich. Also auch, wenn man auf dem Feld arbeitete, da kann ich mich nicht erinnern, daß ein Fremdarbeiter da neben mir gegangen ist. Ich kann mich nur erinnern, daß er das Fahrzeug gefahren hatte. Während wir als Kinder ja die Frauenarbeit gemacht haben. Es bestand ja diese klare Rollenteilung auf dem Bauernhof zwischen der Frauenarbeit und der Männerarbeit. Unser Dorf hatte auch eine Arbeiterbevölkerung, weil wir eine Fabrik im Dorf hatten. 1 000 Einwohner hatte das Dorf selber, das Nachbardorf war ca. zwei Kilometer entfernt, dort gab es natürlich auch Fremdarbeiter, und ich nehme an – denn die Zahl der Bauernhöfe war ja nicht so hoch –, daß vielleicht 20, 30 Fremdarbeiter im Dorf waren. Mehr nicht. Wieviele in der Fabrik waren, kann ich nicht beurteilen.

Die weiblichen Zwangsarbeiterinnen kamen dann später. Vom Anfang des Krieges habe ich keine Erinnerungen an Frauen, aber etwa in der Zeit, in der unsere Tanja kam, seit dieser Zeit kamen also auch wohl verstärkt Frauen. Ich gehe davon aus, daß es 1943 war, als Tanja kam. Sie kam aus dem polnisch-russischen Grenzgebiet, aus der Ukraine. Ich nehme an, daß sie also Ukrainerin war. Wie der Ort hieß, aus dem sie stammte, weiß ich nicht mehr. Sie war etwa zwanzig Jahre alt, und sie war rundlich. Sie trug ein Kopftuch und kam im Winter, in der kalten Jahreszeit. Sie trug Stiefel, was die deutschen Frauen damals kaum besaßen. Sie hatte halbhohe Stiefel aus Leder, also richtige Lederstiefel.

Tanja hatte vorher im Osten in einer deutschen Kantine gearbeitet. Sie sprach auch schon Deutsch, als sie zu uns kam. Ich denke, daß sie irgendwie im Rahmen der Rückzüge sich verpflichtet hatte, ins Reich zu gehen und dort zu arbeiten. Sie kam nach Stalingrad. Also, das habe ich in Erinnerung, daß sie ihr Deutsch in einer deutschen Kantine gelernt hat, wo sie bedient oder in der Küche gearbeitet hatte. Sie ist uns zugewiesen worden. Wir hatten vorher immer deutsche Mädchen. In der Friedenszeit hatten wir einen Chauffeur, der als Kutscher gearbeitet hatte, als wir noch Pferde besaßen, mit denen mein Vater zur Arbeit fuhr. Der brauchte einen Chauffeur, weil er ja zum Teil abgeholt werden mußte. Vor dem Krieg hatten wir bis zu zwei Mädchen, und Tanja wurde uns zugewiesen, weil die deutschen Arbeitskräfte in die Munitionsfabrik mußten, die in ca. 30 km Entfernung von uns lag. Sie kam also als Ersatz für ein deutsches Mädchen. Und der Chauffeur, der nicht ganz gesund war, war also auch Soldat.

Ob meine Mutter auf das Arbeitsamt gerufen wurde, um eine 'Einschulung' im Umgang mit Zwangsarbeitern zu erhalten, erinnere ich mich nicht, aber ich nehme an, daß das damals eine Selbstverständlichkeit war. Es gab ja diese Probleme der Behandlung. Und später kam das Wort Fraternisation. Die sollte vermieden werden. Insofern gehe ich davon aus, daß auch da Gespräche geführt wurden. Und daß ein gewisser Einfluß ausgeübt worden ist.

Ich kann sehr genau den ersten Eindruck, den ich von Tanja hatte, erinnern. Was mir als Junge damals imponierte, waren ihre Stiefel, und daß sie wirklich gut genährt war. Es war in keiner Weise irgendwie vom Körperlichen her ein negativer Eindruck. Ich trat ihr entgegen in der Küche. Das war der Raum, in dem sich das Personal aufhielt, und da stand sie irgendwie verschüchtert. Sie war – irgendwie merkte man das schon – unter Druck. Ich habe in Erinnerung, daß es ihr nicht leicht war, da so in eine Familie zu kommen. Nach Deutschland zu kommen. In eine deutsche Familie.

Wir hatten unter dem Dach ein Mädchenzimmer, sie hat in demselben Zimmer geschlafen, wo unser deutsches Mädchen geschlafen hatte. Ja, unter denselben Bedingungen, in demselben Bett. Mit der gleichen Behandlung. Auch im Essen. Sie hat dasselbe gegessen wie wir. Nur, wie auch vorher die Mädchen in der Küche aßen, aß sie auch in der Küche. Im Eßzimmer aßen wir. Eine Tischgemeinschaft gab es nicht. Außer draußen auf dem Feld. Aber sie hat genau das gleiche Essen bekommen, und wie ich meine Mutter kenne, auch keine andere Portion oder so.

Tanja war als Mädchen für die Landwirtschaft da. Wir hatten zwei Kühe und zwei Schweine. Es war also keine große Landwirtschaft, und da hatte sie den Stall zu besorgen, und sie hatte die Feldarbeit zu machen mit uns zusammen, mit gelegentlichen Aushilfen. Und sie hat sicherlich auch das Haus geputzt. Aber das weiß ich nicht genau. Kochen konnte sie, glaube ich, nicht. Das hat meine Mutter gemacht. Tanja war also für die grobe Arbeit da.

Sie konnte sich in freien Zeiten vom Hause wegbewegen. Und ich erinnere auch, daß Tanja sich mit anderen Ausländerinnen getroffen hat. Die trafen sich auf der Dorfstraße, irgendwo. Da war ein gewisser Kontakt. Ich habe auch in Erinnerung, daß irgendeine Ausländerin von meiner Mutter abgelehnt wurde, weil sie einen ‘schlechten Einfluß’ auf Tanja hatte. Tanja war sehr gutartig, sehr gutmütig, sehr willig. Grade gegen Ende des Krieges gab es da aber so was wie Widerstand unter den Fremdarbeitern, die wurden da auf einmal aufmüpfig, und da erinnere ich mich, daß meine Mutter dann Probleme hatte mit dieser einen Ausländerin, mit dieser einen Russin. Die hat die Tanja beeinflußt. Aber selbstverständlich konnte sie fortgehen – sie hatte also auch freie Zeit. Also, ich muß noch mal sagen, ich habe nicht in Erinnerung, daß da irgendein Unterschied zwischen deutschen Mädchen und ihr in dieser Hinsicht war. Abgesehen davon, daß sie natürlich sicherlich nicht völlig frei gehen konnte.

Ich kann mich auch nicht erinnern, daß sie Post bekommen hätte. Kann sein, sie hat welche bekommen, aber das habe ich nicht wahrgenommen. Wobei man immer bedenken muß: Ich war Fahrschüler, ich mußte also morgens vor 6 Uhr aufstehen, mußte um 20 nach 6 mit dem Zug fahren und kam gegen 2 Uhr oder so was zurück und mußte meine Aufgaben machen. Und mußte auch in der Landwirtschaft mithelfen. Und ich hatte auch nicht so viel Zeit. Und damals hatte ich ja an sechs Tagen Schule, auch samstags. Und dann war ich im Jungvolk: zweimal in der Woche und meistens auch noch sonntags hatte ich Dienst. Und sonntags gingen wir in die Kirche. Und das war also ein sehr ausgefüllter Zeitraum, es gab nicht so viel Zeit, um sich um die anderen auch irgendwie zu kümmern.

Wir waren Protestanten – Tanja war mit Sicherheit keine Protestantin, und ich kann mich nicht erinnern, daß sie mit in die Kirche gegangen wäre – eine katholische Kirche hatten wir nicht am Ort, es war ein rein protestantischer Ort damals.

Ich erinnere mich sehr gut an eine schlimme Szene, das war also Ende 1944. Das war das einzige Mal im Leben, daß ich mal eine Frau geschlagen habe. Ich habe ihr da eine Ohrfeige gegeben. Da wurde sie aufmüpfig gegen meine Mutter – da kam also diese Beschützerrolle von meiner Seite –, da war also irgendwie ein Wortwechsel zwischen ihr und meiner Mutter, sie wollte irgend etwas nicht ausüben. Also, ich bin so erzogen, daß – also nichts schlimmer, als eine Frau zu schlagen. Insofern ist mir das sehr haften geblieben, daß ich ihr da eine ‘geklebt’ habe. Da war sie auch sofort dann ruhig und kam aus dieser extremen Position heraus.

Sehr gut erinnere ich mich auch an die bedrückende Situation, als die Amerikaner kamen. Ich hatte das Gefühl, daß Tanja mehr Angst hatte als wir. Es ist mir bewußt geworden, daß sie Angst hatte, als Sympathisant der Deutschen zu gelten. Sie blieb zunächst, nachdem die Amerikaner das Dorf besetzt hatten, bei uns im Haus. Ja, und, und irgendwann verschwand sie. Also, diese Angst vor dem, was ihr geschieht, wenn ihre Befreier kamen, das hat mich damals sehr, sehr beeindruckt. Darüber sprechen, das konnte man nicht. Das war auch wieder dieses Verhältnis von Herr und Knecht. In irgendeiner Weise ist diese Fähigkeit, miteinander zu reden über das, was uns oder sie bedrückte oder bedrängte, sicher nicht vorhanden gewesen. Es war ein patriarchalisches Verhältnis. Es war selbstverständlich, daß sie da war, und sie hat auch, wie gesagt, uns keine Probleme geschaffen, nachdem die Amerikaner da waren, ja. Aber Gespräche darüber gab es nicht.

Wir wurden dann noch von den Amerikanern, da unser Haus eine amerikanische Ortskommandantur wurde, aus dem Haus rausgeschmissen und haben auf Dachböden und in Kellern gehaust, damals. Ja, irgendwie wurden wir alle damals auseinandergerissen, und wir waren mit uns selber auch beschäftigt. Aber es hat mich belastet, diese Angst damals um Tanja, ja, ja, dieses Gefühl.

Tanja dürfte wohl auch gewußt haben, was ihr passiert, wenn sie zurückgeht in die Sowjetunion. Damals galt ja im Stalinismus die Devise, daß Zwangsarbeiter erneut in Läger verbracht wurden. Noch einmal.

Nach dem Kriegsende kam Tanja weiter unter Druck: Hinterher kamen polnische Banden, die die Häuser überfielen, einzeln stehende Bauernhäuser. Es war da eine Art offensive Infrastruktur entstanden unter den Fremdarbeitern, die dann hinterher sich auch gegen die eigenen Landsleute richtete, nicht nur gegen die Deutschen. Ja, also, wie es halt ist, die Situation nach einem verlorenen Krieg. Diese Polen, die bisherigen Zwangsarbeiter, die haben also deutsche Soldaten, die sich durchzuschlagen versuchten, abgefangen. Und haben die Leute verprügelt und ausgeraubt. Sicherlich fühlte Tanja sich auch unter einem Druck von ihren Landsleuten oder von den Fremdarbeitern im Dorf allgemein. Weil sie eben auch in den Häusern gewohnt hatte, bei uns gewohnt hatte! Und nicht im Lager war. Und dadurch auch eine Trennung von ihren Landsleuten erlebte. Vielleicht hat sie auch befürchtet, daß ihre Landsleute sie wegen der gewissen positiven Erlebnisse beneideten, die sie bei uns im Hause hatte. Sie hatte eben genügend Essen gehabt und nicht nur 1 000 Kalorien, die die Zwangsarbeiter kriegten, auf Karten oder auf Zuweisung. Dadurch, daß wir eben die Landwirtschaft hatten. Und das, obgleich wir auch das Haus voll hatten. Meine Großeltern waren ausgebombt und wohnten bei uns, und vorher waren andere Flüchtlinge da; eine Tante mit ihren Kindern wohnte auch bei uns. Das Haus also war proppenvoll. Da wohnte also nicht nur unsere Familie. Aber wir hatten es doch immer besser. Wir hatten genügend Brot, wir hatten Milch. Wenn auch abgeliefert werden mußte, blieb doch so viel, wie man brauchte. Wir hatten auch Grießbrei, ja, und Hafer. Und es gab Mohrrüben oder so etwas. Also, erstmals gehungert habe ich erst 1947, als wir keine Landwirtschaft mehr hatten. Für Tanja gab es keinen Hunger in meinem Elternhaus. Ich glaube nicht, daß sie ein kleineres Stück

Fleisch bekommen hat, wenn es Fleisch gab. Nur die kleinen Kinder wurden natürlich irgendwie bevorzugt.

Wie war es zu den Festen bei uns im Hause? Es liegen ja zwei Weihnachtsfeste in der Zeit, als Tanja bei uns war. Ich kann mich nicht genau erinnern, aber für mich war es doch eine Selbstverständlichkeit, daß das Personal bei Weihnachtsfesten mit dabei war und auch beschenkt wurde in irgendeiner Form. Das war eine Selbstverständlichkeit, daß Tanja dabei war. Ich hätte es sicherlich in Erinnerung, wenn sie in der Küche hätte sitzen müssen, während wir Weihnachten feierten. Weihnachten war das Fest des ganzen Hauses.

Als sie kam, ich war 13 oder sogar 14 Jahre alt, also ich war der Jüngste. Da kam allerdings noch meine kleine Schwester als Baby, als Tanja im Hause war, mit der hat sie aber nichts zu tun gehabt, als Baby. Ich weiß aber, daß sie sie gern mochte. Tanja war nur in der Landwirtschaft tätig, sie war keine Kinderpflegerin. Aber ich erinnere mich, daß wir durchaus Schabernack miteinander getrieben haben. Wenn wir da auf dem Acker da so irgend etwas arbeiteten, ja. Also, ich hab die Tanja nie als geringwertig oder minderwertig oder sonst irgend etwas damals empfunden. Ich weiß heute noch – wir hatten ja alle nichts Neues anzuziehen und sind ja meistens in Uniform, in Hitlerjugenduniform, wenigstens in den Hosen und in den Jacken herumgelaufen, ohne Braunhemd, auch im privaten Leben. Es gab ja einfach nichts zum Anziehen und, also, wir sind auch in Uniform in die Kirche gegangen und haben dabei gar nichts Negatives empfunden und waren da unbedarft auch im Blick auf die Wirkung der Uniform auf so ein Mädchen. Das war mir alles nicht bewußt. Das einzige, was ich in Erinnerung habe, war dies, daß – es muß also gegen Ende des Krieges gewesen sein – ja, daß ich davon hörte, daß Fremdarbeiter durchgedroschen wurden von unserem Polizisten und, ja, dieser Druck, unter dem die standen, unter dem sicher auch Tanja in irgendeiner Form gestanden hat.

Woran ich mich erinnere, ist, daß sie unheimlich gern gelacht hat und im Grunde ein fröhlicher Mensch war. Ja. Ein warmherziger und fröhlicher Mensch, ja. Ob sie gesungen hat bei der Arbeit? Ich kann mich auch nicht erinnern. Daß sie eben sehr gut Deutsch konnte, das war für das Wesen unserer Beziehung eine ganz enorme Erleichterung. Doch spürte ich schon ein bißchen Andersartigkeit in der Mentalität.

Ich muß etwas hinzufügen, vielleicht erklärt das auch was: Als ich klein war, hatten wir den russischen Kutscher, der als Kriegsgefangener nach dem Ersten Weltkrieg in Deutschland geblieben war. Insofern hatten wir schon früher russisches Hilfspersonal. Der Russe hatte eine Deutsche geheiratet, und so besaßen wir schon russisches Personal in den zwanziger Jahren. Von 1927 bis 1934, glaube ich, war der Kutscher bei uns. Damals fuhr er meinen Vater noch mit den Pferden. Und er gehörte genauso zur Familie, zu unserer landwirtschaftlichen Großfamilie. Das dürfte wohl auch der Grund sein dafür, daß Tanja bei uns gar nicht so aufgefallen ist als andere. Auch für uns Kinder! Weil sie einen Vorläufer hatte, in der Person des russischen Kutschers. Das ist mir jetzt grade erst aufgefallen. Ich wußte schon, was Russen sind, war gleichsam schon eintrainiert: Als ich geboren wurde, hatten wir einen Russen im Haus, das heißt, er wohnte nicht im Haus, aber er arbeitete bei uns und machte die Landwirtschaft, wie es Tanja später dann tat. Das hatte Tradition, das war mir durchaus bewußt, daß es Russen gibt und daß Russen manchmal ein bißchen anders reagieren als Deutsche. Emotionaler und so. Ja, und auf der anderen Seite, daß sie Menschen sind, keine 'Untermenschen'. Das beruhte also nicht nur auf der christlichen Einstellung in meinem Elternhaus, sondern auch auf dieser Erfahrung.

Also, was ich an sie in Erinnerung habe, hat nur mehr anekdotischen Charakter. Ich habe in Erinnerung, daß sie ein guter Mensch war und daß sie in ihrer Gutmütigkeit unser ganzes Heu ans Vieh verfüttert hat, als der Krieg zu Ende ging. Das heißt, wir standen auf einmal ohne Futter fürs Vieh da, als sie wegging. Ja, aus lauter Gutmütigkeit, denn sie konnte auch die Tiere nicht leiden und hungern sehen. Denn damals war eben ja auch das Futter für Tiere knapp. Ja, insofern haben wir die beiden Kühe mit Stroh füttern müssen. Und wenn nicht ein Bauer eine Kuh mit durchgefüttert hätte, hätten wir sie schlachten müssen. Weil wir nicht genügend Futter hatten. Ja, da kam wieder diese gutmütige Mentalität von Tanja durch. Meine Mutter hatte sicher anderes im Kopf und hat nicht auf das Futter geachtet. Und sie, die Tanja, die war eben so – aber das war für sie auch so typisch: ihre Großmütigkeit und ihre Gutmütigkeit. Gutmütig gegen Mensch wie gegen Vieh, ja, so war sie.

Der Abschied von ihr ergab sich dadurch, daß wir rausgeschmissen wurden aus dem Haus, und da verschwand sie. So in diesem Trubel. Meine Mutter wohnte woanders, ich war beim Freund untergekommen, wir lebten an mehreren Stellen. Mein Vater war vermißt, mein älterer Bruder war vermißt – kein Mensch wußte, was war. Es war Ausgangssperre, die Amerikaner waren da. So löste sich quasi erstmal alles in großer Unruhe und Nachkriegswirren auf. Jeder war mit sich

selber außerordentlich stark beschäftigt. Mit der eigenen Existenz-
erhaltung.

Ob Tanja noch einmal geschrieben oder Kontakt aufgenommen
hat, erinnere ich nicht. Das war ja auch das, wovor die Tanja solche
Angst hatte. Sie wäre ja geblieben und hätte abgewartet, wenn sie es
gekonnt hätte. Ich habe dann aber auch verdrängt, unter welchem
Druck diese Menschen im Krieg standen, das habe ich damals sicher
verdrängt. Ja, auch welchen Druck allein die Uniform erzeugte. Da
war ich zu kindlich, darüber habe ich nicht nachgedacht damals. Nur,
daß sie so sehr stark unter Druck geraten war und Angst davor hatte,
was mit ihr passiert, wenn die Deutschen den Krieg verlieren. Das
spürte ich schon.

Wir haben später über Tanja nicht mehr gesprochen. Auch nicht
mit meinen Geschwistern. Ja, Gott – nein, nein. Es gibt Dinge, über
die sprach man nicht. Das ist kein Thema in der Familie. Ich muß noch
mal hinzufügen: Es war ein Bruch. 1945 war einfach ein Bruch. Es
ist auch zu schnell gegangen. Ich habe meinen Eltern damals innerlich
vorgeworfen, daß sie dem Nationalsozialismus auf den Leim gekrochen sind, ja. Ich habe das meinem Vater sehr vorgeworfen. Da war
aber gar keine Möglichkeit, einen Vorwurf, der ein Angriff war, weil
es jugendliche Rebellion gegen die Eltern war damals, aufzuarbeiten.
So ist das nie aufgearbeitet worden, diese Frage.

Als mein Vater aus der Gefangenschaft zurückkam, war er sehr von
uns Kindern enttäuscht. Von unserer Haltung, von unserer Selbstän-
digkeit, von unserem Unverständnis, unserer Aggression. Als er zurückkam aus der Gefangenschaft war das eine sehr, sehr schwere Zeit
für ihn. Auch für uns sicherlich. Er kam ja wie ein fremder Mann. Und
da haben wir einfach das beiseite geschoben und haben all diese
Themen, die offenlagen, nicht miteinander beredet, um überhaupt
Frieden zu haben. Um nur Ruhe zu haben. Sofern sie noch vorhanden
war. Fragen wie Fremdarbeiter und so etwas – sind nie behandelt
worden.

Das abrupte Ende des Zusammenseins mit Tanja war für mich
belastend. Ich habe oft an sie gedacht. Ich war ja damals in der
Pubertät, Tanja hat mich da durchaus angesprochen als Frau, das
würde ich heute so sagen. Insofern war sie ein Mensch, der mich
hinterher durchaus interessiert hat. Die Frage, was aus ihr geworden
ist. Sie war doch ein Teil unserer Familie gewesen! Sie hatte dunkle
Haare. Ich würde sagen – Zöpfe, nein, die hatte sie nicht. Ich würde
sagen, daß sie die Haare nach hinten hatte. Aber daß sie einen Zopf
hatte, das kann ich nicht erinnern. Was ich eben erinnere, das ist dieses

Rundliche, Weibliche bei ihr, und wenn wir vorhin das Wort Wärme benutzt hatten, ihre Ausstrahlung von Wärme und Weichheit, sage ich doch mal, ihre Gutmütigkeit. Ja, also nichts Strenges. Meine Mutter war ein völlig anderer Typ, meine Mutter war herb und spröde und irgendwo in ihrer Art knochig. Und in Tanja war so eine Art Gegentyp zu meiner Mutter, und wir hatten also auch unter den anderen Mädchen beide Typen gehabt, und was für mich wichtig war, das war, daß das ein Mensch mit Wärme war, ja. Also, das ist jetzt ganz erstaunlich, daß ich nicht sagen kann, ob sie einen Zopf hatte oder keinen. Oder zwei Zöpfe rechts und links? In dem Sinn – die Weichheit, Wärme, Gutmütigkeit, ja, dieses Nicht-Angst-Machende im ganzen Wesen. Sie war ein Mensch, der in seiner Art für mich wichtig war. Bei meiner Orientierung auch im Blick auf Frauen später.

Und obgleich ich im nationalsozialistischen Schulsystem war, die rassistische Staatsideologie lernen mußte – ich erinnere mich sehr gut an die Angst, die in uns vor den Untermenschen erzeugt wurde –, aber die merke ich nicht, wenn ich über Tanja spreche. In keiner Weise. Wir haben sie ja auch niemals so erfaßt. Wir haben auch nicht die Tür abgeschlossen, wenn sie da war, wir haben ihr genauso vertraut wie jemand anderm. Das war ja damals noch so, daß die Haustür offenblieb. Ja, es war genauso wie unsere anderen Mädchen: Es gab Gute, und es gab weniger Vertrauenswürdige. Und Tanja war für mich ein Mensch, zu dem ich ein hohes Maß an Vertrauen hatte.

Ich habe nie das Gefühl gehabt, daß bei uns Rassismus eine Rolle spielte. Unser Pferdehändler war ein Jude, und man hat gut über ihn gesprochen. Der war vertrauenswürdig, der hatte gute Pferde. Man hat nie etwas Negatives über ihn oder über Juden oder über Andersrassige geredet. Also, ich habe nie das Gefühl des Extremen eines Herrenstandpunktes, eines rassistischen Standpunktes in meinem Elternhaus erlebt. Wobei die Angst vor dem russischen Kommissar nicht gebannt war. Ich bin oft im Wald gewesen, da habe ich mir ab 1944 stets ein Messer mitgenommen. Falls ich durch einen geflohenen russischen Kriegsgefangenen überfallen werde, ja, es war schon Angst da... Ich erinnere mich auch, daß ein entflohener russischer Kriegsgefangener einen Jungen erschlagen hat, irgendwie auch 1944. Die Angst bezog sich nicht auf die Rasse, sondern auf die Realsituation. Es war, wie es halt im Krieg ist. Es war aber auch Angst da durch die Propaganda, die wurde ja auch hochgejubelt, vor den russischen Untermenschen wie auch vor den Juden. Ja, also und insofern, wir hatten trotzdem auch rassistische Ängste, auch wenn man seinen Hausjuden oder seinen Hausfremdarbeiter hatte, den man gut und menschlich behandelte. Also, irgendwo ist das auch sehr komplex und sehr schwierig, ja. Aber die Nähe löste diese Pauschale 'Alle sind...' natürlich auf. Sie wurde aufgeweicht in dem Moment, wenn man einen Menschen, einzelne Menschen kannte, mit ihren positiven wie auch negativen Eigenschaften.«

Grete B. (1914 geb.):
Erinnerungen an Maria D. aus Kiew

»Ich kann heute nicht mehr genau sagen, war es 1942 oder 1943, als ich eine Haushaltshilfe beantragt habe. Man hat aus einem Industriebetrieb (das war in Friedrichshafen am Bodensee) eine sogenannte Ostarbeiterin abgezogen. Das Mädchen war damals noch nicht ganz 16 Jahre alt. Sie sprach nur dürftig Deutsch, sagte aber, sie hätten es in der Schule gelernt!, sie konnte auch ein bißchen Deutsch schreiben. Zu Hause war sie ihrer Schilderung nach im Raum südlich von Kiew. Sie hatte sich freiwillig gemeldet, vermutlich wollte sie dem Familienleben entrinnen. Sie hatte keine Eltern mehr und lebte bei einem Onkel mit kleiner Landwirtschaft. So ganz klar war nicht alles, in ihrem Paß war der Vermerk 'Nationalität unklar'.

Als sie ankam, hatte sie die grüne Einheitskleidung der Ostarbeiterinnen; aus dem Putzlappensack der Industrie hatte sie sich Reste geholt und sich etwas zum Anziehen zusammengebastelt. Vorne verwaschen geblümt, hinten gestreift. In den ersten Tagen hatte sie doch etwas Heimweh, was sich aber bald legte. Denn ihre Lebensumstände hatten sich doch verbessert. Man mußte ihr die einfachsten Dinge erst zeigen, so zum Beispiel, wie man im Bett liegt: Ich kam in ihr Zimmer, da lag sie auf dem Bett und hatte sich mit einer Schürze zugedeckt. Sie wußte nicht, daß dazu das Deckbett bestimmt war.

Im Haushalt war sie sehr gelehrig, konnte sehr bald alle Arbeiten verrichten, und auch kochen hat sie gelernt. Unsere Kinder, zwei, vier, sechs und zehn Jahre alt, hat sie sehr gerne gehabt und die Kleinste immer herumgetragen.

Einmal in der Woche hatte sie einen freien Nachmittag, da ging sie dann in das Russenquartier; sie zeigte sich gerne dort in ihren neuen Kleidern. Interessant war, daß sie von dort das Datum der bevorstehenden Luftangriffe mitbrachte. Es soll von den Holländern verbreitet worden sein.

Wir hatten in Friedrichshafen sehr schwere Luftangriffe, und nach einem solchen konnten wir nicht mehr dableiben. Wir gingen zu den Schwiegereltern, die eine kleine Landwirtschaft hatten, und nahmen unsere Maria mit, über die die Großmutter sehr froh war, da sie ihr die Stallarbeit und das Melken der Kühe abnahm und auch sonst in der Landwirtschaft arbeitete.

Das ging dann bis 1945 zum Kriegsende. Da haben dann die Ausländer beschlossen, sie müssen nicht mehr für die Deutschen arbeiten. Daran hat sich auch unsere Maria beteiligt. Sie kam nur noch zum Schlafen und Essen, sonst aber war sie bei den Zusammenkünften der Ausländer. Sie hat sich aber dann doch wieder auf ein normales Verhältnis umgestellt und bei den Besatzungen die Interessen der Familie vertreten.

Bald darauf wurden alle eingezogen und kamen in Lager in der nahen Stadt Ulm. Unsere Maria hat sich in das Polenlager gemeldet, vermutlich wollte sie nicht zurück nach Rußland. Sie hat dort noch im Lager einen Polen geheiratet und ist mit ihm nach Polen gegangen. Es ging ihr dort nicht gut, sie war immer eine Fremde, die 'Russin'. Ihre Kleider hat ihr die Schwiegermutter abgenommen und an ihre Töchter gegeben. Mit der Zeit aber hat sie sich durchgesetzt, hat ein von Deutschen geräumtes Einfamilienhaus bezogen, hatte fünf Söhne, die sie zu anständigen Menschen erzogen hat. Sie sagte mir, sie hätte es mit ihren Kindern so gemacht, wie sie es bei uns gelernt hat. Ihre Kinder waren die einzigen in der Verwandtschaft, die mit Messer und Gabel umgehen konnten, worüber sie sehr stolz war.

Als sie damals wegging, haben wir zwanzig Jahre nichts mehr von ihr gehört. Da meldete sie sich plötzlich. Wir haben sie dann eingeladen. Seitdem war sie dreimal hier zu Besuch, so daß wir über ihren Lebensweg gut Bescheid wissen.«

(schriftliche Aufzeichnungen)

Günther H. (1930 geb.):
Erinnerungen an Anja R. aus der Ukraine

G. H.: »Wenn wir heute an die Beschäftigung von Ostarbeitern während der Zeit des Krieges zurückdenken, dann drängt sich uns die Frage auf, wie haben wir dazu beigetragen, daß Menschen entwurzelt und von ihrer Heimat verschleppt wurden. Tatsache ist, daß damals vor 46 Jahren keiner von uns solche Gedanken gedacht hat. Ein Beispiel dafür, wie stark der Zeitgeist das Denken und Fühlen der Menschen beeinflußt.

Die Ostarbeiter kamen ins Land, und es wurde den personalsuchenden Arbeitgebern mehr oder weniger nahegelegt, ihren Personalbedarf über diesen Kanal zu decken. Man nannte sie 'Ostarbeiter', sehr viel seltener 'Fremdarbeiter', aber niemals 'Gastarbeiter'. Das Wort 'Gastarbeiter' ist eine Wortschöpfung der Wirtschaftswunderjahre. So entschlossen sich also auch meine Eltern in H., eine Ostarbeiterin als Haushaltshilfe anzufordern. Unser Haushalt bestand aus Vater, Mutter und fünf Kindern; der Vater war 1941 zur Marine eingezogen worden. Er war von Beruf Arzt und arbeitete dort als Marineoberstabsarzt. Seit dem Frühling 1942 hatten wir im Haushalt ein Pflichtjahrmädchen, Erika M., Jahrgang 1926. Sie hatte damals gerade ihre Mittlere Reife gemacht und mußte nun ihr Pflichtjahr ableisten. Sie war bis Frühjahr 1943 bei uns.

Und nun versetzen wir uns in die Zeit Ende 1942: Meine Mutter hat also ihr Interesse an einem Ostarbeitermädchen beim Arbeitsamt angemeldet, und nun wurde sie eines Tages eingeladen zu einem Informationsabend, wo den zukünftigen Arbeitgebern erklärt wurde, wie sie mit ihrer Ostarbeiterin umgehen sollten. Von dem, was die Mutter darüber erzählte, erinnere ich mich noch an folgendes: Es wurde also gesagt, man soll die Ostarbeiter nicht schikanieren und nicht schlagen, man soll aber auch nicht zu vertraut mit ihnen werden, nicht zu viel menschliche Nähe aufkommen lassen. Es sollte also immer klargestellt werden, wer Herr und wer der Untergebene ist.

Als Beispiel dafür, was man nicht durchgehen lassen durfte, erzählte der Vortragende folgendes: In einem Betrieb, der Ostarbeiterinnen beschäftigte, waren Rundschreiben umgegangen, in denen völlig fingierte Nachrichten von der Front vermittelt wurden. Nämlich etwa folgendes: 'Die Deutschen beziehen Prügel. Unsere Truppen sind auf dem Vormarsch und stehen vor Warschau.' Zwei Jahre später hätten diese Nachrichten gestimmt, damals aber in keiner Weise. Nun sagte der Vortragende dazu: 'Nachdem wir', wie er sagte, 'die Rädelsführerin einen Kopf kürzer gemacht hatten, war erst mal Ruhe.'«

A. M.: »...was vielleicht Ihrer Mutter gezeigt hat, daß es auch gefährlich ist, so ein junges Mädchen ins Haus zu nehmen, daß es auch gefährlich werden könnte, zuviel Gedankenaustausch miteinander zu haben.«

G. H.: »Also – das wurde uns nicht als gefährlich hingestellt, aber man wußte ja im allgemeinen im Dritten Reich, was gefährlich war, was nicht; gefährlich waren bestimmte Formen von Meinungsäußerungen, natürlich. Ich glaube, wenn ich damals manches gewußt hätte, was wir später mit Anja gesprochen haben – das hätte übel für uns ausgehen können.

Ich bin sicher, daß auch einiges darüber gesagt wurde, welche körperhygienischen Maßnahmen und welche Einkleidungsmaßnahmen auf die Hausfrauen zukamen. Darüber hat die Mutter aber nichts erzählt. Zum Schluß bekamen die Zuhörer dann noch eine kleine Broschüre, so etwa im Format eines Briefumschlags, die ein deutsch-russisches Kurzlexikon beinhaltete. Die Begriffe waren mit schwarzen Strichzeichnungen erläutert, und es standen Worte jeweils in Deutsch und Russisch in orthographischer Schrift und in Lautschrift wiedergegeben. Zum Beispiel: 'Brot' – 'chleb', 'Butter' – 'maslo', 'Komm her' – 'idij ssjuda', 'Verstehst Du?' – 'ponymajesch tyi?' Das russische Wort aber, mit dem deutsche Arbeitgeber von Ostarbeitern mehr konfrontiert wurden als mit jedem anderen, das war das Wort 'Panjanka'. Wörtlich übersetzt: 'Herrin'. Etwas freier übersetzt: 'Gnädige Frau'.

Und eines Tages war es dann so weit, ich glaube, es war im Februar 1943, als die Mutter ihren Bescheid bekam, daß sie ihre Ostarbeiterin abholen konnte. Am späten Nachmittag kam die Mutter mit ihr nach Hause; es war Anja R. aus der Ukraine. Sie war geboren am 6. Juni 1926, damals also noch keine siebzehn Jahre alt. Und trotzdem sah sie aus wie eine vollkommen erwachsene Frau. Gekleidet war sie wie die Hexe aus Hänsel und Gretel, wie in Tücher eingewickelt – Tücher, die alles andere als farbenfroh waren, die eher an Sackstoff oder Nesselstoff erinnerten. Auf dem Kopf trug sie ein Kopftuch, das wohl jede russische Frau trägt, und an den Füßen hatte sie keine Schuhe, sondern ihre Füße waren in Fußlappen eingewickelt. Zu ihrem Gepäck gehörte ein Beutel aus Sackstoff, in dem wohl ihre Reiseverpflegung war. Man konnte vermuten, daß es mal Schwarzbrot gewesen war, jetzt aber war es vollkommen zerkrümelt. Es sah ziemlich unappetitlich aus, wie Schrotfutter für den Schweinetrog. Die Mutter hat es in den Heizofen geschmissen.

Und jetzt stand man vor dem Problem, sich zu verständigen. Keiner hatte eine Ahnung von des anderen Sprache. Um überhaupt etwas zu sagen, sprach Anja natürlich ukrainisch, und im vollen Bewußtsein der Unverständlichkeit versuchte sie eben, diese Unverständlichkeit durch Lautstärke zu kompensieren. Sie sprach fast keifend, das aber aus reiner Verlegenheit. Nicht etwa, weil sie den Kopf hoch trug. Das war nicht der Fall.

Und nun ging es darum, erst mal den Reisestaub von Anja abzuwaschen. Im Keller des Hauses, dort, wo der Heizofen stand, wurde ein Holzbock aufgestellt, darauf eine Zinkwaschwanne, die mit warmem Wasser gefüllt wurde, und nun mußte sich Anja entkleiden. Ich war selbstverständlich nicht dabei, die Mutter und Erika haben sie sich vorgenommen. Anja wurde nun von Kopf bis Fuß abgeseift. Nun kamen auch die Haare an die Reihe und siehe da, die Haare waren voller Läuse. Die Mutter fing an, Läuse zu knacken. Sie merkte aber bald, daß sie die Lösung dieses Problems der Chemie überlassen mußte. Im Anschluß an die Körperreinigung bekam Anja erst mal neue gebrauchte Kleider aus dem Familienbesitz. Echt neue Kleider – das konnte man natürlich zu der Zeit vergessen! Sie bekam natürlich auch Schuhe. Ihre bisherigen Kleider wurden erst mal beiseite gepackt zwecks Entlausung, und damit kommen wir auf das Thema Entlausung. Wir brachten in Erfahrung, daß es im Südosten von H. eine Entlausungsanstalt gab. Ein oder zwei Tage später wurde die Erika mit Anja dort hingeschickt, und die Erika hat sich zusammen mit Anja dort entlausen lassen. Sie hat es mitgemacht aus zwei Gründen: Einmal war sie von einer leichten Einbildung beschlichen, daß sie selbst Läuse abbekommen hatte, und zum anderen wollte sie – ja, das mußten wir sogar – Anja die Angst nehmen, daß etwas Schreckliches mit ihr gemacht werden sollte. Sie hätte sonst vielleicht geglaubt, daß sie umgebracht werden soll. Sie hat uns später, als sie sich auf deutsch verständigen konnte, erzählt, sie glaubte, daß sie umgebracht werden sollte, als sie gewaschen wurde! Anja bekam ein Zimmer im obersten Geschoß unseres Hauses, das sogenannte Mansardenzimmer, wo sie ihr kleines bescheidenes Reich für sich hatte.

Und nun standen beide Seiten vor dem Problem, sich zu verständigen. Was die auszuführenden Arbeiten betraf, so ging das noch mit am einfachsten: Man konnte ihr durch Zeichen und Gesten bedeuten, was zu machen war. Abgesehen von der Arbeit waren wir neugierig darauf, von ihr etwas über ihr bisheriges Leben zu erfahren. Besonders die Erika, die war ein bißchen kindisch-verschmitzt, möchte ich sagen. Die fragte nach Stalins Frau, einer gewissen Estabaturko. Anja konterte hilflos: 'Jossip Wissarionowitsch Stalin' und 'Sowetska Sojus Sosjalisti Respublika'. Dann aber hatte Anja eine Idee, wie sie etwas von sich geben konnte, was Hand und Fuß hatte: nämlich Sprichwörter und Lieder aus ihrer Heimat.

Ich will versuchen, diese Dinge aus meinem phonetischen Gedächtnis hervorzuholen, wo sie vor 46 Jahren ganz zwanglos eingespeichert wurden:

Da wäre zunächst einmal der Spruch 'De hermanez, de hermanez oibroschaitnje woiena na ukrajenji mnoho djewok ostanetse di wu watj.' Das erste dürfte etwa so heißen: 'Oh, ihr Deutschen' – ich weiß nur, 'woiena' heißt 'Krieg'. Ja, und 'Na ukrajenji mnoho djewok' – heißt, 'In der Ukraine gibt es viele Mädchen'. Und 'Ostanetse di wu watj' – das muß ich bedauern, weiß ich nicht. Aber sicher wird es der Ukrainer Ljew Kopelew wissen. Und dann wäre da das Lied vom Küken – auf Ukrainisch 'Sziplonok'. (Herr G. singt das Lied.) Das einzige, was ich davon übersetzen kann, ist das letzte: 'Sagt das Küken' – 'Ziplonok S'Kasa'. Anja sang auch noch ein Lied, das ich jetzt nur noch fetzenweise zusammenbringe. Das handelt von ukrainischen Panzerkampfwagen: 'Ukrajenska da tschanka..., schtirre kollissa' – das letzte heißt: 'vier Räder'. Nachdem sich Anja ihre ersten unbeholfenen Deutschkenntnisse angeeignet hatte, bekamen wir von ihr heraus, daß sie vier Jahre zur Schule gegangen war und, als sie abfuhr, da soll eine Kapelle gespielt haben, der Seelenschmerz des Abschiedes wurde also mit Tschindarassassa Bumdarassassa betäubt.«

A. M.: »Wie hat Anja Deutsch gelernt?«

G. H.: »Dadurch, daß wir ihr das, was wir ihr zu verstehen geben wollten, auf deutsch sagten. Sie hat es jedenfalls sehr gut gelernt – natürlich mit einem Akzent, aber sie war sehr gut zu verstehen.«

A. M.: »Wurde dieses Büchlein, das Ihre Mutter bei dieser Informationsveranstaltung bekommen hatte, dieses Wörterbuch für Alltagssprache, nicht benutzt zum Deutschlernen?«

G. H.: »Nein, praktisch nicht. Also das war hauptsächlich 'ne Morgengabe. Ein kleiner Scherzartikel für uns. Wir haben es natürlich gemeinsam mit ihr durchgeblättert, da waren Bilder: 'Brot' – 'chleb', 'Fahrrad' – 'lisopetta'; was es so alles gibt. 'Komm her' – 'idij ssjuda'.«

A. M.: »Könnte man es vielleicht so verstehen, daß Sie selbst damals über dieses Buch Eindrücke fürs Russische bekommen hatten? Sie erinnern sich an die Worte heute noch so genau.«

G. H.: »Nein, wohl weniger durch das Büchlein, sondern ganz allgemein, was ich akustisch von Anja vernommen habe. An dem Abend, wo sie zu uns kam, da wurde natürlich dies und jenes zu ihr gesagt, und sie wußte natürlich, daß wir sie nicht verstehen konnten, und das erzeugte eine gewisse Spannung.

Anjas Arbeitsalltag war ausgefüllt mit Zimmer saubermachen, Geschirr abwaschen, dann Wäsche waschen helfen. Sie nahm es mit größter Selbstverständlichkeit hin, daß sie dazu da war, der deutschen Herrschaft zu helfen. Eines Tages passierte ihr das Mißgeschick, daß sie beim Abwaschen ein Stück Porzellan zerbrach. Als die Mutter in den Keller runterkam, wo die Küche war, kam Anja ihr in Demutshaltung mit dem Ausklopfer in der Hand entgegen, auf daß die Mutter die Rechnung begleichen sollte. Das haben wir natürlich nicht gemacht.

Für die Küchenarbeit hatte die Mutter für Anja eine Schürze geschneidert – das ging so vor sich: man kaufte eine Hakenkreuzfahne, trennte das weiße Rund mit dem Hakenkreuz heraus und schneiderte aus dem verbleibenden Stoff die Schürze. Hakenkreuzfahnen waren nämlich die einzigen Textilien, die man während des Krieges noch markenfrei kaufen konnte.

Gegessen hatte Anja in der ersten Zeit immer in der Küche, das war ihr eigener Wunsch, daß es so passierte. Sie hatte auch einen Kontakt zu einer Schicksalsgefährtin – schräg gegenüber von uns wohnte ein Ehepaar, das hatte sich auch eine russische Haushaltshilfe besorgt, unter anderem, weil sie mit ihr Russisch sprechen konnten. Das Ehepaar war nämlich vor dem Krieg aus beruflichen Gründen in Rußland gewesen. Ganz undeutlich glaube ich mich auch zu erinnern, daß Anja nach Hause schreiben konnte. Ich meine, sie hat zweimal nach Hause geschrieben und, unverbindlich gesagt, ich glaube, sie hat auch einmal Antwort bekommen.

Anja war orthodox und hat hin und wieder gebetet und hat sich dabei bekreuzigt. Nur, eine orthodoxe Kirche gab es damals in H. nicht; heute gibt es eine. Darum ging Anja in die nächstgelegene katholische Kirche. Ich glaube, sie ist zweimal da gewesen. Später, als wir nicht mehr in H. waren, ist sie auch dort in die katholische Kirche gegangen. Mit ihrer Religion hing auch der erste Wunsch zusammen, den sie an uns hatte: Sie wünschte sich ein Kreuz mit einer Kette, das man um den Hals tragen konnte. Den Wunsch bekam sie erfüllt. Ich weiß nicht, ob es vergoldet oder echtes Gold war: Es hat ganz manierlich ausgesehen. Vermutlich hat sie so etwas zu Hause gehabt, und es ist ihr irgendwie abhanden gekommen.

Es gab auch eine Zeitung für Ostarbeiter in ukrainischer Sprache, so etwa im Format unserer heutigen kleineren Zeitungen, aber nur schwarzweiß gedruckt. Und auf der ersten Seite waren keine Bilder. Ob drinnen Bilder waren, weiß ich nicht mehr, daran kann ich mich nicht erinnern. Anja bekam ein Exemplar, kurz vor Ostern. Ich kann mich noch erinnern, daß sie mir ein Gedicht zeigte, das da abgedruckt war: 'Chrestos woskres – woskres na ukrajenja' und so weiter. Das heißt also: 'Christus ist auferstanden, ist auferstanden in der Ukraine.' Ganz allgemein war ja wohl der Text auf Themen des banalen, friedlichen Alltagslebens abgestellt. Und es wurde bewußt abgelenkt von Gedanken an Politik oder gar Krieg. Dessen ungeachtet, legten wir uns keine Beschränkungen auf in der Wahl der Themen, über die wir mit Anja sprachen. Als sie sich schon etwas unbeholfen auf deutsch ausdrücken konnte, sprachen wir einmal über Sowjetkommissare. Und Anja sagte in sehr viel unbeholfenerem Deutsch, als ich es jetzt sage: 'Ihr habt die Kommissare so mir nichts, dir nichts aufgehängt. Aber ihr müßt wissen: Zum Kommissar wurden die Leute von oben herab bestimmt. Und dann mußten sie diese Rolle spielen und konnten sie nicht ablehnen.'

Am 28. März 1943 wurde meine Schwester Antje drei Jahre alt und wurde zu ihrem Geburtstag ziemlich verhätschelt und verwöhnt. Und darüber bekam Anja leicht wehleidige Anwandlungen, denn so was war ihr wohl nicht an der Wiege gesungen worden.

Abgesehen von diesem Ereignis, kann ich mich nicht erinnern, Anja je weinen gesehen zu haben. Ich kann mich auch nicht erinnern, daß sie jemals krank war oder einen Arzt brauchte oder auch zum Zahnarzt gemußt hätte. Auch habe ich nichts davon gemerkt, daß ihr spezielle weibliche Probleme zu schaffen machten. Abgesehen davon, daß ich damals mit meinen 13 Jahren nicht die geringste Ahnung von so etwas hatte.

Anja lernte sehr schnell Deutsch, erst verstehen, dann auch immer besser sprechen. Nach einem Jahr war es so weit, daß sie mühelos alles verstand und auch alles schnell ausdrücken konnte. Daß sie an einigen sprachlichen und grammatikalischen Eigenarten festhielt, hat niemanden gestört. Sie war mühelos zu verstehen. In der zweiten Jahreshälfte 1944 ist sie viel ins Kino gegangen und konnte dem akustischen Teil der Darbietung genauso gut folgen wie dem optischen. Sie lernte auch, in Blockbuchstaben Deutsch zu schreiben. Ein bißchen fehlerhaft, aber immerhin gut leserlich.

Ab Spätsommer '43 mußten wir endgültig fort von H., auf dem Lande wohnen, und da ist sie bei uns geblieben. Vorher, bei uns im

Elternhaus, hat sie immer in der Küche gesessen. Für sich allein. Später auf dem Lande haben wir immer gemeinsam am Eßtisch gesessen.«

A. M.: »*Da ist sie Ihnen also nähergekommen.*«

G. H.: »Ja, was diese Äußerlichkeit betrifft, sonst im allgemeinen war sie uns immer genauso nahe, von Anfang an. Denn wir haben sie grundsätzlich anders betrachtet als eine Hausangestellte, wir wußten ja, von wo sie zu uns gekommen war. Wir haben sie nicht gerade als ein Geschwister angesehen, aber mindestens als eine Schutzbefohlene. Und haben uns Gedanken drüber gemacht, ob sie wohl mit ihren Angehörigen Kontakt bekommen und ob sie sie wiedersehen kann. Auf dem Dorf gab es, ja, ich möchte sagen, jede Menge Ostarbeiter. Ostarbeiter gab es ja überall. Nicht nur in den Haushalten – das war eigentlich der kleinste Teil. Hauptsächlich in der Landwirtschaft, in der Industrie natürlich. Die Handwerker hatten welche und die Bauern; sie trafen sich dann meistens abends zum Feierabendplausch auf der Straße.«

A. M.: »*Und das wurde nicht von SS oder SA oder so auseinandergetrieben?*«

G. H.: »Nein, nein!«

A. M.: »*Verstehe ich richtig: das fand so einfach statt? Das gehörte zum Alltagsgeschehen, daß man Ostarbeiterinnen als Mitarbeiterinnen im Hause hatte oder in der Landwirtschaft?*«

G. H.: »Ja, ja, ja.«

A. M.: »*Und wie war das mit der 'Rassenschande'? Und wie war das mit der 'Rassentrennung'?*«

G. H.: »Ja, ich glaube, wenn ein Deutscher den Fauxpas begangen hätte, einer Ostarbeiterin näherzutreten, dann hätte er wohl Schwierigkeiten bekommen. Die konnten wohl zwar nicht heiraten und auch kein richtiges Eheleben führen, aber ansonsten konnten sie durchaus Kontakte miteinander haben.«

A. M.: »*Erinnern Sie sich, wie Anja ein Jahr, nachdem sie nun in Ihrer Familie arbeitete, aussah, welche Kleider sie trug?*«

G. H.: »Anja trug Kleider, die man über den Kopf zieht. Unauffällig in Stoff und Muster. Also nichts ausgesprochen Modisches, das war damals auch für deutsche Frauen nicht angesagt. Sie trug niemals Hosen, das war auch bei deutschen Frauen damals nicht üblich. Sie hat wohl die Kleider von meiner Mutter bekommen. An den Schuhen hatte sie flache Absätze. Ihre Strümpfe waren aus trikotähnlichem Stoff. Das Haar hatte sie aus dem Nacken nach oben gekämmt und oben eingerollt.

Für ihre Arbeit bekam sie etwas Geld. Wieviel es war, weiß ich nicht mehr. Natürlich war es nicht zu vergleichen mit den heutigen Löhnen. Das gilt aber in gleicher Weise für die damaligen Löhne der Deutschen. Mit dem Geld konnte man sehr wenig anfangen. Man konnte Zeitungen kaufen und ins Kino gehen.

Obwohl meine Erinnerung hier völlig versagt, bin ich doch absolut sicher, daß Anja zum Geburtstag und zu Weihnachten eine kleine Aufmerksamkeit von uns bekam, so wie unsere Einstellung zu diesen Festtagen war. Ihrerseits konnte sie nichts dergleichen tun. Denn für das wenige Geld, das sie bekam, konnte sie nichts Vernünftiges kaufen. Und um etwas anzufertigen, dafür fehlte ihr die Zeit. Niemand aber kam auf den Gedanken, ihr das anzukreiden, daß sie Geschenke nicht erwidern konnte.

Unsere Einstellung zu Anja war eine wesentlich andere als die, die wir zu unserer deutschen Hausangestellten gehabt haben. Deutsche Arbeitnehmer konnten, um es salopp zu sagen, etwas frech werden, ohne sich damit in eine ausweglose Situation zu begeben. Ostarbeiter konnten das nicht. Sie waren ihren Arbeitgebern nicht nur anvertraut, sondern auch weitgehend ausgeliefert. Darin bestand letzten Endes für viele Arbeitgeber ein starker Anreiz, Ostarbeiter zu beschäftigen.

War es ein menschlicher Arbeitgeber, so bewirkte eben dieses Ausgeliefertsein, daß man sich über die menschlichen Nöte der Ostarbeiterinnen Gedanken machte. Von dem Tatbestand der Zwangsdeportation aus der Heimat fühlte man sich moralisch nicht berührt, aber man verspürte eine gewisse Verpflichtung, der Ostarbeiterin die weit entfernten Angehörigen zu ersetzen. In Privathaushalten beschäftigte Ostarbeiterinnen und die Familie wurden fast automatisch Bezugspersonen füreinander. Wir Kinder haben Anja mit der Zeit mehr und mehr als ein Familienmitglied angesehen. Mindestens aber als eine Schutzbefohlene. Etwas anderes war die Lage an den Arbeitsplätzen, wo mehrere Ostarbeiter beschäftigt wurden, wie auf den Bauernhöfen. Hier mußten sich die Ostarbeiter menschlich gegenseitig unterstützen. Die Bauersleute hatten meistens andere Sorgen.

Ganz allgemein kann man feststellen, daß die Ostarbeiterinnen mentalitätsmäßig recht robuste Menschen waren. Sie waren weit davon entfernt, in Selbstmitleid zu verfallen, denn in ihrer Heimat waren sie mit der Grunderfahrung aufgewachsen, daß das Leben hart ist und daß die menschliche Gesellschaft aus wenigen Herren und vielen Untertanen besteht, die keine andere Wahl haben, als sich zu ducken und sich dem Willen der Herren unterzuordnen. Diese Grunderfahrung war auch Jahrhunderte lang für die Deutschen eine Selbstverständlichkeit. Nur sind die einfachen Menschen des Ostens trotz alledem menschliche Menschen geblieben. Sie hatten lernen müssen, die Probleme ihres einfachen Lebens mit einfachen Mitteln zu bewältigen und dabei Fertigkeiten zu entwickeln, die den 'Zivilisationsmenschen' abhanden gekommen sind. Umgekehrt war für die Ostarbeiter ziemlich vieles neu, was sie in unserer Zivilisation kennenlernten. Aber, zurück ins Zeitgeschehen:

Die Sommerferien 1943 nahten heran, es war geplant, einige Wochen in einem Hotel in B. an der Nordsee zu verbringen. Anja wurde für diese Zeit an ein befreundetes Ehepaar in H. 'ausgeliehen'. Wir fuhren nach B., unsere Mutter und wir Kinder. Eine Serie von Bombenangriffen auf H. zerstörten die Stadt zum größten Teil. Später erfuhren wir, daß die Angriffe den Namen 'Aktion Gomorrha' führten. Die Bomberformationen kamen auch über B., und wir mußten nachts in den Luftschutzkeller; auch am Tage konnten wir die Bomber hoch über B. hinwegfliegen sehen, wogegen von deutschen Gegenmaßnahmen nichts zu sehen war. Es kamen viele ausgebombte Städter nach Schleswig-Holstein und mußten zwangseinquartiert werden. Manche Feriengäste aus H. wurden für ihre Wirtsleute über Nacht zu Zwangseinquartierten. Als Reaktion kam es vor, daß leinenbezogene Bettmatratzen durch Strohsäcke ersetzt wurden. Die Bombenangriffe auf H. veranlaßten unseren Vater, über sich selbst hinauszuwachsen und alle Register zu ziehen, um verschiedene Dinge durchzusetzen. Er schaffte es, von der Marine ein paar Tage Urlaub zu bekommen, fuhr nach H., stellte fest, daß unser Haus noch stand, holte Anja und fuhr mit ihr nach B. Sein festester Vorsatz aber war, dafür zu sorgen, daß seine Familie den Rest des Krieges nicht in H. verbringen sollte, nachdem die 'Aktion Gomorrha' stattgefunden hatte. Er schaffte es, uns als Untermieter in W. bei Heide unterzubringen – natürlich gegen den Willen des Hauseigentümers, den er aber mit seiner ganzen Überredungskunst und mit der Wirkung seiner Uniform überrumpelte. Noch aber verweilten wir eine Zeitlang in B. Einmal ging mein Vater mit mir auf dem Deich spazieren, und wir sprachen über den Verlauf des Krieges. Und da sagte der Vater etwas, was ich so noch keinen Menschen sagen gehört hatte. Er sagte, 'Schief wird's gehen.' Daß es um das Kriegsglück des Deutschen Reiches nicht zum Besten stand, das wußte spätestens seit Stalingrad jeder Deutsche. Daß aber der Krieg schon entschieden war, war für einen Dreizehnjährigen, der bis dahin nur durch offiziell verbreitete Nachrichten informiert war, irgendwie überraschend. Nachdem ich nun aber vom Vater gehört hatte, daß es schiefgehen würde, machte ich diese Überzeugung augenblicklich zu meiner eigenen und richtete meine sämtlichen Betrachtungen der Zeitumstände an dieser Erkenntnis aus – woraus sich eine Reihe von Konsequenzen ergab. Zunächst einmal verdankten wir das Ganze den Nazis, die immer lästiger zu werden begannen.

Der Vater, meine gleichaltrigen Geschwister und ich wurden uns darüber einig, daß wir die Nazis in Grund und Boden verdammten. Die Sehnsucht, die Nazis los zu werden, war so groß, daß man den einzigen Weg dazu schnell herbeiwünschte: die Kriegsniederlage des eigenen Vaterlands. An diesem Punkte schieden sich unsere Meinungen von der unserer Mutter. Sie warnte mahnend davor, was es heißt, einen Krieg zu verlieren. Sie hatte das in ihrer Jugendzeit erlebt. Heute weiß ich, wie recht sie hatte. Doch das nützte nichts. Der Krieg konnte nur noch verlorengehen, und weil das so war, war die logische Konsequenz daraus, daß ein schnelles Ende des Krieges das kleinste Übel sein mußte.

Was hat das Ganze mit Anja zu tun? Anja war also zu uns nach B. gekommen, und wenn ich mich nicht irre, wurde sie im Personaltrakt des Hotels untergebracht. Die Hotels hatten auch Ostarbeiterinnen in ihren Diensten, allerdings in den Bereichen, wo sie nicht mit den Gästen zusammenkamen. Eine ihrer Aufgaben war das Krabbenpulen, was sie sicher noch nicht in ihrer Heimat geübt hatten. Doch sie wären keine Mädchen aus dem Osten, wenn sie diese Fertigkeit nicht mit Virtuosität gelernt hätten. In dieser verrückten Zeit konnte Anja mit uns ein paar Tage Urlaub an der Nordsee machen. Wenn die Flut das Watt überspült hatte, ging sie mit uns baden. Tagsüber saßen wir manchmal miteinander auf dem Hotelzimmer zusammen, und ich sprach mit ihr über das, was mich gerade bewegte. Daß wir die Nazis nicht mochten und daß Deutschland dem unausweichlichen Schicksal entgegengeht, den Krieg zu verlieren. Und daß sie dann nach Hause könnte. Anja hörte mir schweigend zu und enthielt sich jeden bewertenden Kommentars. Einmal erzählte ich ihr, was es mit der SS auf sich hatte. Es war damals schon lange in das Bewußtsein vieler Deutscher eingedrungen, daß die SS eine Organisation war, die dem Dritten Reich Henkersdienste leistete. Es muß wohl so gewesen sein, daß ich ihr in einer Zeitung das Bild eines SS-Mannes zeigte – genau weiß ich das nicht mehr. Jedenfalls erklärte ich ihr: 'Die von der SS sind ganz schlimme Leute, die erschießen Menschen.' Kaum, daß ich das gesagt hatte, da haute draußen einer auf die Türklinke, reißt die Tür auf und schreit in den Raum: 'Ihr Hetzer, ich zeig Euch an!' Das war einer von den Hotelgästen. Ein strammer Hitlerjunge, etwa ein

Jahr älter als ich. Einem unwiderstehlichen Drang folgend, mußte er die Verhaltensweise durchexerzieren, die ihm durch eine tendenziöse, indoktrinierende Erziehung einprogrammiert war. Angezeigt hat er uns aber nicht. Hätte er das wirklich getan, die Folgen wären unausdenkbar gewesen.

Die Zeit in B. ging zu Ende, und wir bezogen unsere Zimmer in W. bei Heide. Dort gab es viele Ostarbeiter, die in der Landwirtschaft und in den Handwerksbetrieben beschäftigt waren. Zu dieser Zeit wurden Stoffabzeichen ausgegeben, die die Ostarbeiter in der Öffentlichkeit an der Kleidung tragen mußten. Sie waren im quadratischen Format, etwa sechs mal sechs Zentimeter groß, aus blauem Stoff, so ähnlich wie Jeans-Stoff, und darauf stand in weißer Schrift: OST. Und diese Schrift war noch einmal mit einem weißen Quadrat eingerahmt. Diese Kennzeichnung der Ostarbeiter hatte keinerlei Einfluß auf das Verhalten der Deutschen. Man hätte auch so gewußt, wer Ostarbeiter war, und man wußte, das sind arme Schweine, die nicht freiwillig bei uns sind. Und die auch nicht für den Krieg verantwortlich zu machen sind.

Spätestens seit der Zeit in W. hat Anja die Mahlzeiten immer mit uns gemeinsam eingenommen. Möglicherweise war das auch schon vorher der Fall, nur daran kann ich mich nicht mehr erinnern. In Dithmarschen wurde nicht gehungert! Mit dem Fortschreiten des Krieges gab es immer weniger für das Geld zu kaufen – u.a. gab es auch keine Textilien. Da half uns Anja: Unter den Ostarbeiterinnen, die sie in W. kennenlernte, war auch eine junge Frau, die eine Spindel zum Wollespinnen besaß. Anja lieh sich die Spindel und einen Wollebausch aus und zeigte uns, wie man ohne Spinnrad Wolle spinnt. Da Anja die geliehene Spindel zurückgeben mußte, mußten wir zusehen, wie wir zu einer eigenen Spindel kamen. Schräg gegenüber von uns befand sich eine Stellmacherwerkstatt. In Süddeutschland würde man sagen eine Wagnerei. Der Meister hatte einen Russen in seinen Diensten. Der wußte, wie man eine Spindel drechselt. Anja sprach mit ihm und versprach, 'Panjanka tyi das papyrrossi' – 'Meine Panjanka gibt Dir Zigaretten'. So kamen wir zu einer eigenen Spindel. Auf Spaziergängen sammelten wir Wollfetzen der Schafe, die am Stacheldraht von Weidezäunen hängengeblieben waren. Anja verspann die Wolle, und die Mutter hat Pullover gestrickt.

Von W. aus besuchten wir auch manchmal einen Bauern, den meine Mutter kannte. Anja kam mit und machte dort wieder neue Bekanntschaften mit Ostarbeiterinnen. Unter ihnen befand sich auch eine etwa gleichaltrige Frau, mit der sie sich gut verstand. Deren Namen habe ich leider vergessen.

Ende des Jahres 1943 gab es für mich irgendeinen Grund, auf dem Bauernhof einen Besuch zu machen. Anja trug mir Grüße an ihre Bekannte auf. 'Sage: Anja posterowjaje s'nowy hodom – Anja wünscht alles Gute zum neuen Jahr'.

Die Zeit in W. war eine relativ beschauliche Zeit. Nach des Tages Arbeit trafen sich die Ostarbeiter auf der Straße zum Feierabend, zum Plausch. Die Beziehung zwischen den Geschlechtern bei den Ostarbeitern kam, soweit ich das beobachten konnte, über ein verhaltenes Schäkern nicht hinaus. Für weitergehende Annäherungen braucht der Mensch ein Mindestmaß an Gelöstheit und Sorglosigkeit bezüglich seiner Lebensumstände. Dieses Mindestmaß stand den Ostarbeitern nicht zur Verfügung.

Im April 1944 holte uns der Vater nach L. in Ostfriesland, wo er in einem Lazarett Dienst tat. Damit hätte er fast das bewirkt, was er mit der Entfernung aus H. vermeiden wollte, denn der Nachbarort von L. erlebte im September 1944 seine 'Aktion Gomorrha'. Jedenfalls waren wir froh, in L. wieder lange vermißtes städtisches Leben genießen zu können, durch Geschäftsstraßen zu bummeln, Theater- und Kinovorstellungen genießen zu können. In dieser Zeit begannen wir auch, mit unserem Vater mehr oder weniger regelmäßig den Londoner Rundfunk abzuhören – ein Vergehen, das mit der Todesstrafe bedroht war. Anja lebte und arbeitete mit uns, wie immer. Über sie gibt es aus dieser Zeit nichts Bemerkenswertes zu berichten. Außer, daß es die Zeit war, wo sie für ihr Geld viel ins Kino gehen konnte.

Wenige Monate später, etwa Anfang 1945, mußten die Zuschauersäle der Kinos als Wartesäle für die aus dem Osten angekommenen Flüchtlinge herhalten. Sie warteten darauf, daß sie von den dazu abkommandierten Hitlerjungen und BDM-Mädchen mit Blockwägen und schottischen Karren zu ihren für sie beschlagnahmten Wohnquartieren gebracht wurden.

Im Herbst 1944 wurde unser Vater von L. versetzt, an einen Ort, der nicht weit von der bekannten Seefunkstelle Norddeich-Radio liegt. Anfang April 1945 organisierte er ganz plötzlich unseren Umzug an diesen Ort. Alles spielte sich an einem Tage ab. Unser Umzug nach N. kam einem Untertauchen gleich. Denn, wie ich später erfuhr, wurden mit mir gleichaltrige Jungen dazu herangezogen, sich mit der Waffe in der Hand unseren Befreiern entgegenzustellen.

Anfang Mai kapitulierte Hamburg. Wir haben die Hamburger beneidet, daß sie es schon hinter sich hatten. Bei uns ließ immer noch der Kreisleiter durch die Zeitung verkünden: 'Wir werden jedes Haus niederbrennen, das die weiße Fahne zeigt!'

Doch dann kam der Tag, wo General Montgomery die Kapitulation der Gebiete an seiner Nordflanke erreichte, die er beim Vormarsch an die mecklenburgische Grenze abgeschnitten hatte. Unser Städtchen wurde von kanadischen Truppen besetzt. Am zweiten Tag ihrer Anwesenheit hörte ich einen kanadischen Soldaten zu einem anderen die Worte sagen: 'The war is completely over'.

Aber, wieder zurück zu Anja: Ich habe sie gegen Ende des Krieges sehr oft gefragt, 'Hast Du keine Angst davor, daß die Russen Dich erschießen?' Sie sagte, 'Nein, überhaupt nicht.' In N. hatte sie wieder Kontakt zu Ostarbeitern, vorwiegend solchen männlichen Geschlechts. Die Art ihrer Beschäftigung hatte es ihnen ermöglicht, zu den Deutschen ein distanziertes Verhältnis zu pflegen. Mehr noch: Sie hatten sich ihr Feindbild von den Deutschen bewahrt. Und nun kam Anja und erzählte von ihrem Leben bei der Panjanka und der Familie. Sie war außerstande, die Deutschen, bei denen sie lebte, für schlechte Menschen zu halten. Das hörten die männlichen Russen gar nicht so gerne. Und sie sagten zu ihr, 'Man müßte Dich erschießen dafür, daß Du an den Deutschen noch ein gutes Haar läßt'. Anja lernte auch einen Mann aus Smolensk kennen, mit dem sie sich gut verstand. Und mit dem sie möglicherweise auch später zusammengeblieben ist.

Irgendwann wurde der Heimtransport der Ostarbeiter organisiert. Durch die Besatzungsmacht – wer hätte es sonst tun können? Anja hatte ja immer gesagt, wenn der Krieg zu Ende ist und sie die Möglichkeit hat, dann wollte sie wieder nach Hause. Und das ist ja auch verständlich. Nun, nach dem Bild, das uns die Propaganda von den Sowjetrussen zeichnete, von meiner Warte aus, hatte ich Bedenken. Ich hatte sie mehrmals gefragt, 'Hast Du keine Angst, nach Rußland zu gehen? Keine Angst vor den Sowjets und so?' Überhaupt keine Angst hatte sie. Ja, und dann hat die Besatzungsmacht den Heimtransport organisiert. Eines Tages wurde sie dann abgeholt mit einem Auto, auf dem schon mehrere Ostarbeiter saßen. Wir haben uns verabschiedet, und sie hat uns dann vom Wagen zugewunken.«

A. M.: »Tat das weh?«

G. H.: »Ja, ja und nein. Man mußte ja Verständnis dafür haben, daß sie nach Hause wollte. Ich könnte mir vorstellen, daß sie auch bei der Sache etwas gemischte Gefühle gehabt hatte, denn irgendwie war unser Haus für sie ein Zuhause geworden und – jetzt ging es erst mal einer gewissen Ungewißheit entgegen. Und sie ist dann, wie wir später erfuhren, erst mal in ein Sammellager nach D. gekommen und hat es sogar geschafft, uns von da aus eine kleine Nachricht zu schicken. Sie hatte uns auf einem Zettel etwas aufgeschrieben und uns den irgendwie zukommen lassen. Der Postverkehr war noch nicht wieder eröffnet. Ich glaube, irgendein Mann brachte ihn uns ins Haus. Wie sie das geschafft hat, ist mir ein Rätsel.

Ja, einige Tage nach ihrer Abfahrt erhielten wir den Brief, ich glaube, er kam sogar ohne Umschlag. Auf einem zusammengefalteten Stück Papier hatte sie uns in Blockbuchstaben einiges aufgeschrieben. Vom Inhalt kann ich mich nur noch daran erinnern, daß sie in einem Sammellager bei D. war und von da aus weitertransportiert werden sollte. Anja muß ein Wunder vollbracht haben, um uns diese Nachricht zukommen zu lassen. Daß sie dieses Wunder vollbrachte, zeugt davon, wie stark sie sich dazu motiviert fühlte. Man kann daraus den Schluß ziehen, daß ihr unsere Familie irgendwie ein Zuhause geworden war. Und daß die fremde Umgebung, in der sie sich jetzt befand, ihr ein gewisses Unbehagen bereitete. Der Brief aus dem Sammellager war das letzte Lebenszeichen, das wir von Anja bekommen haben. Seitdem sind bald 44 Jahre vergangen. Wir haben noch manchmal an sie gedacht, jedoch den Gedanken, sie wiederzutreffen, haben wir als völlig irreal verdrängt. Das hat sich aber in der allerletzten Zeit geändert. Mein Bruder hat über verschiedene Suchdienste eine Suchmeldung nach ihr aufgegeben: dies war möglich, weil meine Eltern das Formular ihrer Gebiets-Zuweisung aufgehoben hatten, so besaßen wir genaue Angaben zu ihrer Person. Sollte das Wunder geschehen, daß wir sie wiederfinden, wir würden sie sehr gern eine Zeitlang zu uns einladen und verwöhnen.«

Der Bruder von Herr Günther H., Dr. Heinz H., fand über die Vermittlung des Russischen Roten Kreuzes im Jahr 1990 Anja R. wieder. Anfänglich sträubte sie sich, der deutschen Familie ihre Adresse bekanntgeben zu lassen. Wiederholte Briefe lösten ihre Angst vor einem neuen Kontakt mit der deutschen Familie.

'Sehr geehrter Doktor Heinz,
Ihr Brief zwang mich, mich an das Vergangene zu erinnern. Ich bin sehr gerührt über Ihre Sorge um mich. Ich bedanke mich für Ihre Einladung, Sie in Ihrer Stadt zu besuchen. Aber ich und mein Mann sind schon schwach, und wir sind wenig gebildete Leute. Und wir können nicht ausreisen. Wir sind einfache Leute.
Wir leben auf einem Bauernhof neben einem Wald und haben ein Häuschen, einen kleinen Garten und eine Kuh. Mein Mann erhält eine Rente, und wir haben keine Not.

Wir sind gläubige Menschen! Das von Ihnen versprochene Geschenk bitte ich, an eine russisch-orthodoxe Kirche in Ihrem Land für ein Gebet mit Kerzen für gefallene Krieger und für unschuldige Opfer der Kriegszeit zu übergeben.
Der liebe Gott soll Ihnen Gesundheit schenken. Herzlichen Gruß an Ihre Brüder und Schwester. Die Fotos haben wir nicht erhalten. Sie haben wahrscheinlich vergessen sie einzulegen.
Mit Verehrung Anja R.'

Ihr zweiter Brief kam am 5. 2. 1991 an:

'Lieber Heinz,
Sie können sich das gar nicht vorstellen, wie tief ich von den Bildern berührt war. Vielen Dank für die Bilder. Vielen Dank für die Güte Ihres Herzens, für die Liebe. Ich bin von all dem zu Tränen gerührt. Es hat mir mein ganzes Leben ins Gedächtnis zurückgerufen, so daß ich mehrere Male am Tag meine Arbeit liegenlasse und mir die Fotos angucke. Ich umarme Euch mit meinem Herzen und drücke Euch stark stark an meine Brust. Diese Fotos stammen aus der Zeit meiner blühenden Jugend und haben viele Erinnerungen geweckt. Wie könnte ich die Zeit vergessen. Das half mir, viele spätere Schwierigkeiten und Erlebnisse zu vergessen.
Sie waren mir alle sehr lieb, teuer und vertraut. Ihre Eltern waren mir gegenüber sehr gut. Natürlich, daß Ihre Mutter so früh starb, das heißt, daß auch Sie nicht ohne Kummer und Schmerz durchs Leben gingen. Herzlichen Dank für das Geld, das ich bekommen habe. Vielen Dank auch für die Spende an die russische Kirche in H.
Ich möchte Sie sehr gerne sehen. Ich möchte wissen, wie Sie jetzt aussehen, was aus Ihnen geworden ist. Ja natürlich, hätte ich zwei Flügel, könnte ich fliegen, würde ich zu Ihnen kommen, um Euch zu sehen.
Sie haben sich für mein Leben interessiert: Ich habe zwei Söhne und eine Tochter. Ein Sohn lebt weit entfernt im hohen Norden und ist Kraftfahrer. Der andere Sohn ist ebenso Kraftfahrer und die Tochter Ökonomistin. Sie wohnen in T. und haben eigene Familien. Wir haben fünf Enkel, vier Enkelinnen und einen Urenkel. Auch sie wohnen alle in T.
Damit will ich den Brief beenden. Natürlich konnte ich den Brief ohne Tränen nicht schreiben. Bewahre Euch Gott. Viele Grüße an alle Ihre Brüder und Schwester. Mit lieben Grüßen Ihnen gegenüber – Ihre Anja und Mann. Lieber Heinz und alle Verwandten.'

(Die Briefe wurden aus dem Russischen übersetzt.
Im Anhang schildert der Bruder von Günther H., Heinz H., seinen
Besuch bei Anja R. im Oktober 1993.)

Verknüpfungen

Die polnischen Frauen, die mir Teile ihrer Erlebnisse aus der Zeit ihrer Zwangsarbeit erzählten und schrieben, geben uns ebenso wie die Erinnerung deutscher Männer und Frauen an ihre »Ostarbeiterinnen« Einblicke in das Erleben von Sklaverei im 20. Jahrhundert.

Mir ist klar, daß viele Deutsche die Benutzung dieses Begriffs nicht akzeptieren können: Einige Hörer meiner Rundfunksendungen haben sich explizit dagegen gewehrt, die Zwangsarbeit mit Sklavenarbeit gleichsetzen zu lassen. Besonders diejenigen mochten den Begriffskontext nicht annehmen, bei denen Ostarbeiterinnen im Hause tätig waren, die Kontakte zur deutschen Familie fanden und ihres Verhaltens und guten Charakters wegen geschätzt und anerkannt wurden.

Dennoch: Die jungen Frauen waren im vollen Wortsinn Sklavinnen, solange sie bei Deutschen in Haushalten, für die Wehrmacht, in der Industrie und Landwirtschaft tätig sein mußten. Sie waren Sklavinnen auf Zeit, keine »hilfreichen Geister aus dem Osten«, wie Bürgersfrauen sie gern, die realen Tatsachen sprachlich verschleiernd, bezeichneten.

Ein Blick in Lexika belehrt uns:

»Sklaverei [...] ist der rechtlose Zustand eines Menschen, in welchem ihn ein anderer als sein Eigenthum behandelt. Durch ihn wird der Mensch eine Ware. Der Händler treibt ihn, dem Last- oder Mastvieh gleich, auf den Markt, wo er auch Knaben und Sklavinnen als Werkzeuge der Wollust einkauft. Die Herabwürdigung des Weibes zum Tiere. [...] ist die schmählichste Folge [...] der Sklaverei, die wie ein Fluch auf dem Orient lastet und die Afrika zu Boden gedrückt hat. Die Entscheidung der Frage von der rechtlichen Möglichkeit eines solchen Zustandes hängt von dem Begriffe Mensch ab. [...] Zwar kann der Mensch auf seinem Rechte auf ein Gut entsagen, oder desselben sich verlustig machen; aber dies ist nie von dem Rechte selbst der Fall. Der Staat kann daher befugt sein, einen Menschen zum Tode zu verurtheilen, aber nie zu lebenslänglicher Sklaverei. [...], die Abschaffung der Sklaverei der Weißen, dieses Schandflecks der europäischen Staatskunst, [...] wurde endlich auf dem Congresse zu Wien und späterhin zu Aachen in Erwägung gezogen.«[1]

---

[1] Allgemeine deutsche Real-Encyklopädie für die gebildeten Stände / Conversations-Lexikon, 7. Auflage, Leipzig 1827.

Bereits im 8. Jahrhundert bezeichneten die Begriffe Sklave oder Sklavin den- und diejenige/n, der/die als »Unfreie/r slawischer Herkunft«[2] zu dienen hatte.

Die Todesangst der in dieser Weise unfreien Mädchen und Frauen wurde nach dem Transport an den Bestimmungsort verstärkt durch die arbeitsamtlich verordneten Initiationsrituale, die deutsche Familienmütter ihnen angedeihen lassen mußten: Die Hausfrauen hatten dafür Sorge zu tragen, daß die neuen Hausmädchen sofort einer Körperreinigung unterzogen wurden. Das hieß: ausziehen, direkt an der Wohnungstür, und ab in die Badewanne. Günther H. und Franziska E. berichten plastisch von diesen Initiationen. Bei »Läusebefall« mußte die städtische Entlausungsstelle aufgesucht werden. Der geringste psychische und physische Schutzraum, der den Mädchen trotz aller Peinigungen verblieben war – der Raum des eigenen Körpers – wurde auf diese Weise nicht nur entwürdigt, sondern im doppelten Wortsinn angegriffen. Das Körper-Ich der Mädchen und Frauen wurde von fremden Menschen angefaßt, die sich nur über Gebärdensprache und andere vorsprachliche Signale mit ihnen zu verständigen wußten. Es geschahen weitere behördlich verordnete Angriffe auf die Mädchen. Daß man die wenigen Habseligkeiten – Leinenbeutelchen mit Brotresten, mit Sonnenblumenkernen – der jungen Mädchen und Frauen, die man zum Teil direkt vom Kolchosacker weggeholt hatte, oft sofort vernichtete, ebenso oft auch die persönliche Kleidung, die die Mädchen am Leibe hatten, vervollständigt die Erfahrung von Qual und Pein, mit der der Arbeitseinsatz vieler »Ostarbeiterinnen« in deutschen Familien begann.

Es scheint widersprüchlich, daß fast alle meine Gesprächspartnerinnen und Gesprächspartner auch von offenen, warmherzigen und sogar liebevollen Beziehungen zwischen den Zwangsarbeiterinnen und den Deutschen berichteten. Besonders Deutsche, die im oder kurz vor dem Krieg geboren worden sind, sprachen mit Wärme und Dankbarkeit – und mit Traurigkeit über den Kontaktverlust nach 1945 – über ihre Kindermädchen. Ein Paradox: Trotz persönlicher Versklavung stellten »Ostarbeiterinnen« zu deutschen Kindern tragende emotionale Beziehungen her. Sie halfen ihnen, die Not des Krieges zu überstehen, sie bewahrten sie gar, wie Katharina P., in den letzten

---

[2] Kluge, Friedrich, Etymologisches Wörterbuch der deutschen Sprache, Mannheim 1960.

Kriegstagen in der belagerten Stadt. Sie schützten Kinder und Mütter vor den Überfällen der Sowjetsoldaten und vor Tieffliegerangriffen. Maria P. machte sogar die Flucht der deutschen Familie aus Posen in die norddeutsche Gegend mit – aus Barmherzigkeit mit der Familienmutter, die während eines Angriffs einen Arm verloren hatte, ihre Kinder also nicht mehr eigenhändig versorgen konnte.

Ich hoffe, daß mein Versuch, Zwangsarbeit in Familien psychoanalytisch zu betrachten, das Paradox verstehbar macht. Zwei Thesen helfen uns, das Erleben von jahrelanger Zwangsarbeit zu strukturieren:

1. Die Zwangsarbeit unterbrach die Entwicklung junger Menschen. Sie hinderte über Jahre hinweg deren körperliche, seelische, intellektuelle und soziale Reifung.
2. Gegen das facettenreiche Erlebnis der Zwangsarbeit entwickelten die Versklavten Abwehrmechanismen, um nicht aus Angst, durch das Erleben schändlichster wie schädlichster Außeneinflüsse psychisch oder physisch total zu zerbrechen; um nicht verrückt zu werden. Um überhaupt am Leben zu bleiben.

Zu These 1: Beinahe alle Frauen, die in diesem Buch als ehemalige Zwangsarbeiterinnen zu Wort kommen, waren Schulkinder gewesen, als man sie zur Arbeit zwang. Die Ältesten besuchten gerade die Oberstufe des Gymnasiums. Alle befanden sich in einer Lebensphase, die zum Lernen genutzt wird. Sie befanden sich am Ende ihrer Kindheit, vor oder mitten in der Pubertät, in der frühen Adoleszenz. Sie wurden gezwungen, die lernaktivste Phase der menschlichen Entwicklung zu unterbrechen, wurden von den Familien, den Schulkameraden, den Jugendgruppen und Vereinen gewaltsam getrennt. Man zwang sie zur Arbeit bei Menschen, die sie nicht kannten.

Wissend, daß ein Mißerfolg schrecklichste Folgen bewirkt, bemühten sie sich, den an sie gestellten Anforderungen gerecht zu werden. So fixierten sie gleichsam ihre psychosexuelle Entwicklung. Sie stoppten auch ihre intellektuelle Weiterentwicklung und paßten sich den Arbeitserfordernissen an. Sie mobilisierten ihre Körperkräfte, um es der »Herrschaft« recht zu machen. Hatten sie kluge Eltern, so wurden sie von denen vorbereitet auf dieses Zwangsarbeiten: Die junge Franziska hörte vom Vater, sie solle brav alles tun, was verlangt werde. Und so arbeiteten sie brav – aus Angst. Sie verdrängten ihr Wissen, als Kinder und Jugendliche das Recht auf Reifung und Lernen zu besitzen.

Entwicklungshemmung und Entwicklungsstillstand, die sich auch in ausbleibendem Körperwachstum und ausbleibender Menstruation auswirkten, halfen vielen von ihnen, im Arbeitsprozeß die psychische und physische Stabilität zu bewahren. Sie lernten, ihre Wut, ihre Empörung und ihren Zorn über das Schicksal in körperliche Aktivität umzusetzen.[3] (Schon früher wußten Hausfrauen die Arbeitsamkeit ihres Hauspersonals anzustacheln, indem sie sie in Zorn versetzten. Danach klopften die Mädchen heftig und hingebungsvoll die Teppiche in den Berliner Hinterhöfen.) Und ihr Arbeitserfolg – die gebohnerten Fußböden, saubere Wäsche, die blinkenden Fenster und Geschirre – wurde von den Arbeitgeberinnen belohnt. Zwar zu allermeist nicht pekuniär. Ich habe erst mit einer *einzigen* Dame sprechen können, die tatsächlich den vollen ihr zustehenden Arbeitslohn als Haushaltshilfe, 25 RM, bekam. Frau E. erhielt für einen Monat Hausarbeit, zehn bis zwölf Arbeitsstunden pro Tag, zwanzig Pfennige Straßenbahngeld, um zu ihren Eltern fahren zu können. Die meisten Ostarbeiterinnen erhielten keinen oder einen sehr geringen Lohn. Die Anerkennung der deutschen Frauen für die Arbeitsleistung der ausländischen Dienstmädchen sicherte »nur« deren Existenz. Mit ihrer Arbeit kämpften sie gegen weitere Verschleppung, Zwangslager und Todesdrohung an.

Im Lauf der Zeit trafen dann wohl auch beidseitige Gewöhnungsprozesse auf beiden Seiten, bei den Herren und den Hausmädchen, ein, so daß sich deren Überlebensformel verfestigte und die Arbeitsaktivität den Hausgehilfinnen sozusagen in Fleisch und Blut überging und automatisch wurde. Ukrainische Mädchen, von denen Frau Luise B. berichtet, waren frühzeitig an Kolchosenarbeit gewöhnt, die sie auf die harte Arbeit für die Deutschen »vorbereitete«. Frau B.s Vater, ein Ortsbauernführer, lobte die ukrainische Anja als eine der besten Mägde, die er je beschäftigt habe.

Ich denke, daß zunächst in allen deutschen Familien, in die junge Osteuropäerinnen gerieten, die eben beschriebenen Anpassungsmechanismen wirksam wurden. Nur ein Fall ist mir bekannt, wo sich das junge Mädchen, zur Familie D. nach Mitteldeutschland geraten, anfänglich verweigerte. Maja sprach tagelang kein Wort, faßte keinen Besen an, half nicht im Haushalt, kümmerte sich nicht um die Kleinkinder. Bis sie dann in klarem Deutsch verkündete, sie habe sich ent-

---

[3] vgl. Erikson, Erik, Identität und Lebenszyklus, Frankfurt am Main 1971.

schlossen dazubleiben. Und ab dann begann sie, die ihr gestellten Aufgaben zu erledigen. Ob die anfängliche Verweigerung auf dem freien Entschluß des Mädchens beruhte oder ob Maja unter Schockeinwirkungen stand und innerlich total erstarrt war, können wir nicht beurteilen: nicht sie hat uns ihre Geschichte übermittelt, sondern ihre Dienstherrin.

Im Verlauf des weiteren Zusammenlebens schieden sich die Beziehungsstrukturen zwischen deutschen Arbeitgeberinnen und ihren Ostarbeiterinnen. Viele deutsche Frauen bewahrten oder entwickelten ein Herrschaftsgebaren, das die Hausmädchen in der erzwungenen Regression fixierte, das ihnen keinerlei Entwicklungsmöglichkeiten eröffnete. Sie wurden als Unpersonen im Haushalt festgehalten. Hinweise hierfür finden wir in den Geschichten: Die Mädchen wurden ihres eigenen Vornamens beraubt, sie bekamen sehr schlecht zu essen, wurden während des Essens von den Familien getrennt und mußten körperliche und seelische Qualen (übelste Beschimpfungen, Schläge, Angespucktwerden, Verweigerung medizinischer Hilfe) ertragen. Frau Anka C. mußte einen Tag nach ihrer Fehlgeburt wieder Hof- und Stalldienste tun – sie blutete danach zwei Monate lang und ist immer noch krank.

Deutsche Frauen allerdings, die im Verlauf des Zusammenlebens eine emotionale Beziehung zu den Ostarbeiterinnen aufzubauen lernten, halfen ihnen, ihre menschliche Würde wiederzugewinnen und sich aus den Regressionen wieder herausentwickeln zu können. Maria N., von der Frau C. schreibt, versorgte selbständig den verwaisten Arzthaushalt von Dr. B. in Frankfurt, als die Familienmutter mit den Kindern aufs Land evakuiert worden war. Maria war die Vertrauensperson aller Familienangehörigen geworden. Selbst ihre gewiß unerwünschte Schwangerschaft zerriß dieses Verhältnis nicht. Es wäre dem Arzt Dr. B. gewiß ein leichtes gewesen, Maria zur Zwangsabtreibung nach Kelsterbach, wo eine entsprechende »Einrichtung« der Nazis florierte, zu schicken. Auch hätte er sie zwingen können, ihr Kind der als Entbindungsanstalt getarnten Kindstötungsanstalt Kelsterbach zu überlassen, um Ärger mit Polizei, Nachbarschaft und SS zu vermeiden. Aber das Kind durfte leben, Maria kam sechs Tage nach der Geburt mit ihm wieder nach Frankfurt und verbrachte das Kriegsende mit der deutschen Familie. Der Junge wurde im Juni 1945 getauft, Dr. B. und eine Vertraute der Familie wurden seine Paten. Marias Briefe aus der Zeit 1944 bis '45 sind bis heute aufbewahrt worden; sie machen uns mancherlei deutlich, was nicht in den Geschichtsbüchern steht: die Alltagsnot, während der letzten Kriegsmonate Lebensmittel zu beschaffen, Bombenschäden, Anpassung der Bevölkerung an den »Bombereinsatz« in deutschen Großstädten. Sie schrieb, um sich mit den ihr wichtig gewordenen Menschen zu verständigen. Sie schrieb auch an Frau Hilde im Kindbett, wo sie Tränen vergießt über ihr häßliches Söhnchen, das sie einer ungewissen Zukunft entgegengeboren hat. Maria lebte unter der Paradoxie echter menschlicher Beziehungen während des Dritten Reiches mit und bei Deutschen. Dennoch bleiben Fragen offen.

Auch für Katja, die Hausgehilfin der Offiziersfamilie A., und Anja, die Haushaltshilfe der Arztfamilie Dr. H. in Hamburg, wurde zumindest innerhalb der Familie, emotional, der Sklavenstatus relativiert, ebenso wie für Frau Maria P., noch während sie als »Ostarbeiterin« tätig waren. Deren Arbeitgeberinnen fühlten sich ebenso wie die in den Familien lebenden Kinder in ihr Schicksal ein. Sie luden sie zum Mitleben in den Familien ein. Michael A. spricht von »unserer Katja«.

Es ist nicht zufällig, daß es mir möglich ist, relativ lange, ausführliche Erzählungen aus diesen Familien in meine Sammlung aufzunehmen. Man weiß sich besser zu erinnern, wenn keine ideologisch oder persönlich bedingten Kontakt- und Einfühlungssperren den Blick in die Vergangenheit trüben. Der Bruder von Günther H., Dr. Heinz H., zeigte mir im Hamburger Elternhaus die Küche, in der Anja kochte und abwusch. Der große Mann hockte sich nieder, um mir zu zeigen, wie er damals gemeinsam mit Anja aus dem Fenster schauen konnte. Ich sah, während unserer Gespräche umringt von den Frauen und Kindern beider Brüder, Familienfilme und Photos aus der Kriegszeit. Überall war Anja dabei.

Und mittlerweile ist die nun alt gewordene Anja durch die Vermittlung deutscher und russischer Suchdienste in Weißrußland wiedergefunden worden. Jetzt lernen Günther H. und sein Sohn Russisch, um sich beim ersten Besuch bei Anja nun mit ihr in ihrer Sprache unterhalten zu können.

Frau Luise B., die sich hervorragend an ihre eigene Kinderzeit und damit auch an die Zeit des Zusammenlebens mit »Ostarbeiterinnen« im Dorf erinnern kann, berichtet eine Geschichte im Auftrag des Nachbarn: Er scheute sich, die Interviewerin aus der Großstadt zu empfangen und ihr von der ukrainischen Magd zu erzählen. Noch heute schwärmt er von der Schönheit der Anna S., der wohl seine erste Jungenliebe galt. Doch scheint er noch während des Dritten Reichs begriffen zu haben, daß eine solche Liebe als Rassenschande galt – über die man heute noch nicht erzählen darf.

Brüche erscheinen in den eingewöhnten Arbeits- und Vertrauens-verhältnissen dort, wo sich die junge »Ostarbeiterin« nicht mehr sicher sein konnte, ob sie tatsächlich bei Gegnern des NS-Rassismus lebte oder ob sie sich über den Geist der Familie getäuscht hatte. Die junge Uljana, die in J. bei der Familie von Frau Else S. abends, nach der Industriearbeit, noch ein wenig aushalf, erschrak anscheinend zutiefst, als der Familienvorstand, doch noch am Ende des Kriegs bei der Wehrmacht, in Uniform zu Hause erschien. Sie hatte wohl ange-nommen, er habe sich noch freiwillig in den Kriegsdienst gemeldet. Damit zerbrach ihr Vertrauen zur Familie über längere Zeit. Nach Kriegsende jedoch meldete sie sich nochmal. Sie brachte etwas zum Essen mit, sie beschützte auch durch ihre Gegenwart das Haus, als umherstreifende Gruppen ehemaliger Verfolgter die Gegend unsicher machten und die Keller plünderten. Nach ihr suchte die Familie S. über lange Zeit listenreich, nachdem Uljana sich zur Repatriierung entschlossen hatte. Es ist anzunehmen, daß sie Opfer des Wahnsy-stems wurde, das in jedem ehemaligen »Ostarbeiter«, der bei Deut-schen gearbeitet hatte, einen Spion oder Kollaborateur zu entdecken meinte und ihn oder sie zu langjähriger Strafarbeit verurteilte, von deren Menschenverachtung auch Alexander Solschenizyn berichtete.

Wie es die kleine Nastasja aushielt, vertrauensvoll im Offiziers-haushalt der Familie zu leben, wovon Andreas G. erzählt, können wir nur ahnen. Ich nehme an, das kleine Mädchen war von der Möglich-keit, aus dem ärmlichen Dorf fortzukommen, fasziniert. Ein eigenes Schlafzimmer, eine warme Badestube, ausreichendes Essen, ein klei-ner Spielkamerad – das dürfte für das arme Dorfmädchen ein schönes Erlebnis gewesen sein, so daß sie ihre Angst vor dem Fremden, dem Deutschen, schnell überwand. Zumal Andreas begierig bei ihr Rus-sisch lernte und sich mit ihr in dieser Geheimsprache zu Hause unterhielt. Dennoch verlor auch Nastasja ihr kritisch-solidarisches Denken in Militärdingen nicht – sie versuchte den Jungen aufzuklä-ren: »Stalin gewinnt den Krieg!« Eine solche Äußerung, öffentlich ausgesprochen, hätte jedem Menschen im Dritten Reich schwerste Repressalien eingetragen. Nastasjas Ahnung wurde zum familiären Geheimwissen; sie ist nicht verraten und verfolgt worden. Ebensowe-nig wie Anja, die sich mit Günther H. über das Ende des Krieges austauschte. Auch mit Katja war es möglich, politische Gespräche zu führen: Michael A. erinnert sich heute noch daran. Seine Familie gehörte dem politischen Widerstand an, bei ihnen war es wie bei der Familie Dr. H. üblich, mit den eigenen Kindern auch über politische Dinge offen zu diskutieren.

Es sind gewiß leider Einzelfälle aus der Zeit des Dritten Reiches, über die ich hier Details erfahren habe. Bemerkenswerte Einzelfälle! Zeigen sie doch, daß, allen anderslautenden Beteuerungen zum Trotz, auch während des nationalsozialistischen Terrors Möglichkeiten bestanden, die amtlich verordnete rassistische Alltagspraxis aktiv zu unterwandern. Katja beispielsweise trug bei ihren Ausflügen innerhalb Berlins das OST-Abzeichen unter dem Revers, mit Wissen ihrer Arbeitgeberin. Frau A. allerdings bleute ihr ein, in der S-Bahn nicht den Mund aufzumachen, es dürfe kein Deutscher hören, daß hier eine Ukrainerin mit der S-Bahn fährt. Katja konnte sogar einmal in ein mitteldeutsches Städtchen reisen, wohin es einige ihrer Dorfkollegen verschlagen hatte. Der Mut der deutschen Frau ermöglichte es der »Ostarbeiterin«, sich nicht nur als Sklavin behandelt zu wissen. Katja revanchierte sich auch für dieses Vertrauen: Später zu einem Parteigenossen gebracht, klaute sie recht schamlos Lebensmittelmarken, die sie mit der befreundeten Familie A. teilte.

Befragen wir die These 2: Welche Voraussetzungen waren nötig, daß derlei stabile menschliche Beziehungen zwischen »Ostarbeiterinnen« und Deutschen entstehen konnten?

Es scheint, als hätten einige junge Zwangsarbeiterinnen die nötigen Kräfte besessen, um die Versklavung ohne Dauerregression zu ertragen. Hatten sie das Glück, in psychisch nicht deformierte deutsche Familien zu geraten, die der Nazi-Ideologie nicht erlegen waren, so konnte ein echter emotionaler Austauschprozeß mit den Deutschen aktiv entwickelt werden. Die Fähigkeit aktiv zu werden, arbeitsfähig und gesund zu bleiben, war gleichsam ihre Mitgift hierfür. So daß sie, unter Verwandlung ihrer Abwehrmechanismen gegen die Todesangst, nun Austauschmechanismen zu ihrer deutschen Umgebung zu strukturieren imstande waren. Es dürfte anzunehmen sein, daß die Art, in der sie von ihren eigenen Eltern, ihrer Herkunftskultur ins Leben eingeführt worden waren, die Basis für dieses konstruktive Umgehen mit der Angst darstellte. So daß sie, wie Katja, Anja und Franziska, sehr wohl unterscheiden konnten, wem sie vertrauen durften und wem nicht.

Denn so völlig allein, wie ich anfangs ausführte, kamen die jungen Mädchen und Frauen vielleicht doch nicht in die deutschen Familien: Sie brachten ihre Erinnerungen an ihre eigenen Eltern, die Familie, die Pfarrer, Lehrer und an die anderen wichtigen Personen ihres bisherigen Lebens mit. Sie erinnerten sich ihrer, wenn sie in Not waren. Sie behielten auch während der Sklaverei ihren Glauben und ihre Religion: Anja erbat sich ein Kreuz, das sie am Hals tragen wollte; ein anderes Mädchen hatte ein Bild der Schwarzen Madonna von Tschenstochawa an die Wand ihres Zimmers gehängt. Katja ging in Berlin in die russische Kirche am Hohenzollerndamm. Ein ukrainisches Mädchen, von dem mir Frau Müller aus Dresden erzählte, hängte gar ein Photo von Rosa Luxemburg an die Wand – ohne daß jemand im Hause wußte, wen dieses Bild darstellte. Und wenn die Magd Anja ihr eisernes Schüsselchen und ihren Löffel aus der Kolchose unterwegs nicht verloren hatte, so besaßen diese Alltagsgegenstände für sie gewiß nicht nur einen Wert wie ein Amulett, sondern einen realen Bezug zur Lebenszeit vor der Versklavung.

Gewiß aber sind all die jungen Mädchen und Frauen, von denen diese Sammlung berichtet, getragen worden von einer Mitgift, die ihnen weder die Angst noch die Nazi-Schergen auf dem Weg in die Sklaverei stehlen konnten: ihre Lieder und Sprichwörter. Die Dörfler am Chiemsee hörten, wenn sich Anja, Elisabeth und Katharina abends zum Singen trafen. In den deutschen Küchen und Dielen sangen russische und polnische Mädchen Volks- und Kinderlieder. Über ihre Melodien und Liedtexte und über ihre Gebete waren sie verbunden mit der eigenen Welt, ihrer Heimat. Aus diesem Eigentum, das nicht zu entwenden war, konnten sie Kräfte gewinnen, die sie für den Kampf um das reale und um das psychische Überleben in der Sklaverei benötigten.

Günther H. erinnerte sich noch 1991 an einige Lieder, die Anja 1943 gesungen hatte. Ich war sehr gerührt, als er spontan begann, sie mir während unseres Gesprächs über Anja vorzusingen.

Der Gesang der jungen Mädchen stiftete in diesem Sinn interkulturelle Kommunikation, innerhalb des Dritten Reichs, fernab der Heimatorte der Hausgehilfinnen. Er überbrückte damals nicht nur die realen Entfernungen – er überbrückt auch Zeitentfernungen, so daß wir aus dem Gesang Deutscher, die sich an ihre »Ostarbeiterinnen« zu erinnern bereit sind, deren Stimmen heute noch wiedererkennen können.

Eine weitere Quelle konnte den Zwangsarbeiterinnen Kraft zum Ertragen der Sklaverei spenden: Ich meine die deutschen Kleinkinder. Die, wie wir lesen, zum Teil tief verstörten Kriegskinder, auch Kinder aus Nazifamilien, deren Mütter entweder psychisch oder auch physisch nicht imstande waren, den normalen Anforderungen der Haushaltsführung und Kinderbetreuung nachzukommen, brauchten Wärme, Zärtlichkeit, Trost und Zuneigung. Die jungen Kindermädchen waren emotional ebenso hungrig wie viele deutsche Kinder, die in der

Schule noch nicht den ideologischen Einflüssen ausgesetzt waren. Und so konnten die emotionalen Bindungen zwischen Ostarbeiterinnen und deutschen Kindern entstehen, über deren Stabilität, besonders in Krisenzeiten, uns meine polnischen wie deutschen GesprächspartnerInnen erzählen. Die Kinder der Familie B., der kleine Georg (Schorschi) und die kleine Eva, hatten ihr baltisches Kindermädchen Aja aufgrund der Umsiedlungskampagnen verloren. Bald mutierte Franziska zu »Aja«: Von ihr wurden die Kinder getröstet, betreut, gewärmt und geschleppt. War es mühsam, den leidenden Schorschi zum Schlafen zu bringen, weil er mit dem Köpfchen gegen die Wand schlug, so holte sie den Jungen zu sich ins Bett und fühlte am ruhig werdenden Kind, daß ihr eigenes Leben und Leiden in dieser Familie doch wertvoll war – wertvoll für die emotional hungrigen Kinder. Das kleine deutsche Kind wärmte sich am polnischen Mädchen.

Noch heute erinnert sich Frau Irena G. an das schwerstbehinderte deutsche Mädchen Niunja, dem sie ihre Zuneigung zu schenken lernte, dem sie Hilfen gab: Sie wusch, fütterte und führte es geduldig. Heute nennt man diese Arbeit Frühförderung. Nastasja holte sich vom kleinen Andreas Fröhlichkeit und Sicherheit. Seine Mutter war zufrieden, endlich ein Mädchen im Hause zu haben, auf das der Junge nicht abwehrend reagierte. Ich selbst erinnere mich an die tröstlichen Zärtlichkeiten meiner Ljubica. Solche urtümlichen Beziehungen zwischen den Mädchen und den deutschen Kindern brachten beiden emotionalen Gewinn. Daß sie das Ertragen von Extremsituationen oft überhaupt erst ermöglichen, wissen wir aus den Erzählungen von Überlebenden der KZs. Wer einen »Engel«, einen Vertrauen schenkenden Menschen in der Welt des Dunkels gefunden hatte, bekam einen Halt im Leben. Frau E. sagte es mir so: »Da habe ich Gott beim Fuß gegriffen.«

Die slawischen Mädchen boten vielen deutschen Kriegskindern wertvollste Entwicklungshilfen, auch sozial- und psychotherapeutische Hilfen. Unterhalb, außerhalb aller ideologischen Barrieren, dem offiziellen Rassismus zum Trotz. Zumeist sogar von unseren Müttern nicht erkannt.

Selbstverständlich waren diese Beziehungen ungleichgewichtig, denn Gleiches konnte nicht in gleicher Intensität zurückgegeben werden, und ihre Arbeit in den Familien besaß keine vertraglich gesicherte Dauer. Keiner von uns wußte, wann der Abschied fällig war. Zudem mußten die jungen Kindermädchen (es verbietet sich, die heute üblich gewordene Bezeichnung Kinderfrau für sie zu verwenden, da sie im Doppelsinn des Wortes Kinder-Mädchen waren) Klein-kindbetreuungen übernehmen, ohne einen Zeitausgleich bei den Hausarbeiten zu erhalten. Manche Mütter wurden gar eifersüchtig auf die Hilfen, die ihre Kinder von den Mädchen bekamen, die zwischen allen Stühlen torkeln mußten. Denn es war politischer Gründe wegen für sie verboten, sich an öffentliche Plätze zu begeben, wo auch die Kinder hätten spielen dürfen. Auf Parkbänken zu sitzen, war im besetzten Polen ebenso wie im »Altreich« für Fremdarbeiter und Juden verboten.

Die listige Franziska E. fand dennoch ein Plätzchen für sich und die deutschen Kinder: Angrenzend an einen kleinen Park neben dem botanischen Garten in Poznañ stand eine große Sandkiste. An deren Rand gab es kein Verbotsschild NUR FÜR DEUTSCHE. Dort hatte sie einen kleinen Spiel-Raum für sich und für die ihr anvertrauten Kinder.

Franziska, die junge Frau aus dem Lager, schaukelte und tröstete das neugeborene Baby, das von der eigenen Mutter extrem wenig Wärme und Zuwendung erhielt. Sie, die aus dem Leben des Kindes so früh verschwand, hinterließ dennoch tiefe Beziehungsspuren. Die erwachsene Frau wurde von ihrer Sehnsucht nach diesem emotiona-len Schatz gleichsam auf die Suche nach Franziskas Spuren gezwun-gen. Sie fand nicht nur deren Grab, sondern auch ihre Familie in Kroatien. Heute, wenn Frau Edith P. emotional erregt ist, verfällt sie in einen serbokroatisch klingenden Sprechton. So ist die Sprache des Kindermädchens in der deutschen Frau aufbewahrt.

Ich habe so eindrucksvolle Schilderungen über die Betreuung deut-scher Kinder durch slawische Kindermädchen gehört, daß ich mit aller Vorsicht behaupten möchte, daß viele dieser jungen Mädchen bisher unerkannte und selbstverständlich finanziell nie entschädigte kinderpsychotherapeutische Aufgaben für gestörte Kriegskinder übernahmen. Weil sie fähig waren, sich in das Leid der kleinen Wesen hineinzufühlen, weil sie ihre eigenen Mütter oder Großmütter imitier-ten und so ein Teilchen der Beziehungs- und Entwicklungsdefizite aufhoben.

Der Preis für diese schwere Arbeit ist sehr hoch: Einige meiner polnischen Gesprächspartnerinnen fanden erst spät nach Kriegsende den Mut, selbst Mutter zu werden. Einige heirateten sehr spät, andere gar nicht. Aber ihnen nutzten die frühen sonder- und heilpädagogi-schen Erfahrungen in der Berufswelt als Pädagoginnen, als Lehrerin-nen.

Deutsche Kinder, die von Ostarbeiterinnen betreut wurden, haben Erinnerungen an ihre Erlebnisse ebenfalls in ihre Berufswahl und in die Auswahl ihrer Interessen hinübergetragen. Die positiv erlebten Beziehungen zu jungen Frauen aus anderen Kulturen motivierten unbewußt wie bewußt auch die Berufswahl von Journalisten, Psychotherapeuten, Pädagogen.

Daß die frühen interkulturellen Beziehungen wertvoll für deutsche Kinder wurden, ist wiederum eins der Paradoxa des Nationalsozialismus, der die emotionale Nähe zu den Fremden unter Strafe stellte.

Hier muß ich innehalten und wiederholen, daß ich über keine repräsentative Studie über das Leben von Zwangsarbeiterinnen in deutschen Haushalten verfüge. Ich lief ungewöhnliche Wege, um Informationen sammeln zu können. Mir ist bewußt, daß ich hier nur über ungewöhnliche Geschichten aus deutschen Familien berichten kann: Ich habe mit keinem Täter gesprochen. Sie schweigen noch immer und verharren in Furcht vor Rache, auch in ihrer Angst vor der Wiederkehr des Verdrängten. Ihren Kindern fällt es auch heute noch schwer, freimütig über ihr Familienleben im Dritten Reich zu berichten, in das das Leben der Zwangsarbeiterinnen eingewoben war. Über sie erzählen uns die polnischen Frauen.

Allen meinen deutschen Gesprächspartnern gemeinsam war ein tiefgreifendes Erschwernis bei der Entwicklung normaler Lebensbeziehungen zu ausländischen Hausmädchen: die nationalsozialistische Arbeitskräfte-Politik. War 1942 den Machthabern klar geworden, daß sie, um Unruhe an der »Heimatfront« (den Familien also) zu vermeiden, deutschen Frauen Hilfe schaffen mußten durch die Gestellung ausländischen Dienstpersonals auf Bezugschein, so wurde deutlich, daß zu Ende des Kriegs das Hauspersonal auch in die Kriegsindustrie verschoben werden konnte, um die dort aufkommenden Personallücken zu füllen. Es war sich also keiner sicher, wie lange die Lebens- und Arbeitsgemeinschaft dauern würde. Diese Unsicherheit dürfte ein nicht zu unterschätzender Verunsicherungsfaktor bei der Bewahrung menschlicher Beziehungen zwischen Ostarbeiterinnen und deutschen Auftraggebern gewesen sein. Die Briefe von Maria N. geben davon ebenso Kenntnis wie die Berichte von Andreas G. und Michael A., obgleich Katja N. nicht in die Industrie gejagt, sondern vom nächsten Ortsgruppenleiter in Dienst genommen war.

Im Warthegau, im »Generalgouvernement« kamen zu Kriegsende die jungen Frauen nicht in die Wehrindustrie, sondern zum sogenannten »Einsatz«. Um den anrückenden sowjetischen Truppen Einhalt zu gebieten, ließen die Okkupanten von ZwangsarbeiterInnen ebenso wie von der restlichen polnischen Bevölkerung und von Lagerinsassen Wälle, Panzersperren ausheben. Die Mädchen wurden ohne Vorwarnung aus ihrem bisherigen Dienstbereich abgezogen, sie kamen zum Baueinsatz, der sie unvorstellbar quälte. Im Sommerkleid, im Organdineblüschen, ohne Wäsche, ohne festes Schuhwerk wurden sie im Herbst 1944 zusammengetrieben, selbstverständlich vorher »gereinigt« und unter unwürdigsten Bedingungen »entlaust«, und sodann aufs Land gefahren, wo sie mit Schaufeln und wenig Handwerkszeug für den Panzerwall Erde auszuheben hatten. Sie lebten in Scheunen ohne jegliche hygienische Einrichtungen, sie froren, hungerten, schwitzten, wurden und blieben manchmal schwerkrank. Beim »Einsatz« wurden sie sich erneut ihres Sklavenzustands bewußt, obgleich sie jetzt nicht mehr und direkt den Deutschen ausgeliefert waren, sondern in der Gruppe ihrer Landsleute wenigstens ihre Muttersprache wieder verwenden konnten.

Die sowjetischen Truppen haben diesen »Einsatz« vorzeitig beendet. Ihr Herannahen verschaffte den Frauen und Männern eine kleine Verschnaufpause innerhalb ihrer Sklavenzeit, weil die Okkupanten im Blick auf das Kriegsende zunehmend verunsichert wurden. Viele der Frauen mußten zurück zur deutschen Familie, wo sich bald die Herrschaftsverhältnisse umkehrten. Deutsche flohen zurück ins »Altreich«, ließen ihre persönliche Habe, sogar ihre eigenen Kinder zurück: selbst verwundet, verletzt, voll Angst vor den Russen. Und sie erhielten oftmals von ihren ausländischen Haushaltshilfen solidarische Unterstützung, für die bisher keine Ehrenplakette vergeben, kein offizieller Dank abgestattet worden ist. Die Erzählungen von Frau P., bescheiden mit dem Ausdruck selbstverständlichen Handelns geschildert, lassen uns die Greuel aus der Sicht einer polnischen jungen Frau, die sich nun auf Gedeih und Verderb der deutschen Familie anvertraut hatte, erkennen.

Diesen mutigen Hilfeleistungen der selbst noch so jungen Kindermädchen stehen deutsche lebenserhaltende Aktivitäten zur Seite, über die ich hier auch berichten kann.

Helene Rogalski, eine Polin, kam in die Familie Schmidt, wo drei kleine Kinder zu betreuen waren. Sie ging vom Frankfurter Raum 1944 der Luftangriffe wegen mit in den Harz, kam dort mit Landsleuten in Kontakt und wurde schwanger. Die junge Frau Schmidt sorgte für eine diskrete Geburt in einem katholischen Krankenhaus, schärfte

Helene ein, während der Geburt nur auf deutsch zu schreien, damit keiner herausfände, daß sie eine Polin ist. Adrian kam ins Haus im weißen Kinderwagen, in dem auch alle anderen Kinder gelegen hatten.

Seine Mutter lebte nach der Geburt mit ihm weiterhin bei der Familie Schmidt. Obwohl es viele Mitwisser gab, hielten alle dicht, bis auf einen Nachbarn, der nach mehreren Monaten der Versuchung zum Verrat nicht mehr widerstehen konnte. Als die Gestapo zur Haussuchung kam, war Adrian in dem großen Garten gut versteckt, gehütet von seinen großen deutschen »Schwestern«. Helene saß, panisch vor Angst, in der Küche. Sie sollte dann ins KZ, aber Herrn Schmidt gelang es, sie bei Freunden in einer Rüstungsfabrik unterzubringen. Adrian wurde von der Gestapo nicht gefunden, aber er mußte jetzt aus dem Haus. Frau Schmidt erinnerte sich, daß in Oberursel bei Frankfurt am Main ein Kinderasyl der katholischen Schwestern von der Göttlichen Vorsehung, das Johannisstift, bestand. Sie packte den Jungen in den weißen Kinderwagen und fuhr ihn quer durch Deutschland, zu den ebenso barmherzigen wie mutigen Schwestern. Bei ihnen überlebte Adrian, dessen Schicksal es gewesen wäre, in einem der Kindertötungslager ermordet zu werden.

Helene Rogalski starb nach Kriegsende an Tuberkulose, bevor sie nach Polen zurückkehren konnte. Ihre Eltern wußten nichts von dem Enkelkind. Helene, streng katholisch erzogen, hatte ihren Eltern die Schwangerschaft anscheinend nicht mitzuteilen gewagt. Adrian wurde deshalb 1947 über die Schwestern des Johannisstifts zur Adoption in die USA freigegeben.

Die barmherzigen Schwestern betreuten viele solcher fremdländischen Kinder in der Nazi-Zeit ohne Kostgeld. Ob sie Lebensmittelkarten für sie erhielten, können sie heute nicht mehr erinnern. Schwester Friedhilde Bauer gab mir mit der Freude der Historikerin der Klostergemeinschaft Einblick in die mütterlichen Taten. Sie wußte nicht, daß keine 40 Kilometer von Oberursel entfernt in Kelsterbach am Main eines der furchtbarsten Kindertötungslager während des Dritten Reichs betrieben wurde. Sie und ihre Klosterkolleginnen hatten die ausländischen Kinder geliebt und geküßt. Und wenn dabei die weißen gestärkten Kragen der Schwestern im Wege waren, »dann bogen wir sie einfach runter. Dann konnten wir die Kinder herzen.«

Auf meine Bitte hin bekam das Ehepaar Elfriede und Karl-Adolf Schmidt im Frühsommer 1992 die Johanna-Kirchner-Medaille verliehen, welche die Stadt Frankfurt am Main solchen Bürgerinnen und

Bürgern überreicht, die der Barbarei des Nationalsozialismus Widerstand entgegensetzten. Zunächst wollte das betagte Ehepaar diese Ehrung nicht annehmen: Ihre Hilfe für Adrian und Helene Rogalski war für sie, die selbst verfolgt gewesen waren, 1944 so selbstverständlich gewesen.

Auch die zwei Kinder der ukrainischen Mägde Anja und Maria, die in einem oberbayerischen Dorf geboren wurden, kamen selbstverständlich in die deutschen Familien hinein. Aus dem kleinen Iwan wurde der kleine Hans, der von deutschen Kindern betreut, gewaschen und gefüttert wurde. Der katholische Pfarrer des Dorfes taufte die beiden Kinder noch während des Krieges. Bei meinen Gesprächen mit dem Ehepaar Schmidt und mit Frau Luise B. und ihrem Mann spürte ich, daß sie den lebenserhaltenden, widerspenstigen Mut, den sie selbst bzw. ihre Eltern entwickelten, als sehr selbstverständliche Verhaltensweise im Dritten Reich eingeschätzt hatten. Sie ließen sich kaum überzeugen, daß dieses Handeln tatsächlich eine Ausnahme war, wert, sie heute, nach so langen Jahren, der Öffentlichkeit bekannt zu machen.

Bis heute, bis zum Jahr 1993, gibt es weder in Deutschland noch in Polen, in Weißrußland oder in der Ukraine eine Gedenkstätte für Zwangsarbeiterinnen, die in deutschen Familien als Kindermädchen und Haushaltshilfen tätig sein mußten. Mehr als 500 000 solcher sogenannter »dienstbarer Geister aus dem Osten« haben mindestens zwei Millionen deutschen Kindern die Haare gewaschen, die Nasen geputzt, sie getröstet und gefüttert, mit ihnen gespielt, gebetet und gesungen.

Daß ich die Erinnerung an wenigstens einzelne der vielen russischen, ukrainischen und polnischen Frauen dem Vergessen entreißen konnte, danke ich allen meinen Gesprächspartnerinnen und -partnern.

Heinz H.
über seinen Besuch bei Anja R.
im Oktober 1993

»Anja war von Dezember 1942 bis Kriegsende in meinem Elternhaus als zwangsverpflichtete Hausangestellte und speziell als Kindermädchen für meine Schwester Antje und mich.

Zu Anja besteht seit 1990 wieder Kontakt. Es wurden mehrere immer herzlicher werdende Briefe gewechselt. Ich faßte den Entschluß, sie zu besuchen. Im 'Spiegel' hatte ich von einem deutschen Pastor in Kiew gelesen, über den ich Kontakt zu Eleonore K. bekam – einer Ukrainerin, deren Mutter Deutsche gewesen war. Somit hatte ich eine Dolmetscherin.

Anjas Sohn Wassili holte mich am Flughafen in Kiew ab und brachte mich ins ca. 130 km entfernte T. Die Landschaft ist auffallend weiträumig und schön. T. ist im Krieg stark zerstört worden, aber trotzdem stehen noch einige alte Gebäude und Kirchen. Tschernobyl liegt etwa 80 km westlich, und die Gegend ist noch belastet durch den Unfall von 1986.

Anja wohnt in der Nähe von T. in einem echt russischen Blockhaus, welches das letzte Haus vor einem großen Wald ist, wo die Wölfe, Füchse und Elche hausen. Rehwild soll es dort auch geben. Das Haus war außen aus lehmverschmierten Baumstämmen.

Nachdem Wassili das Auto auf dem Grasplatz vor dem Haus geparkt hatte, stieg ich aus. Eine große knochige Bauersfrau mit einem verschmitzten Lächeln kam aus dem Haus. Wir fielen uns in die Arme. Anja küßte mich mehrfach auf beide Wangen, was ich erwiderte, und sprach mir unverständliche Begrüßungsworte. Danach kam ihr Mann Nikolai, eine imponierende Gestalt mit einem herrlichen bärtigen Kopf, der mich ebenfalls mit Küssen begrüßte. Danach kam noch Olga, Anjas Tochter, die 36 Jahre alt ist. Auch mit ihr eine herzliche Begrüßung.

Ich wurde natürlich sofort ins Haus gebeten, wo bereits der Tisch gedeckt war. Alles war sehr schön himmelblau gestrichen. Die Räume waren im wesentlichen mit selbstgezimmerten einfachen Möbeln ausgestattet. In den beiden Wohnräumen gab es viele Fotos und Heiligenbilder. Im zweiten Raum war eine richtige Ikonostase aufgebaut, vor der eine kleine Öllampe brannte. Anja verrichtete dort morgens ihr Gebet.

Der erste Tag verging mit Gesprächen, die durch die gute Übersetzung von Eleonore sehr problemlos geführt werden konnten, mit einem gemeinsamen Spaziergang und vor allen Dingen mit Essen. Anja hatte wirklich köstliche Speisen vorbereitet. Sie schien mein Deutsch hin und wieder zu verstehen, sprach aber selbst kein Wort.

Die Stimmung in der Familie war sehr humorvoll. Als ich Anjas Essen lobte und sagte, sie könne jederzeit wieder bei uns in Hamburg anfangen, sagte sie sofort 'Einverstanden'. Nikolai sagte dazu, 'Wenn sie gehen will, soll sie gehen.' Wenn das Gespräch darauf kam, daß Anja uns doch einmal in Hamburg besuchen sollte, was sie aus Angst vor der großen Reise ablehnte, war Nikolai nicht abgeneigt: 'Wir fahren in kleinen Stücken und kommen dann auch an.'

Anja erzählte auch, wie es dazu kam, daß sie von mir gefunden wurde. Eines Tages erhielt sie eine Aufforderung der Miliz in einem ca. 15 km entfernten Ort, dort zu einem bestimmten Zeitpunkt zu erscheinen. Sie überlegte, was sie verbrochen haben könnte. Sie fuhr mit bangem Herzen los. Der Milizionär fragte sie sehr barsch, wen sie in Deutschland kennen würde, man suche sie von dort. Ihr fiel dabei überhaupt nicht ein, daß diese Suche etwas mit ihrem eigenen Aufenthalt im Kriege zu tun haben könnte. Sie dachte eher an ihren ältesten Sohn, der in der DDR stationiert gewesen war. Sie sagte also, sie kenne niemanden in Deutschland und wolle auch keinen Kontakt.

Angemerkt werden muß, daß nur Nikolai davon wußte, daß sie im Kriege in Deutschland war. Ihren Kindern hatte sie nichts davon erzählt. Sie hatte nach dem Kriege zu viel Unannehmlichkeiten deswegen gehabt. Nikolai drängte aber bei meiner zweiten Anfrage auf eine Reaktion.

Anja erzählte auch, wie sie im Kriege zwangsverpflichtet wurde: Sie arbeitete mit anderen Mädchen in einer Kolchose. Der Aufseher forderte sie alle eines Tages auf, am nächsten Tag pünktlich zu erscheinen. Sie wurden dann von der ukrainischen Miliz auf Lastwagen verfrachtet und kamen dann völlig verdreckt über mehrere Lager nach Monaten in H. an. Bei der Vorstellung der Arbeitsmädchen hat sie gleich gemerkt, daß meine Mutter ein Auge auf sie geworfen hatte. Diese stellte sich nämlich gleich neben sie und wich ihr nicht mehr von der Seite, bis sie sie mitnehmen konnte.

In H. sei es ihr bei meinen Eltern recht gut gegangen. Diese seien gut zu ihr gewesen und hätten sie nicht beleidigt. Wahrscheinlich meinte sie damit, daß sie nicht unwürdig behandelt wurde.

Nach dem Kriege hat Anja ihre Eltern wiedergefunden. Alle Geschwister hatten den Krieg überlebt.

Anja machte noch sehr lustig typische Bewegungen meines Bruders nach, worüber wir sehr lachten. Dieses konnte nur jemand wissen, der tatsächlich bei uns gelebt hatte.

Mein Gefühl zu diesen Menschen war sehr herzlich. Anja und ich haben uns mehrfach in die Arme genommen. Ich werde nicht das letzte Mal dort gewesen sein. Im Juli fliege ich mit meinem sechzehnjährigen Sohn für fünf Tage nach Kiew. Wassili wird uns wieder abholen.«

(schriftliche Aufzeichnungen)

Interviewleitfaden

Frankfurt, 28. 1. 1989

Sehr verehrte Frau ...,
Sehr geehrter Herr ...,

gegenwärtig bin ich dabei, Erinnerungen von Deutschen an das Leben mit Zwangsarbeiterinnen in deutschen Familien während des Dritten Reiches zu sammeln. Ich möchte ein Buch über diese Thematik schreiben, auch mit psychoanalytischen Ansätzen. Dafür stellte ich diesen Interview-Leitfaden zusammen. Ich gebe Ihnen dieses Papier, damit Sie sich auf meine Fragen vorbereiten können. Sollte es leichter für Sie sein, Ihre Erinnerungen aufzuschreiben, bitte ich Sie, diese für mich schriftlich aufzuzeichnen. Ich bin sehr dankbar für einen Text von Ihnen. Falls es Ihnen nicht zuviel Mühe macht, würde ich Sie gerne besuchen und mit Ihnen über Ihre persönlichen Erfahrungen mit den Ostarbeiterinnen sprechen. Bitte, geben Sie mir Nachricht darüber, ob wir ein Gespräch organisieren können.

Auf alle Fälle sollen Sie wissen, daß ich sowohl Ihre Namen als auch die Orte der früheren Geschehnisse in meinen Arbeiten codieren werde, um Sie vor ungewollter Öffentlichkeit zu schützen. Daß ich die Namen unserer Kinder- und Hausmädchen gern angeben möchte, ist im Blick auf das Forschungsziel wichtig: wenn Sie deren Nachnamen erinnern, werde ich diesen – Ihr Einverständnis vorausgesetzt – nur mit dem Anfangsbuchstaben kennzeichnen.

Nun meine Fragen:
1) Wann kam das Kindermädchen zu Ihnen ins Haus?
2) Wie hieß sie und wo kam sie her? Wie alt war sie bei der Ankunft?
3) Erinnern Sie sich, auf welchem Weg das Kindermädchen in Ihre Familie gekommen ist?
4) Welche Aufgaben sollte sie in Ihrem Haus erfüllen? Welche Aufgaben erfüllte sie konkret?
5) Erinnern Sie sich an Ihre erste Begegnung mit der jungen Frau? Wie erschien sie Ihnen? Was brachte sie mit?
6) In welcher Sprache kommunizierten Sie miteinander zu Beginn des Aufenthaltes der jungen Frau? Lernte sie später Deutsch? Von wem?

233

7) Können Sie einige wichtige Szenen im Leben mit der Kinderfrau erinnern?

8) Erinnern Sie sich an die Beziehungen der jungen Frauen zu den einzelnen Familienmitgliedern? Wem stand die junge Frau am nächsten? Mit wem hatte sie es schwer, Kontakt aufzunehmen?

9) Wer lebte, als die junge Frau bei Ihnen war, gemeinsam mit Ihnen in einer Wohnung, in einem Haus? (Bitte, erinnern Sie sich auch an das Alter der damaligen Kinder.)

10) Wo war der Vater während dieser Zeit?

11) Falls Ihre Familie des Krieges wegen evakuiert wurde oder aussiedeln mußte: blieb die Kinderfrau bei der Familie, oder mußte sie zurückbleiben? Wo kam sie ggf. hin? Blieben Sie in Kontakt mit ihr?

12) Wann haben Sie die junge Frau das letzte Mal gesehen, wo, wie war die Situation? Was war der Grund der Trennung?

13) Was vermuten Sie über das weitere Schicksal der jungen Frauen nach der Beendigung der Kriegshandlungen?

14) Sprach man in Ihrer Familie nach 1945 noch über die Zwangsarbeiterin? Konnten sich die Kinder mit den Eltern nach 1945 über diese Problematik austauschen?

15) Haben Sie später irgendwann die Kinderfrau gesucht? Wo? Wann? Mit welchem Ergebnis?

16) Gibt es bei Ihnen Erinnerungsstücke an die junge Frau? Bilder, Filme, Dokumente (z.B. Arbeitsamtspapiere), Briefe, Erinnerungsstücke, Kleider, Geschenke?

17) Welche Position hatten Sie seinerzeit, während des Krieges, in der Familie? (Hausfrau, Familienvater, Sohn, Tochter, Verwandte), wie alt waren Sie selbst bei der Ankunft der Kinderfrau oder Haushaltshilfe?

18) Wissen Sie in Ihrem Verwandten- und Bekanntenkreis weitere Menschen, die sich, wie Sie, an die slawischen jungen Frauen im Haus erinnern und zu Interviews oder schriftlichen Aussagen bereit wären?

Ich danke Ihnen für Ihre Hilfe

Dokumente

Der Höhere SS- und Polizeiführer
Posen

Posen, den 22.11.1939

Merkblatt

für die Durchführung der Evakuierung von Juden und
Polen
1) Bekanntmachung der Ausweisung folgender Personen (folgt Name und Beschlagnahme der Wohnung
einschl. sämtlichen Mobiliars).
2) Es sollen mitgenommen werden:
a) vollständige warme Bekleidung,
b) pro Person eine Wolldecke, Steppdecke und dgl.
kleine Betten,
c) Verpflegung für mehrere Tage,
d) Ess- und Trinkgeschirr, Bestecke,
e) Ausweise, Geburtsurkunden usw.
3) Es können mitgenommen werden:
a) pro Person 200 Zloty (kein deutsches Geld, Juden 50 Zloty pro Kopf),
b) pro Person ein Koffer mit den dringendst notwendigen Bekleidungs- und Ausrüstungsstücken (Wäsche,
Handtücher, Seife usw.).
4) Es dürfen nicht mitgenommen werden:
a) Wertpapiere (Devisen, Sparkassenbücher, Bankkon-
ten usw.),
b) Wertsachen, Gold- und Silbersachen von grossem
Wert, soweit sie nicht Gebrauchsgegenstände sind.
c) Bei den Juden ist die Anzahl der mitzunehmenden
Gegenstände erheblich einzuschränken.
d) Den Personen ist klarzumachen, dass an der Tatsache der Ausweisung nichts zu ändern ist, und die
Mitnahme der Bekleidungs- und Ausrüstungsgegenstän-
de im eigenen Interesse liegt.
[...]
7) Lebendes Inventar: Hunde, Katzen, Vögel, darf
keinesfalls mitgenommen werden.
8) Ein Verschließen der Behälter (Schränke usw.)
und Abziehen der Schlüssel ist zu verhindern.

[Quelle: Doccumenta Occupationis, Bd. XIII, S. 111]

An die Herrn Landräte des Bezirks
den Herrn Oberbürgermeister
der Gauhauptstadt Posen

                    Posen, den 28. Februar 1940

   Mit sofortiger Wirkung sind alle polnischen Lehrer, auch diejenigen, die eine Unbedenklichkeitsbe-
scheinigung besitzen, aus ihrer Beschäftigung an
polnischen Schulen zu entlassen. Die Entlassung
ist den polnischen Lehrern mündlich mitzuteilen.
Eine Beschulung der polnischen Kinder findet also
bis auf weiteres nirgends mehr statt.
   Ich ersuche im Benehmen mit den Herren Schulrä-
ten bezw. Schulkommissaren das Weitere zu veranlassen. Es wird später verfügt werden, in welcher
Form die Beschulung der polnischen Kinder künftig
erfolgen wird.

                              Gez. Dr. Böttcher

[Docc. Occ., Bd. X, S. 239 f.]

Der Reichsführer der SS
und Chef der Deutschen Polizei
im Reichsministerium des Innern
IV D 2 - 382/40

Berlin, den 8. März 1940

Schnellbrief

An
    den Herrn Reichskommissar für das Saarland,
    die Herren Reichsstatthalter in der Ostmark,
    die Landesregierugen (Landeshauptmänner)
    - Innenministerien -
    die Herren Regierungspräsidenten
        in Preussen, Sachsen, Bayern, Sudetengau,
    den Herrn Polizeipräsidenten in Berlin

Nachrichtlich
    den Herren Reichsverteidigungskommissaren
    den Herren Reichsstatthaltern
    den Herren Oberpräsidenten in Preussen

        Betrifft: Behandlung der im Reich
            eingesetzten Zivilarbeiter und
        -arbeiterinnen polnischen Volkstums.

[...]

b) Die Erfassung der Arbeitskräfte polnischen
Volkstums bei den örtlichen Polizeibehörden (in Ge-
meinden mit staatlicher Polizeiverwaltung bei den
staatlichen Polizeibehörden, sonst bei den Bürger-
meistern) erfolgt nach der besonderen, doppelspra-
chigen Aufenthaltsanzeige. (Muster ist beigefügt.)
Die Formulare der Aufenthaltsanzeige werden von
hier aus in Auftrag gegeben.
c) Für die Arbeitskräfte polnischen Volkstums sind
anstatt der bisher üblichen Ausländerkarteikarten
(Vordruck R-Pol. 158) Karteikarten nach beigefüg-
tem Muster anzulegen. Die Karteikarten sind mit
Lichtbildern zu versehen. Das Doppel dieser Kartei-

karte ist an das Reichssicherheitshauptamt zu senden.

Die Karteikarten sind beim Reichssicherheitshauptamt anzufordern.

d) Auf die Erfüllung

aa) der gemäss Art. 1 Abs. 2 der Verordnung über zusätzliche Bestimmungen zur Reichsmeldeordnung vom 6.9.39 (RGB1. I S. 1688) bestehenden Meldepflicht binnen 24 Stunden und

bb) des gemäß § 2 der Verordnung über die Behandlung von Ausländern vom 5.9.39 (RGB1 I S, 1667) bestehenden Aufenthaltszwanges am Arbeitsort ist bei den Zivilarbeitern und -arbeiterinnen polnischen Volkstums strengstens zu achten.

Eine darüber hinausgehende Aufenthaltserlaubnis ist grundsätzlich nicht zu erteilen.

2. Es ist sicherzustellen, dass die Arbeitskräfte polnischen Volkstums fotografiert werden. Es sind 3 Lichtbilder zu fertigen. 2 Lichtbilder sind für die Karteikarten, das 3. Lichtbild gemäß Ziffer 1 des Erlasses des Herrn Ministerpräsidenten Generalfeldmarschall Göring vom 8.3.40 für die Arbeitspapiere zu verwenden. [...] Die Kosten für die Herstellung der Lichtbilder können von den Arbeitskräften eingezogen werden.

Die Erstellung der Lichtbilder hat umgehend nach Eintreffen der Arbeitskräfte am Arbeitsort zu erfolgen, möglichst im Zusammenhang mit der Meldung. (s. Ziffer 1. daa).

Um die rechtzeitige Lichtbilderstellung zu gewährleisten, sind die Arbeitsämter gehalten, den örtlichen Polizeibehörden von dem Eintreffen von Arbeitern polnischen Volkstums in ihrem Bezirk rechtzeitig vorher Mitteilung zu machen. In ländlichen Bezirken ist es darüber hinaus Aufgabe der Kreispolizeibehörde, sich ihrerseits bei den Arbeitsämtern laufend über das Eintreffen von Arbeitskräften polnischen Volkstums zu unterrichten und durch Zusammenwirken mit den örtlichen Polizeibehörden die rechtzeitige Lichtbildaufnahme zu ermöglichen.

Die Arbeitskarte ist von den Zivilarbeitern und -arbeiterinnen polnischen Volkstums, die künftig mit ihr nach Anordnung des Herrn Reichsarbeitsministers sofort beim Verlassen der Tranportzüge versehen werden, bei der Meldung vorzulegen.

[...]

5. Den Zivilarbeitern und -arbeiterinnen polnischen Volkstums ist ein Ausgehverbot aufzuerlegen,
das in der Zeit vom 1. April bis 30. September die
Stunden von 21 - 5 Uhr und in der Zeit vom 1. Oktober bis 31. März die Stunden von 20 - 6 Uhr um-
fasst, soweit nicht durch den Arbeitseinsatz be-
dingt andere Zeiten festzusetzen sind.

6. Zur Benutzung der öffentlichen Verkehrsmittel
ist den Zivilarbeitern und -arbeiterinnen polnischen Volkstums die vorherige Einholung der Genehmigung der zuständigen Polizeibehörde vorzuschrei-
ben.

Die Genehmigung ist nur zu erteilen, wenn die Benutzung öffentlicher Verkehrsmittel im Rahmen des
Arbeitseinsatzes nach Mitteilung des Arbeitsamtes
erforderlich ist.

[...]

Den Herrn Reichsverkehrsminister habe ich gebeten, auch von seinem Geschäftsbereich aus anzuord-
nen, die Fahrkartenausgabe an Zivilarbeiter und
-arbeiterinnen polnischen Volkstums von der Vorlage der schriftlichen Genehmigung der Ortspolizeibehörde abhängig zu machen. Entsprechende Massnahmen
sind auch von den in dem dortigen Bezirk liegenden
Einrichtungen des öffentlichen Verkehrs zu erwirken.

7. Der Besuch deutscher Veranstaltungen kulturel-
ler, kirchlicher und geselliger Art ist den Zivilarbeitern und -arbeiterinnen polnischen Volkstums
zu untersagen.

[...]

8. Der Besuch von Gaststätten ist den Zivilarbeitern und -arbeiterinnen polnischen Volkstums zu untersagen.

Jedoch sind ihnen nach Bedarf je nach den örtlichen Verhältnissen eine oder mehrere Gaststätten
einfacher Art gegebenenfalls für bestimmte Zeiten
zum Besuch freizugeben. Der Inhaber einer Gaststät-
te darf nicht gegen seinen Willen zur Aufnahme von
Zivilarbeitern und -arbeiterinnen polnischen Volkstums veranlasst werden. Soweit vorhanden, sind
hierfür in erster Linie die Kantinen industrieller
Unternehmen usw. heranzuziehen, die selbst Arbeiter polnischen Volkstums beschäftigen.

Deutschen Volksgenossen ist in den festgesetzten

Zeiten der Besuch der den Polen zur Verfügung stehenden Gaststätten zu untersagen.
9. Den Arbeitgebern, denen Zivilarbeiter und
-arbeiterinnen polnischen Volkstums vermittelt
sind, ist aufzuerlegen, ihnen zur Kenntnis kommen-
de Zuwiderhandlungen dieser Arbeitskräfte gegen
die für diese geltenden Anordnungen und jedes uner-
laubte Verlassen des Arbeitsplatzes unverzüglich
der Ortspolizeibehörde zu melden.
    Durch besondere Streifen der Gendarmerie, denen
die zuständige Staatspolizeileitstelle ebenfalls
Beamte beigeben kann, ist einerseits die Erfüllung
der Meldepflicht der Arbeitgeber zu überprüfen,
zum anderen damit das polizeiliche Schutzinteresse
für die deutschen Arbeitgeber zu gewährleisten.
[...]
Bei Zuwiderhandlung der gemäss Ziffer 9 getroffe-
nen Anordnungen kann gegen die Arbeitgeber auch
Zwangshaft bezw. Haft festgesetzt bezw. erwirkt
werden. Diejenigen Arbeiter und Arbeiterinnen polnischen Volkstums, deren wiederholte oder schwere
Verstöße gegen die gegebenen Anordnungen die Ver-
hängung einer Geldstrafe nicht ausreichend erscheinen lassen, sind der zuständigen Staatspolizeileitstelle zu melden und gegebenenfalls sofort festzu-
nehmen. Die Staatspolizeileitstellen sind darüber
hinaus mit Weisungen zur Bekämpfung der Arbeitsun-
lust und -niederlegung sowie des unsittlichen Verhaltens der Arbeitskräfte polnischen Volkstums versehen worden.
[...]
    In gleicher Weise ist zur Bekämpfung gesundheit-
licher Gefahren für das deutsche Volk auf eine
ärztliche Kontrolle der geschlossen untergebrachten wie auch der einzeln eingesetzten Arbeitskräfte polnischen Volkstums hinzuwirken.
[...]
Den Erlass weiterer Anordnungen behalte ich mir vor
                            gez. H. Himmler
            L. S.   Beglaubigt:
                           (-) Dietrich
                           Kanzleiangestellte

[Docc. Occ., Bd. X, S. 11 ff.]

Der Reichsminister des Innern
S Pol. IV D 2 - 382/40

Berlin, den 8. März 1940

P o l i z e i v e r o r d n u n g
über die Kenntlichmachung im Reich eingesetzter
Zivilarbeiter und -arbeiterinnen polnischen
Volkstums vom 8. März 1940
[...]

§ 1

(1) Arbeiter und Arbeiterinnen polnischen Volkstums, die im Reichsgebiet zum zivilen Arbeitseinsatz eingesetzt sind oder eingesetzt werden, haben
auf der rechten Brustseite jedes Kleidungsstückes
ein mit ihrer jeweiligen Kleidung fest verbundenes
Kennzeichen stets sichtbar zu tragen.

(2) Das Kennzeichen besteht aus einem auf der
Spitze stehenden Quadrat mit 5 cm langen Seiten
und zeigt bei 1/2 cm breiter violetter Umrandung
auf gelbem Grunde ein 2 1/2 cm hohes violettes P.

§ 2

(1) Wer den Vorschriften des § 1 vorsätzlich
oder fahrlässig zuwiderhandelt, wird mit Geldstrafe bis zu 150.- RM oder Haft bis zu 6 Wochen bestraft.

(2) Unberührt bleiben Strafvorschriften, in denen eine höhere Strafe angedroht ist, und polizeiliche Sicherungsmaßnahmen.

[...]

In Vertretung:
gez. H. H i m m l e r
L. S.   Beglaubigt:
(-) Kerl
Kanzleiangestellte

[Docc. Occ., Bd. X, S.17 f.]

Pflichten der Zivilarbeiter und
-arbeiterinnen polnischen Volkstums
während ihres Aufenthaltes im Reich.

Jedem Arbeiter polnischen Volkstums gibt das
Grossdeutsche Reich Arbeit, Brot und Lohn. Es verlangt dafür, dass jeder die ihm zugewiesene Arbeit
gewissenhaft ausführt und die bestehenden Gesetze
und Anordnungen sorgfältig beachtet.
Für alle Arbeiter und Arbeiterinnen polnischen
Volkstums im Grossdeutschen Reich gelten folgende
besondere Bestimmungen:
1. Das Verlassen des Aufenthaltsortes ist streng
verboten.
[...]
5. Wer lässig arbeitet, die Arbeit niederlegt, andere Arbeiter aufhetzt, die Arbeitsstätte eigen-
mächtig verlässt usw., erhält Zwangsarbeit im Konzentrationslager. Bei Sabotagehandlungen und anderen schweren Verstößen gegen die Arbeitsdisziplin
erfolgt schwerste Bestrafung, mindestens eine mehr-
jährige Unterbringung in einem Arbeitserziehungslager.
6. Jeder gesellige Verkehr mit der deutschen Bevölkerung, insbesondere der Besuch von Theatern, Kinos, Tanzvergnügen, Gaststätten und Kirchen, gemeinsam mit der deutschen Bevölkerung, ist verboten. Tanzen und Alkoholgenuss ist nur in den den
polnischen Arbeitern besonders zugewiesenen Gaststätten gestattet.
7. Wer mit einer deutschen Frau oder einem deutschen Mann geschlechtlich verkehrt oder sich ihnen
sonst unsittlich nähert, wird mit dem Tode bestraft.
[...]
9. Jeder polnische Arbeiter und jede polnische Arbeiterin hat sich stets vor Augen zu halten, dass
sie freiwillig zur Arbeit nach Deutschland gekommen sind. Wer diese Arbeit zufriedenstellend
macht, erhält Brot und Lohn. Wer jedoch lässig arbeitet und die Bestimmungen nicht beachtet, wird
besonders während des Kriegszustandes unnachsich-
tig zur Rechenschaft gezogen.

10. Über die hiermit bekanntgegebenen Bestimmungen
zu sprechen oder zu schreiben, ist strengstens verboten.

[Docc. Occ., Bd. X, S.18 f.]

Merkblatt
für deutsche Betriebsführer über das
Arbeitsverhältnis und die Behandlung von
Zivilarbeitern polnischen Volkstums aus dem
Generalgouvernement

[...]

D.
Entlohnung.

Die Entlohnung polnischer landwirtschaftlicher
Arbeiter ist grundsätzlich niedriger als die der
deutschen Arbeiter. Sie erfolgt nach der "Reichsta-
rifordnung für landwirtschaftliche Arbeitskräfte,
die nicht im Besitz der deutschen Staatsangehörigkeit sind, mit Ausnahme derjenigen, deren Arbeitsbedingungen Gegenstand von Staatsverträgen sind"
vom 8. Januar 1940 (Reichsarbeitsblatt Nr. 2 vom
15. Januar 1940). Soweit bestehende Arbeitsverträ-
ge höhere Löhne vorsehen, als sie die Reichstarif-
ordnung festsetzt, können die vereinbarten Löhne
gemäss Anordnung des Reichstreuhänders der Arbeit
für das Wirtschaftsgebiet Brandenburg als Sonder-
treuhänder vom 8.1.1940 mit einer Aufkündigungs-
frist von einer Woche auf die Sätze der Reichs-
tarifordnung zurückgeführt werden. Bürgerliche
Rechtsstreitigkeiten aus Arbeitsverhältnissen polnischer Landarbeiter werden unter Ausschluss der
Arbeitsgerichtsbarkeit durch ein bei dem zuständigen Arbeitsamt eingerichtetes Schiedsgericht entschieden.

[Docc. Occ., Bd. X, S. 21 f.]

Der Reichsführer SS
und Chef der Deutschen Polizei
im Reichsministerium des Innern
IV D 2 - 382/40

Berlin, den 8. März 1940

[...]

   Um den Mißständen, die sich immer wieder, vor allem im Verhalten polnischer Arbeiter zu deutschen
Frauen und Mädchen gezeigt haben, vorzubeugen, bitte ich, wie es bereits in den Erläuterungen zum
Schreiben des Herrn Ministerpräsidenten Generalfeldmarschall Göring ausgeführt ist, insbesondere
in den ländlichen Bezirken nach Möglichkeit mit
den Arbeitern polnischen Volkstums örtlich gleichzeitig auch Arbeiterinnen polnischen Volkstums in
gleicher Anzahl einzusetzen. Die Orte, in denen
vorwiegend oder ausschließlich nur männliche Arbeiter in größerer Zahl eingesetzt werden können -
dies wird besonders in Industrieorten der Fall
sein - bitte ich dem Chef der Sicherheitspolizei
und des SD mitzuteilen, damit dieser, soweit möglich, durch Einrichtung von Bordellen mit polnischen Mädchen den Gefahren vorbeugen kann. Ich bitte daher, in diesen Fällen bei der Errichtung von
Unterkünften für männliche Arbeitskräfte gleichzeitig auch für die Errichtung einer Bordellbaracke
besorgt zu sein.

[...]

[Docc. Occ., Bd. X, S. 24]

Der Reichsstatthalter
im Reichsgau Wartheland

Posen, den 25. September 1940

[...]
1. Deutsche Volkszugehörige, die über das dienst-
lich oder wirtschaftlich notwendige Mass hinaus Umgang mit Polen pflegen, werden in Schutzhaft genommen. In schweren Fällen, besonders dann, wenn der
deutsche Volkszugehörige durch Umgang mit Polen
das deutsche Reichsinteresse erheblich gefährdet
hat, kommt Überführung ins Konzentrationslager in
Betracht.
2. Als Nichteinbehaltung des Abstandes gilt unter
allen Umständen die Aufrechterhaltung eines wieder-
holten freundschaftlichen Verkehrs mit Polen. Aus-
genommen davon ist nur der Umgang mit Blutsverwand-
ten eines fremdvölkischen Ehegatten. Deutsche
Volkszugehörige, die durch eine Polizeistreife in
der Öffentlichkeit mit fremden Volkszugehörigen angetroffen werden, haben sich auf Verlangen über
die berufliche Veranlassung ihres gemeinsamen Auf-
tretens mit Polen auszuweisen.
3. Deutsche Volkszugehörige, die in der Öffentlichkeit oder im persönlichen Umgang mit Polen angetroffen werden, ohne dass eine glaubhafte dienstli-
che Veranlassung dazu vorliegt, können in Schutzhaft genommen werden.
4. Deutsche Volkszugehörige, die mit Polen geschlechtlich verkehren, werden in jedem Falle in
Schutzhaft genommen. Polnische weibliche Personen,
die sich mit deutschen Volkszugehörigen in Ge-
schlechtsverkehr einlassen, können in ein Bordell
eingewiesen werden. Kann im Einzelfall, insbesondere in leichten Fällen, das Ziel der Aufklärung und
Erziehung der deutschen Volkszugehörigen durch Be-
lehrung und Verwarnung erreicht werden, so kann es
nach dem Ermessen des Inspektors der Sicherheitspolizei und des SD oder seines Beauftragten dabei
sein Bewenden haben.
[...]

[Docc. Occ., Bd. XIII, S. 180 f.]

Ruth Toltz   Posen, den 17. März 1941
Stenotypistin
An den Herrn Reichsstatthalter
- Abteilung I/5 Wohnungsfürsorge -

Da ich die Absicht habe, für immer im Warthegau
zu bleiben, habe ich mich um eine Wohnung bemüht
und eine solche für meine Verhältnisse ausreichen-
de Wohnung ausfindig gemacht. Es handelt sich um
die Wohnung Gudrunstr. 14 W 17 in einer Größe von
2 Zimmern und Küche nebst Zubehör. Diese Wohnung
wird z.Zt. noch von der polnischen Familie Chudy
bewohnt.
Ich bitte, diese Wohnung von den Polen räumen
und dem Kontingent des Herrn Reichsstatthalters zu-
weisen zu lassen. Nach Zuweisung bitte ich die Wohnung mir zuzuteilen.
Ich bemerke noch, dass ich z.Zt. für meine Wohnung im Altreich 33,50 RM monatliche Miete bezah-
len muss, ausserdem die Miete, die ich hier noch
zu tragen habe.
Für eine beschleunigte Erledigung der Angelegenheit wäre ich daher dankbar.
                              (-) Ruth Toltz

[Docc. Occ., Bd. XIII, S. 141 f.]

Abschrift für Akten

Berlin, den 27. Mai 1941

Betrifft: Heiraten polnischer Volkszugehöriger
früherer Staatsangehörigkeit.

1) Vermerk: An der heutigen Beratung im RMdI habe
ich teilgenommen. Den Vorsitz führte Staatssekre-
tär Dr. Conti.
Im wesentlichen wurden die Möglichkeiten erör-
tert, auf welche Weise eine Einschränkung der Ge-
burtenhäufigkeit innerhalb der polnischen Bevölkerung erreicht werden kann. Es wurden die verschie-
densten Vorschläge gemacht:
a. Heraufsetzung des Heiratsalters auf 25 Jahre
(vorher Ableistung einer dem Arbeitsdienst ähnli-
chen Dienstpflicht von 3 oder 4 Jahren).
b. Heiratserlaubnis nur bei wirtschaftlich gesi-
cherter Lage
c. Besteuerung jeder unehelichen Geburt wegen Belastung der öffentlichen Fürsorge. Ist die uneheliche Mutter nicht zahlungsfähig, muss sie dafür Arbeit leisten.
d. Bei wiederholter Belastung der öffentlichen Fürsorge durch uneheliche Geburten kann Unfruchtbarma-
chung der Mutter angeordnet werden.
e. Bewusste wirtschaftliche Erschwerung für kinderreiche Familien (keine Steuerermäßigung, keine Kin-
derzuschläge, kein Stillgeld usw.)
f. Amtliche Zulassung der Schwangerschaftsunterbre-
chung auf Wunsch der Mutter (soziale Indikation).
Nach näherer Prüfung dieser und noch anderer ge-
eigneter Vorschläge auf den einzelnen Fachgebieten
wird der RMdI eine neue Vorlage machen. Eine Nie-
derschrift über die heutige Sitzung ist in Aus-
sicht gestellt.
2) Hiermit vorzulegen durch
a) Herrn Min. Dir. Dr. Meerwald
b)   "   "   Kritzinger
dem Herrn Reichsminister mit der Bitte um Kenntnis-
nahme.

gez. Ehrich

[Docc. Occ., Bd..XIII, S. 23]

Der Reichsführer SS
und Chef der Deutschen Polizei
im Reichsministerium des Innern
S II C 3 Nr. 9466/40-272-

Berlin, den 28. Mai 1941

[...]

Betrifft: Errichtung von Arbeitserziehungslagern

[...]

V.
Arbeit und Arbeitsbelohnungen.

(12) Die Häftlinge sind zu strenger Arbeit anzu-
halten, um ihnen ihr volksschädigendes Verhalten
eindringlich vor Augen zu führen, um sie zu gere-
gelter Arbeit zu erziehen und um Anderen durch sie
ein abschreckendes und warnendes Beispiel zu geben.
(13) Die tägliche Arbeit soll nicht weniger als
10 und darf nicht mehr als 12 Stunden betragen.
Die Arbeit an Sonn- und Feiertagen ist gestattet, den Häftlingen ist jedoch an einem Tage der
Woche ausreichend Gelegenheit für ihre körperliche
Reinigung und die Instandsetzung ihrer Kleidung zu
geben.
(14) Die Häftlinge erhalten eine Arbeitsbeloh-
nung von 0,50 RM für jeden Arbeitstag, die ihnen
gutgeschrieben wird und aus der sie Verbrauchsge-
genstände im Werte bis zu 2,- RM wöchentlich zur
Befriedigung kleinerer Lebensbedürfnisse (Briefmar-
ken, Rasierklingen, Zahnpaste usw.) bestreiten können.
[...]
(17) Da das Reich freie Heil- und Unfallfürsorge
gewährt, kommt die Anmeldung der Häftlinge zu Un-
fallberufsgenossenschaften und Krankenkassen nicht
in Betracht. Die Beschäftigung der Häftlinge während der Haft wird im Arbeitsbuch nicht vermerkt.

[...]

[Docc. Occ., Bd. X, S. 155 ff.]

Geheime Staatspolizei
Staatspolizeistelle Oppeln
II E 2 - 1229/40 -

Oppeln, den 20. November 1941

Betrifft: Behandlung der im Reichsgebiet
eingesetzten Zivilarbeiter und
-arbeiterinnen polnischen Volkstums

[...]

Zu 1: Die Durchführung der gegen arbeitsunwillige,
bezw. geflüchtete polnische Arbeitskräfte anzuwen-
denden Massnahmen ist nach oben angezogenen Erlas-
sen des Reichsführers SS ausschließlich der Geheimen Staatspolizei vorbehalten. Ihr allein obliegt
es, die zur Bekämpfung von Widersetzlichkeiten,
lässiger Arbeit, Arbeitsniederlegung und unerlaub-
ten Verlassens des Arbeitsplatzes geeigneten
Maßnahmen zu treffen.
   Hiergegen habe ich wiederholt festgestellt, dass
ergriffene polnische Arbeitskräfte, die ihren Arbeitsplatz unerlaubt verlassen hatten, dem Amtsge-
richt zwecks Erlass eines Haftbefehls wegen Ar-
beitsvertragsbruch zugeführt worden sind. Dieses
Verfahren steht im Widerspruch zu den obigen Erlas-
sen. Zwischen der polnischen Arbeitskraft und dem
deutschen Betriebsführer liegt ein Arbeitsvertrag
überhaupt nicht vor, da der Pole zwangsmässig
durch das Arbeitsamt auf seinen Arbeitsplatz gestellt worden ist. Die zur Bekämpfung der Arbeits-
untreue ergangenen strafrechtlichen Bestimmungen
(Allgemeine Anordnung zur Verhinderung des Arbeits-
vertragsbruches und Abwerbung vom 28. 3. 1939)
greifen auf den Begriff der nationalsozialistischen Betriebsgemeinschaft, das heisst auf ein
Treueverhältnis zwischen Betriebsführer und Gefolg-
schaft zurück, wovon bei einer polnischen Arbeitskraft nicht die Rede sein kann.
   Eine gerichtliche Bestrafung der Polen würde weiterhin eine Gleichstellung derselben mit dem deutschen Arbeiter bedeuten, was grundsätzlich vermieden werden muss.
[...]

[Docc. Occ., Bd. X, S. 151 f.]

Der Chef der Sicherheits-
polizei und des SD
II C 3 Nr. 9466/40-273-
IV C 2 Nr. 40695

                    Berlin, den 12. Dezember 1941

[...]
            Betrifft: Lagerordnung für die
                Arbeitserziehungslager.
[...]

    Die Erfahrungen seit der Herausgabe des Erlas-
ses vom 28. 5. 1941 veranlassen mich, auf folgendes hinzuweisen:

[...]
3.) Bei Verletzung der Lagerordnung, Widersetzlich-
keit, böswillig schlechter Arbeitsleistung oder
sonstigen Ordnungsschwierigkeiten kann der Lager-
leiter folgende Lagerstrafen entsprechend § 39 der
Polizeigefängnisordnung verhängen:
1.) Verwarnung
2.) Entziehung von Vergünstigungen, z.B. von Rauchen, Schreiben, Lesen,
3.) Entziehung der warmen Morgen- oder Abendkost
bis zu 4-mal nacheinander,
4.) Entziehung der warmen Mittagskost bis zu 3-mal
einen Tag um den anderen,
5.) Entziehung der warmen Kost bis zu 3-mal einen
Tag um den anderen,
6.) Entziehung des Bettlagers bis zu 3-mal nacheinander,
7.) Zuweisung von Sonderarbeiten bis zu 5 Tagen;
die Gesamtarbeitsdienstzeit darf 16 Stunden nicht
überschreiten,
8.) Arrest auf die Dauer von höchstens 2 Wochen.
Die Arreststrafe wird in der Strafzelle vollzogen,
die lediglich mit einer am Fussboden und an der
Wand befestigten Holzpritsche, einem befestigten
Klosetteimer und einem Wasserkrug versehen ist;
das Bettlager wird entzogen und die Kost auf Wasser und Brot beschränkt. Der Entzug des Bettlagers
und die Beschränkung der Kost auf Wasser und Brot
fallen jedoch am 4., 8. und an jedem darauffolgen-

den 3. Tage der Arreststrafe fort. Während der Arreststrafe ruhen alle dem Häftling gewährten Vergünstigungen. Eine Fesselung während des Arrestes
ist nicht zulässig. Auf besondere Anordnung des
Leiters, der das Lager wirtschaftlich betreut,
darf die Arreststrafe bis zu 3 Tagen in einer Dun-
kelzelle vollzogen werden. Durch die Arreststrafe
darf die höchstzulässige Haftdauer nicht verlän-
gert werden.

[...]

[Docc. Occ., Bd. X, S. 163 f.]

Der Regierungspräsident Posen, [...]

Bekanntmachung !
Betrifft: Erfassung der polnischen Arbeitskraftreserven.

Der Herr Reichsstatthalter im Warthegau hat zur
Erfassung aller Arbeitskraftreserven die Arbeitsämter aufgefordert, in Zusammenarbeit mit den Wirt-
schaftsämtern entsprechende Massnahmen zu treffen.
Im Zuge dieser Aktion wird das Arbeitsamt an Hand
der Unterlagen der Wirtschaftsämter in den nächsten Monaten alle Polen vorladen, die für einen Arbeitseinsatz in Betracht kommen können. Die Vorladung ist so gehalten, dass in Arbeit stehende Personen nicht persönlich zu erscheinen brauchen.
[...]
Alle beteiligten Stellen werden hiermit aufgefordert, diese umfassende Aktion entsprechend zu unterstützen. Es geht hierbei darum, in diesem Jahre
auch die letzte nicht ausgenützte oder unbeschäf-
tigte Kraft zu erfassen, um sie dem kriegswirt-
schaftlich notwendigen Einsatz zur Verfügung zu
stellen. Die Rüstungswirtschaft des Reiches muss
in diesem Jahre noch im verstärkten Masse mit Arbeitskräften versorgt werden. Vor allem müssen um
jeden Preis die Lücken ausgefüllt werden, die
durch weitere Einberufungen zur Wehrmacht entstehen.
Ich nehme deshalb an, dass diese Massnahme bei
jedem Deutschen Verständnis findet und deshalb
auch entsprechend unterstützt wird. Ich spreche zugleich an alle in Betracht kommenden Dienststellen
und Betriebe die Bitte aus, das Arbeitsamt bei dieser Aktion in jeder Weise zu unterstützen und somit zu erwirken, dass ich keine Veranlassung finden werde, von gesetzlichen Zwangsmassnahmen Ge-
brauch zu machen.

Welun, den 12.1.1943.
Der Leiter des Arbeitsamtes Welun
[...]

[Docc. Occ., Bd. XIII, S. 267]

Bericht des Gouverneurs des Distrikts Warschau vom
9. Juni 1943
an die Regierung des Generalgouvernementes
für die Monate April bis Mai 1943.

[...]

V. Lage auf dem Arbeitsmarkt.

Die Arbeitseinsatzverwaltung ist in der Berichts-
zeit Gegenstand der schwersten Angriffe gewesen,
wobei führende Männer der deutschen Verwaltung ihr
Leben hingeben mußten. Am 3. April ist der reichs-
deutsche Werber Otto Schüssler spurlos verschwunden. Es besteht kein Zweifel, dass er einem Verbre-
chen zum Opfer gefallen ist. Am 9. April wurde der
Leiter der Abteilung Arbeit und des Arbeitsamtes
Warschau, Regierungsdirektor Hoffmann, in seinem
Arbeitszimmer erschossen.
Am 13. April wurde der Angestellte Hugo Dietz des
Arbeitsamtes Warschau auf dem Wege zur Dienststel-
le so schwer verletzt, dass er einige Tage danach
starb.
Am 16. April wurde der Leiter der Sozialversi-
cherungskasse Warschau, Bruno Kurth, ermordet.
Am 10. Mai wurde der Regierungsinspektor Geist vom
Arbeitsamt Warschau durch einen Brustschuss schwer
verletzt, auch er ist später verstorben. Zu diesen
Mordtaten kommen andauernde Brandstiftungen,
Sprengstoffattentate und sonstige Anschläge auf Gebäude der Arbeitseinsatzverwaltung, wobei die Kar-
teien und sämtliche Unterlagen vernichtet werden.
Es liegt in diesen Überfällen ein offensichtlich
planmässiges Vorgehen vor, wodurch die Arbeitseinsatzverwaltung völlig lahm gelegt werden soll. Tatsächlich ist bereits ein starkes Nachlassen der Aktivität festzustellen, da die Soltys aus Angst vor
Banditen nicht mehr wie früher sich für die Ar-
beitsvermittlung ins Reich einsetzen.
[...]

[Docc. Occ., Bd. X, S. 496 f.]

Der Reichsstatthalter im Reichsgau Wartheland

An die
Gauleitung der NSDAP Wartheland
Gaupropagandaamt [...]

18. Jan. 1944

Betr. Märchenfilme für polnische Kinder.

Im Ostdeutschen Beobachter vom 18.12.43 wird in
der Rubrik Lichtspieltheater im Anzeigenteil angekündigt, dass in Pabianitz um 14,30 Uhr eine Ju-
gendvorstellung für Polen: "Fuchs du hast die Gans
gestohlen" stattfindet. Ebenso wird in der Nr. 356
vom 25.12.43 mitgeteilt, dass am 25.12. und
26.12.43 in Pabianitz für Polen der Märchenfilm
"Hänsel und Gretel" aufgeführt wird.
Da eine Vermittlung deutscher Gemütswerte durch
Märchenfilme an polnische Kinder aus grundsätzli-
chen Erwägungen bedenklich erscheint und hier eine
Assimilierung der Polen gefördert wird, die dem
Grundsatz der Volkstumspolitik in unserem Gau wi-
derspricht, wären wir dankbar, wenn eine Anordnung
an die Lichtspieltheater herausgegeben werden könnte, dass Märchenfilme für Polen nicht mehr zuzulas-
sen sind.
[...]

[Docc. Occ., Bd. XIII, S. 336]

Der Amtskommissar
der Amtsbezirke Löwenstadt - Stadt u. Land
An
Herrn/Frau Bartczak Jan
Gr. Dombrowka 40 b. Bolesl. Slaslin:
Heranziehungsbescheid zum kurzfristigen Notdienst.
                    Löwenstadt, den 16. August 1944

    Auf Grund des Erlasses des Herrn Reichsstatthal-
ters für den Reichsgau Wartheland als Reichsvertei-
digungskommissar vom 30.7.1944 werden Sie hier-
durch mit sofortiger Wirkung zum kurzfristigen Notdienst verpflichtet. Sie haben sich morgen, Donnerstag, den 17. August 1944, pünktlich' vorm. 5
Uhr, in der ehem. Katholischen Kirche zu Löwenstadt, Litzmannstädterstrasse, zu melden.
Mitzubringen sind:
1. Personalausweis, 2. Arbeitskleidung (wetter-
fest), 3. Spaten, Schaufel oder Spitzhacke – soweit vorhanden –, 4. Decken, Zelt, Waschzeug, Ess-
besteck, Essnapf, 5. Marschverpflegung für 3 Tage.-
Die Lebensmittelkarten sind mitzubringen! – Während des Einsatzes erhalten Sie Verpflegung und
Entlohnung wie der Deutsche und ausserdem 2.- RM
täglich für Bekleidungsabnutzung. Mit der Aushändi-
gung dieses Bescheides unterliegen Sie den Kriegs-
gesetzen und werden bei Nichtbefolgung derselben
nach diesen bestraft. Ich erwarte, dass Sie diesem
Heranziehungsbescheid restlos Folge leisten, zumal
die Heranziehung nur kurzfristig ist und Sie nach
Beendigung derselben wieder an Ihren Wohnort zurückkehren. Einsprüche werden nicht entgegen genommen.

                            Bürgermeister.

[Docc. Occ., Bd. XIII, S. 277]

Literaturhinweise

Argelander, Hermann, Zur Psychodynamik des Erstinterviews, in: PSYCHE, 20. Jg., Heft 1, Stuttgart (Klett) 1966

Argelander, Hermann, Erstinterview in der Psychotherapie, in: PSYCHE, 21. Jg., Heft 7, Stuttgart (Klett) 1967

Argelander, Hermann, Die szenische Funktion des Ichs und ihr Anteil an der Symptom- und Charakterbildung, in: PSYCHE, 24. Jg., Heft 5, Stuttgart (Klett) 1970

Argelander, Hermann, Das psychoanalytische Erstinterview und seine Methode, in: PSYCHE, 32. Jg., Heft 11, Stuttgart (Klett) 1978

Ausubel, David P., Das Jugendalter. Fakten. Probleme. Theorie, München (Juventa)1968

Bar On, Dan, Die Last des Schweigens. Gespräche mit Kindern von Nazi-Tätern, Frankfurt am Main (Campus) 1983

Bauer, Gerhard, Sprache und Sprachlosigkeit im Dritten Reich, Köln (Bunz) 1988

Bauriedl, Thea, Die Wiederkehr des Verdrängten. Psychoanalyse, Politik und der Einzelne, München (Piper) 1986

Bauriedl, Thea, Das Leben riskieren. Psychoanalytische Perspektiven des politischen Widerstands, München (Piper) 1988

Becker, David, Ohne Haß keine Versöhnung. Das Trauma der Verfolgten, Freiburg (Kore) 1992

Benz, Ute und Benz, Wolfgang, Sozialisation und Traumatisierung. Kinder in der Zeit des Nationalsozialismus, Frankfurt am Main (Fischer) 1992

Bericht über die internationale Begegnungstagung: Zwangsarbeit 1939 – 1945. Begegnungen – Erinnerungen – Konsequenzen (Kooperation: Gesellschaft für interkulturelle Bildung, Begegnung und Supervision e.V., Frankfurt am Main; Arbeitsstelle für Erwachsenenbildung der Evangelischen Kirchen in Hessen und Nassau, Darmstadt), Frankfurt am Main, 1992

Bettelheim, Bruno, Erziehung zum Überleben. Zur Psychologie der Extremsituation, München (dtv) 1982

Bowlby, John, Trennung. Psychische Schäden als Folgen der Trennung von Mutter und Kind, Frankfurt am Main (Fischer) 1986

Broszat, Martin und Frei, Norbert (Hrsg.), Das Dritte Reich im Überblick. Chronik. Ereignisse. Zusammenhänge, München (Piper) 1989

Bromberger, Barbara und Mausbach, Hans, Feinde des Lebens. NS-Verbrechen an Kindern, Köln (Pahl-Rugenstein) 1987

Brückner, Peter, Das Abseits als sicherer Ort. Kindheit und Jugend zwischen 1933 und 1945, Wien (Wagenbach) 1982

Devereux, Georges, Angst und Methode in den Verhaltenswissenschaften, München (Hanser) 1973

Diner, Dan (Hrsg.), Zivilisationsbruch. Denken nach Auschwitz, Frankfurt am Main (Fischer) 1988

Documenta Occupationis – Polozenie Ludnosci Polskiej W Tzw. Kraju Warty W Okresie Hitlerowskiej Okupacji, Poznañ, Instytut Zachodni, 1990

Dorn, Fred und Heuer, Klaus (Hrsg.), »Ich war immer gut zu meiner Russin«: Struktur und Praxis des Zwangsarbeitssystems am Beispiel der Region Südhessen, Pfaffenweiler (Centaurus) 1991

Eckstaedt, Anita, Nationalsozialismus in der »2. Generation«. Psychoanalyse von Hörigkeitsverhältnissen, Frankfurt am Main (Suhrkamp) 1989

Eitner, Hans-Jürgen, Hitlers Deutsche. Das Ende eines Tabus, Gernsbach (Kasimir Katz) 1990

Elias, Ruth, Die Hoffnung erhielt mich am Leben. Mein Weg von Theresienstadt und Auschwitz nach Israel, München (Piper) 1988

Epstein, Helen, Die Kinder des Holocaust: Gespräche mit Söhnen und Töchtern von Überlebenden (deutsch von Christian Spiel), München (Beck) 1987

Erdheim, Mario, Die gesellschaftliche Produktion von Unbewußtheit. Eine Einführung in den ethnopsychoanalytischen Prozeß, Frankfurt am Main (Suhrkamp) 1984

Erikson, Erik H., Lebensgeschichte und historischer Augenblick, Frankfurt am Main (Suhrkamp) 1977

Erikson, Erik H., Identität und Lebenszyklus, Frankfurt am Main (Suhrkamp) 1971

Ferencz, Benjamin B., Lohn des Grauens. Die Entschädigung jüdischer Zwangsarbeiter – ein offenes Kapitel deutscher Nachkriegsgeschichte, Frankfurt am Main (Campus) 1986

Freud, Anna, Das Ich und die Abwehrmechanismen, Frankfurt am Main (Fischer) 1987

Freud, Anna, Die Rolle der Regression in der psychischen Entwicklung, in: Die Schriften der Anna Freud, Bd. 7 (1980), München (Kindler) 1963

Freud, Anna, Psychoanalytisches Wissen über Kinderentwicklung und seine Anwendung in öffentlichen Institutionen, in: Die Schriften der Anna Freud, Bd. 7 (1980), München (Kindler) 1964

Freud, Anna, Maßstäbe zur Bewertung der pathologischen Kinderentwicklung, Teil I und II, in: Die Schriften der Anna Freud, Bd. 6 (1980), München (Kindler) 1962 / 1964

Freund, Florian, Arbeitslager Zement: Das Konzentrationslager Ebensee und die Raketenrüstung, Reihe: Industrie, Zwangsarbeit und Konzentrationslager in Österreich, Bd. 2, Wien (Verlag für Gesellschaftskritik) 1989

Fuhrmann, Rainer W., Polen: Handbuch. Geschichte, Politik, Wirtschaft, Hannover (Fackelträger) 1990

Gershon, Karen, Wir kamen als Kinder, Frankfurt am Main (Ali Baba), (deutsche Ausgabe) 1966 / 1988

Grinberg, León und Grinberg, Rebeca, Psychoanalyse der Migration und des Exils (aus dem Spanischen von Flavio Ribas), München / Wien (Verlag Internationale Psychoanalyse) 1990

Gesetze des NS-Staates (zusammengestellt von Uwe Brodersen), Bad Homburg / Gehlen 1968

Hannsmann, Margarete, Der helle Tag bricht an. Ein Kind wird Nazi, München (dtv) 1984

Hartmann, Gertrud, Spuren der Verfolgung: Seelische Auswirkungen des Holocaust auf die Opfer und ihre Kinder, Gerlingen (Bleicher) 1992

Herbert, Ulrich, Geschichte der Ausländerbeschäftigung in Deutschland 1880 – 1980. Saisonarbeiter, Zwangsarbeiter, Gastarbeiter, Berlin / Bonn (Dietz) 1986

Herbert, Ulrich, Fremdarbeiter. Politik und Praxis des »Ausländer-Einsatzes« in der Kriegswirtschaft des Dritten Reiches, Bonn / Berlin (Dietz) 1985

Heydecker, Joe J. und Leeb, Johannes, Der Nürnberger Prozeß. Bd. 1 und Bd. 2, Köln (Kiepenheuer & Witsch) 1985

Horkheimer, Max, Vernunft und Selbsterhaltung, Frankfurt am Main (Fischer) 1970

Hrabar, Roman, Torkarz, Zofia und Wilczur, Jacek E., Kinder im Krieg – Krieg gegen Kinder. Die Geschichte der polnischen Kinder 1939 – 1945, Reinbek (Rowohlt) 1985 (in Zusammenarbeit mit Interpress Warszawa)

Huss, Hermann und Schröder, Andreas, Antisemitismus. Zur Pathologie der bürgerlichen Gesellschaft, Frankfurt am Main (eva) 1965

Jäger, Wolfgang, Ziele und Praxis des Nationalsozialismus, Hannover (Verlag für Literatur und Zeitgeschehen) 1961

Kalow, Gert, Hitler – das deutsche Trauma, München (Piper) 1974

Klee, Ernst, Dreszen, Willi und Rieß, Volker (Hrsg.), »Schöne Zeiten«. Judenmord aus der Sicht der Täter und Gaffer, Frankfurt am Main (Fischer) 1988

Klein, Hille, Von Schuld zu Verantwortung, in: PSYCHE, Jg. 46, Stuttgart (Klett-Cotta) 1992, S. 1177 – 1186

Knobloch, Heinz, Der Herr Moses in Berlin (Der Morgen) 1979

Kolb, Ulrike, Die Versuchung des Normalen. Autoren stellen sich ihrer Geschichte, Frankfurt am Main (Tende) 1986

Konz, Claudia, Mütter im Vaterland. Frauen im Dritten Reich, Freiburg (Kore) 1991

Kopetzky, Helmut, Die andere Front. Europäische Frauen in Krieg und Widerstand 1939 – 1945, Köln (Pahl-Rugenstein) 1983

Kuby, Erich, Als Polen deutsch war. 1939 – 1945, Rastatt (Moewig) 1986

Kuby, Erich, Das Ende des Schreckens. Januar bis Mai 1945, München (dtv) 1986

Kunze, Reiner, auf eigene Hoffnung, gedichte, Frankfurt am Main (Fischer) 1981

Kupffer, Heinrich, Der Faschismus und das Menschenbild in der deutschen Pädagogik, Frankfurt am Main (Fischer) 1984

Lorenzer, Alfred, Hermeneutik des Lebens. Über die Naturwissenschaftlichkeit der Psychoanalyse, in: Merkur, Sonderheft 9 / 10, 42. Jg., Stuttgart (Klett-Cotta) 1988

Mann, Erika, Zehn Millionen Kinder. Die Erziehung der Jugend im Dritten Reich, München (Ellermann) 1938 / 1986

Mendel, Annekatrein, Kindheit und Jugend im Totalitarismus (speziell im deutschen), in: Psychoanalyse und Macht, hrsg. von Gunther F. Zeilinger, Wien (Literas) 1986

Mendel, Annekatrein, Skavinnen oder Entwicklungshelferinnen? Über die emotionalen Beziehungen und über die interkulturelle Kommunikation zwischen sogenannten Ostarbeiterinnen und deutschen Kindern und Jugendlichen während des Zweiten Weltkrieges, in: Studien zur Kinderpsychoanalyse 1990, Jahrbuch X, Wien (Verband der wissenschaftlichen Gesellschaften) 1990

Mendel, Annekatrein, Unsere Nastja in der Ukraine. Über das Leben von Zwangsarbeiterinnen in deutschen Familien 1939 – 1945 (Sendemanuskript des Westdeutschen Runfunks Köln) 1991

Mendel, Annekatrein und Jung, Reinhard, Ljubica oder die Sprache der Erinnerung (Sendemanuskript des Süddeutschen Rundfunks Stuttgart, Redaktion Eckstein) 1992

Meyer, Sibylle und Schulze, Eva, Von Liebe sprach damals keiner. Familienalltag in der Nachkriegszeit, Wien / München (Beck) 1985

Michaelis, Cassie, Michaelis, Heinz und Somen, W. O., Die braune Kultur. Ein Dokumentenspiegel, Zürich (Europa Verlag) 1984

Mitscherlich, Alexander und Mielke, Fred, Hrsg., Medizin ohne Menschlichkeit. Dokumente des Nürnberger Arztprozesses, Frankfurt am Main (Fischer) 1985

Mosse, George L., Der nationalsozialistische Alltag. So lebte man unter Hitler, Königstein (Athenäum) 1978

Muensterberger, Werner, Versorgung durch mehrere »Mütter«, in: PSYCHE, 34. Jg., Stuttgart (Klett-Cotta) 1974 / 1980, S. 677– 693

Nacht über Europa. Die faschistische Okkupationspolitik in Polen 1939 – 1945 (Auswahl und Einleitung Werner Röhr), Köln (Pahl-Rugenstein) 1989

Niederland, William, G., Folgen der Verfolgung: Das Überlebenden-Syndrom, Frankfurt am Main (Suhrkamp) 1980

Psychiatrie im Nationalsozialismus. Ein Tagungsbericht des Landeswohlfahrtsverbandes Hessen 1989, Kassel (Tiele und Schwarz)

Radebold, Hartmut, Psychodynamik und Psychotherapie Älterer. Psychodynamische Sicht und psychoanalytische Psychotherapie 50- bis 75jähriger, Berlin, Heidelberg, New York (Springer) 1992

Reik, Theodor, Hören mit dem dritten Ohr. Die innere Erfahrung eines Psychoanalytikers, Hamburg (Hoffmann & Campe) 1976

Renggeli, Franz, Angst und Geborgenheit. Soziokulturelle Folgen der Mutter-Kind-Beziehung im ersten Lebensjahr. Ergebnisse aus Verhaltensforschung, Psychoanalyse und Ethnologie, Reinbek bei Hamburg (Rowohlt) 1976

Rohde-Dachser, Christa, Hrsg., Beschädigungen. Psychoanalytische Zeitdiagnosen, Göttingen (Vandenhoek & Ruprecht) 1992

Rutschky, Katharina, (Hrsg.), Schwarze Pädagogik. Quellen zur Naturgeschichte der bürgerlichen Erziehung, Berlin (Ullstein) 1977

Schmidt, Wilhelm, Rasse und Volk. Über allgemeine Bedeutung, ihre Geltung im deutschen Raum, Salzburg / Leipzig (Pustet) 1935

Schmidt, Maruta und Dietz, Gabi, (Hrsg.), Frauen unterm Hakenkreuz, Berlin (Elefantenpress) 1983

Sichrovsky, Peter, Wir wissen nicht was morgen wird, wir wissen wohl was gestern war. Junge Juden in Deutschland und Österreich, Köln (Kiepenheuer & Witsch) 1985

Sichrovsky, Peter, Schuldig geboren. Kinder aus Nazifamilien. Köln (Kiepenheuer & Witsch) 1987

Siegfried, Klaus-Jörg, Rüstungsproduktion und Zwangsarbeit im Volkswagenwerk 1939 – 1945, Frankfurt am Main (Campus) 1987

Siegfried, Klaus-Jörg, Das Leben der Zwangsarbeiter im Volkswagenwerk 1939 – 1945, Frankfurt am Main (Campus) 1988

Sloterdijk, Peter, Zur Welt kommen – zur Sprache kommen. Frankfurt am Mainer Vorlesungen, Frankfurt am Main (Suhrkamp) 1988

Smith, Howard K., Feind schreibt mit. Ein amerikanischer Korrespondent erlebt Nazi-Deutschland, München (Rotbuch) 1942 / 1982

Solschenizyn, Alexander, Archipel Gulag 1918 – 1956. München (Scherz) 1993

Stepień, Stanislaus, Der alteingesessene Fremde. Ehemalige Zwangsarbeiter in Westdeutschland, Frankfurt am Main (Campus) 1989

Stoffels, Hans (Hrsg.), Schicksale der Verfolgten. Psychische und somatische Auswirkungen von Terrorherrschaft, Berlin / Heidelberg / New York (Springer) 1991

Thalmann, Rita, Frau sein im Dritten Reich, Berlin (Ullstein) 1987

Thurich, Eckart, Schwierige Nachbarschaften. Deutsche und Polen – Deutsche und Tschechen im 20. Jahrhundert. Eine Darstellung in Dokumenten, Stuttgart / Berlin / Köln (Kohlhammer) 1990

Tögel, Christfried, Bahnstation Treblinka. Zum Schicksal von Freuds Schwester Rosa Graf, in: PSYCHE, 44. Jg., Heft 11, Stuttgart (Klett-Cotta) 1990

Urban, Thomas, Deutsche in Polen. Geschichte und Gegenwart einer Minderheit, München (Beck) 1993

Vegh, Claudine, Ich habe ihnen nicht auf Wiedersehen gesagt. Gespräche mit Kindern von Deportierten. Mit einem Nachwort von Bruno Bettelheim, Köln (Kiepenheuer & Witsch) 1979 / 1981

Vögel, Bernhild, »Entbindungsheim für Ostarbeiterinnen«. Braunschweig Broitzemerstraße 200, hrsg. von der Hamburger Stiftung für Sozialgeschichte des 20. Jahrhunderts, Hamburg (Inter-Abo-Betreuungs-GmbH), 1989

Vollmer, Johannes und Zölch, Tilman (Hrsg.), Aufstand der Opfer. Verratene Völker zwischen Hitler und Stalin, Göttingen / Wien / Bern (Gesellschaft für bedrohte Völker) 1989

Wiesel, Elie, Gesang der Toten. Erinnerungen und Zeugnis, Freiburg (Herder) 1967

Ziem, Jochen, Der Junge. Eine Entwicklung in sieben Bildern, Frankfurt am Main (Fischer) 1980

■ *Edith Dietz*
■ Den Nazis entronnen
■ Die Flucht eines jüdischen Mädchens in die Schweiz
■ Autobiographischer Bericht 1933–1942
Vorwort von Micha Brumlik

»Die Aufzeichnungen von Frau Dietz stellen ein Stück Aufklärung dar. Wider die Verklärung, hinter der oft genug Berührungsangst steht, zeigt sie sich und andere Opfer des Nationalsozialismus als ganz normale Menschen, die vom täglichen Grauen überfordert werden mußten. Wir lesen keine Heiligenlegende.«
Micha Brumlik

134 S. / Broschiert / DM 24,– / öS 187,– / sFr 25,30
ISBN 3-7638-0134-0

■ *Edith Dietz*
■ Freiheit in Grenzen
■ Meine Internierungszeit in der Schweiz
■ 1942–1946
■

Das Buch wirft Licht auf ein kaum behandeltes Kapitel der Emigrationsgeschichte während des »Dritten Reiches«.

112 S. / Broschiert / DM 24 / öS 187,– / sFr 25,30
ISBN 37628-0321-1

■ **dipa-Verlag, Nassauer Straße 1–3, 60439 Frankfurt am Main**
■ **Auf Wunsch informieren wir Sie gern über unser Verlagsprogramm. Postkarte genügt.**

■ **»Mein Vater, was machst Du hier...?«**
■ **Zwischen Buchenwald und Auschwitz**
Der Bericht des Zacharias Zweig
■

Die ungewöhnliche Rettung des dreijährigen Jungen Stefan
Jerzy Zweig im Konzentrationslager Buchenwald wird hier von
seinem Vater erzählt. Sie liegt dem 1958 in der DDR erschiene-
nen Roman »Nackt unter Wölfen« zugrunde.

124 S. / Frz. Broschur / DM 19,80 / öS 155,– / sFr 21,–
ISBN 3-7638-0471-4

■ **Hanno Müller (Hrsg.)**
■ **Recht oder Rache? Buchenwald 1945 – 1950**
Betroffene erinnern sich
■

Das Schicksal der Internierten in den sowjetischen »Speziralla-
gern«, die von 1945 bis 1950 auf dem Gebiet der ehemaligen
DDR existiert haben, ist Thema des Buches. Den Hauptteil
bilden Gespräche, die der Herausgeber mit Betroffenen geführt
hat. Zwei wissenschaftliche Beiträge behandeln die Situation
der Internierten in Ost und West.

148 S. / Broschiert / DM 19,80 / öS 155,– / sFr 21,–
ISBN 3-7638-0150-2

■ *dipa-Verlag, Nassauer Straße 1–3, 60439 Frankfurt am Main*
■ *Auf Wunsch informieren wir Sie gern über unser Verlagspro-*
gramm. Postkarte genügt.

■ *Ernesto Kroch*
■ Exil in der Heimat – Heim ins Exil
  Erinnerungen aus Europa und Lateinamerika
■

Als junger Mensch flieht der Jude und Antifaschist Ernesto Kroch aus Nazi-Deutschland – im Alter von 65 Jahren muß er seine zweite Heimat Uruguay während der Militärdiktatur wieder verlassen und findet »Asyl« in der Bundesrepublik.
Dieses Erlebnis des doppelten Exils prägt die Autobiographie Krochs: vom antifaschistischen Widerstand in Deutschland über den Aufenthalt in einer Landkommune in Jugoslawien bis zu seiner Übersiedlung nach Uruguay, wo er sein soziales und politisches Engagement fortsetzt, sei es in der Gewerkschaftsbewegung, in Stadtteilkommitees zur Verbesserung der Wohnsituation oder in der linken Einheitsfront.

204 S. / Frz. Broschur / DM 32,– / öS 250,– / sFr 33,20
ISBN 3-7638-0476-5

■ *dipa-Verlag, Nassauer Straße 1–3, 60439 Frankfurt am Main*
■ *Auf Wunsch informieren wir Sie gern über unser Verlagsprogramm. Postkarte genügt.*